王炳中　著

周易导读

上海古籍出版社

图书在版编目(CIP)数据

周易导读 / 王炳中著. —上海:上海古籍
出版社,2011. 8(2024.12重印)
ISBN 978 – 7 – 5325 – 5902 – 2

Ⅰ. ①周… Ⅱ. ①王… Ⅲ. ①周易—研究 Ⅳ.
①B221.5

中国版本图书馆 CIP 数据核字(2011)第 086381 号

周易导读

王炳中 著

上海世纪出版股份有限公司
上 海 古 籍 出 版 社 出版

(上海瑞金二路272号 邮政编码:200020)

(1)网址:www.guji.com.cn

(2)E-mail:guji1@guji.com.cn

(3)易文网网址:www.ewen.co

上海世纪出版股份有限公司发行中心发行经销 启东市人民印刷有限公司印刷

开本 890×1240 1/32 印张 11 插页 2 字数 176,000

2011 年 8 月第 1 版 2024 年 12 月第 6 次印刷

印数:8,551—9,350

ISBN 978 – 7 – 5325 – 5902 – 2

B·728 定价:45.00 元

如有质量问题,读者可向工厂调换

序

《周易》乃中国传统文化之瑰宝，亦可谓世界文化之奇葩。世界著名思想家、心理学家荣格（Carl. G. Jung, 1875—1961）在《易经》英译本前言中，对此书有高度评价。他写到："谈到世界人类的唯一智慧宝典，首推中国的《易经》。在科学方面，我们所得到的定律，常常是短命的，或被后来的事实所推翻。唯有中国的《易经》，亘古常新，相延四千年之久，依然具有价值，而与原子物理学颇多相同的地方。"

当今世界，同神州大地一样，不少地方都掀起学习《周易》的热潮。不少读者反映，此书实在难读，特别是《易经》的卦辞爻辞，无异于有字"天书"，不经专家指点，难以明其究竟，充分说明此书读者渴望有人导读。王炳中先生《〈周易〉导读》的面市，适得其时。

《周易》难读，自古已然，于今为甚。究其原因，约有四端。

《周易》的成书，经历数千年。汉代史学家班固在《汉书·艺文志》中指出，此书的成功，"人更三圣，世历三古"，指的是上古伏羲氏，始画八卦，开其端；中古周文王，"拘羑里演《周易》"，成其书；近古孔子，与其弟子、后学，作"十翼"（即《易传》），阐发其微言大义，使《易》得以广其流。由于世历三古，《周易》卦辞、爻辞中所反映的不少历史事实，古代风俗习惯，各种上古器具名物，于今已年代久远，十分渺茫，观其记载，而不明其内容。此难读之故一也。

《周易》由《易经》、《易传》两部分组成。《易经》中的卦、爻辞，文字十分简略，用语相当古奥，同一个字，读音不同，意义各异，还有不少假借字；有些生僻字是一般书上从未见过的，既不知其音，亦不明其义。《易传》中的不少述语，在中学和大学的文史教材中，都从未见过。此难读之故二也。

《周易》的体例，十分特殊，世界文化史、哲学史上无有先例。它是由奇异的符号系统八卦和简奥的文字系统巧妙组合而成。符号离开文字，无以显其意义；文字离开符号，令人难以理会。而且，八卦符号，每卦代表多种卦象，总计有百余种卦象，令人无所适从；六十四卦（别卦），每卦由六爻组成，爻与爻之间，存在贞与悔、比与应、承与乘、中与和、互体等相互关系，这些《周易》特有的专门术语，识其字而不知其涵义，令人难以理会。此难读之故三也。

《周易》的理论和象数，实用范围都很广泛，正如《四库全书·总目》易类小序所说："《易》道广大，无所不包，旁及天文、地理、乐律、兵法、韵学、算术以逮方外之炉火，皆可援《易》以为说，而好异者又援以入《易》，故易说愈繁。"后世兴起的术数，大都借用《周易》的卦象和易图，构建自己的思想体系，并对卦象作出不同的特殊解释，致使本末混杂，后之学者舍本逐末，难以明其本义。 此难读之故四也。

《周易》虽说难读，但又不可不读。 故读者渴望得到浅显易懂的导读之书。 王炳中先生有鉴于此，花多年心血撰成《〈周易〉导读》，以飨读者。 此书的优点和特点在于： 详细地揭示《周易》产生的渊源，使人明白此书的性质和它的来龙去脉；全面地介绍关于《周易》的基础知识，作为入门的向导；系统地剖析《周易》的精湛哲学思想和特有的思维方法，读之大受教益；简略地介绍《周易》的理论和象数在当今流行的某些术数中的实际应用。 纵观此书，说理平实，深入浅出，不故作高深；学风正派，实事求是，不故弄玄虚，哗众取宠。文字畅通，读之引人入胜，令人开卷有益。 观其大略，确为一部利于普及易学、弘扬易学的优秀著作，故乐以为之序。

唐明邦

2010 年 10 月 14 日于武汉大学

（唐明邦,易学泰斗,武汉大学教授、博导,中国《周易》学会创会会长）

自 序

　　《周易》是中华文化之原，历代被誉为群经之始，大道之源。

　　在世界文化史上没有一本书像《周易》这样发源悠久，更没有一本书像《周易》这样包罗万象，也没有一本书象《周易》这样影响深远。

　　《周易》可谓独树一帜，她横跨哲学、自然科学、社会科学，又旁及艺术、医学、管理，甚至现代边缘科学。《周易》又是普适哲学，她谈天，她说地，她更论人。博大精深，涵盖万有，其哲学思想如明灯指引着人们的前程，照耀着世界的每一个角落。

　　《周易》是科学（广义）的，因为她的思想可以跨越时空几千年，生命力仍然不减，甚至历久弥新。《周易》又是神秘的，因为她以卜筮之书的面目问世，几千年来，神秘地影响着一代代中华子孙，甚至影响了许多重大事件的上演，在封建王朝的推演中扮演了十分重要的角色。

　　《周易》可谓影响深远，因为她是儒家文化的根，所以，只要读懂了《周易》，儒家思想便可迎刃而解。正如明代重臣张居正在《答胡剑西太史》一信中谈到研《易》感受时所说："……窃以为六经所载，无非格言，至圣人涉世妙用，全在此书（《易传》）。 自起居言动之微，至经纶天地之大，无一事不有微机妙用，无一事不可至命穷神，乃其妙即白首不能殚也，即圣人不能尽也，诚得一二，亦可以超世拔俗亦！"她又是道家文化的源，所以，只要读懂了《周易》，困扰人们的"道"便可茅塞顿开。正如康有为所说："老子之学，只偷得半部《易经》。"

在汶川地震时刻，中国政府为什么具有那么强的快速反应与协调能力？ 在奥运期间，华夏国度为什么展现了那么强的凝聚力与向上精神？ 在金融危机来临关头，中华神州为什么具有令世人称奇的抵御能力？ 以及非典、H1N1甲型流感为什么会在我国如此快速地止步？ 是人心，是制度，但归根到底还是民族的魂－－源自《周易》的中华文化的魅力！

当下中国，国运昌盛；而今世界，心向东方。 随着中国的崛起，中国国际地位的跃升，华夏文化受到了世人越来越多的关注。 国学，在中华大地急速升温；汉文化，在全球开始备受瞩目。 了解中国、研究中国已经开始在全球成为一股潮流。 可以预见，像大唐与康乾盛世时期一样学习中国，也将指日可待！

多年来，随着国学热的不断升温，在和社会各界人士接触时，经常会遇到这样的问题：《周易》到底是一本什么书？ 也时常遇到这样的发问：《易经》怎么读啊？ 太晦涩难懂了！因此，目前的社会急需一本全面、通俗地介绍《周易》，引导人们走入《周易》这座神秘殿堂之门的书籍，所以，便产生了编写一本《〈周易〉导读》的想法。 然而，由于知识所限，未必能很好地实现笔者的初衷，但有一点笔者是可以确定的，即全书都在说真话，力图把一本原汁原味的《周易》摆到读者面前。 该书的一个重要原则就是探本追源，本着科学的精神，还《周易》本来面目，将《周易》的哲学和象数融为一体。 同时，尽量避免以古论经、以古说事的《周易》理学的传统套路，而力争做到与当代社会相适应，与现代文明相协调。

本书除了对《周易》的理作了重点阐释之外，还介绍了《周易》的一些用——所谓的数术，包括和《周易》的经文没有直接联系的五行、干支，甚至风水学、人相学、姓名学等。 因为，历代的人们都已把他们列入了《周易》的范畴，更重要的是，掌握了这些数术，对于更好地理解《周易》的理，是大有裨益的，正所谓"未学易，先学筮"。

该书共分四章，第一章"《周易》探源"全面简洁介绍《周易》的来龙去脉，相信读过本章，便会对《周易》有一个全面的了解；第二章"《周易》基础概览"全面介绍《周易》的相关基础，为研究《周易》的理与用打下必备的基础；第三章"《周易》哲学思想导读"是本书的重要内容，引导读者朋友怎样读《易传》，笔者提炼了《周易》二十大思想，相信会给读者朋友带来启迪作用；第四章"《周易》实用方法简介"选了四个方面，从科学视角简要介绍了《周易》的一些实用方法。

通过翻阅本书，读者朋友如果找到了读《周易》的门径，理清了研读《周易》的思路，便实现了笔者的心愿。

限于水平，书中难免有不妥之处，望业界师友斧正。

庚寅年仲夏于沈水之阳

王炳中

目　录

第一章 《周易》探源

《周易》是中华民族灿烂文化中的一朵奇葩，是中华文化之原，是中华文明的源头活水。在几千年的社会历史发展进程中，与哲学、政治、军事、科技、经济、建筑、艺术、管理、人文等等均产生了重要的渊源关系。可以说，没有《周易》，就没有今天的中国文化，因此，要想了解中华文化，必须从《周易》开始!

第一节 《周易》的名称

一、易

要谈《周易》，首先要谈"易"是什么。

"易"字为日和月的组合，上为日，为阳；下为月，为阴。日为白天，白天为阳；月为黑夜，黑夜为阴。所以，易即阴阳组合，表现为一天白天和黑夜的全部时间；阳为过去，阴主未来，则易又表现在过去和未来的全部时间。日又为南，因南方热，月则为北，因北方冷，所以，易又涵盖了从南到北的空间，故也是空间的全部。再次，日可为阳性物质，月为阴性物质，故易又是全部物质的统称。

白天黑夜是在不断变化的，阴阳也是在不断转化的，所以易就是"变"，变化的意思。意即万事万物都处于不断地变化之中。变，是宇宙的根本规律。"一阴一阳之谓道"，所以也可以说，易就是"道"，"故易者，阴阳之道也"（朱熹《〈周易〉本义》序）。而从某一个角度而言，道又可理解为规律。因而，易作为一种学说，就是讲自然及人类社会乃至整个宇宙变化规律的。正如《系辞下》所说："《易》之为书也不可远，为道也屡迁，变动不居，周流六虚，上下无常，刚柔相易，不可为典要，唯变所适。"唐代易学大家孔颖达也云："易者，变化之总名，改换之殊称。"因此，英文才将《易经》及《周易》翻译为："book of changes"或"the book of change"，应该说抓住了易的根本。

中国人是最讲究变化的，也是最讲究易的，"变卦了"早已成为了中国百姓的口头禅。

二、《连山》、《归藏》和《周易》

易包括《连山》易、《归藏（cáng）》易和《周易》。夏朝的易为《连山》易，其起于艮卦，艮代表山；商朝的易称《归藏》易，其起于坤卦，坤有收藏的意思；周朝的易为《周易》，其起于乾卦，乾为天，为起始之意。《连山》、《归藏》皆已失传，唯有《周易》流传了下来。所以，现在所说的易，也就是指《周易》而言。

还有一种说法，认为《连山》易为炎帝易、《归藏》易为黄帝易，笔者不赞成此说，炎帝与黄帝为同时代领袖，而夏商时代的变化造成易的变化较为合理。当然，这大概是一个永远也无法彻底搞清楚的问题。

三、《易经》与《易传》

《周易》，就是周朝的易，也有说易道周普、无所不备，又有周而复始的意思，也不错，笔者认为不必一定要在其中进行取舍，两意兼而有之又有何妨？

完整的《周易》应由《易经》和《易传》两部分构成，《易经》是指《周易》的卦画和经文部分；《易传》是对《易经》的最原始的解说文章，共十篇，即《系辞传》上下、《说卦传》、《序卦传》、《杂卦传》、《象传》上下、《彖传》上下、《文言传》，故又称十翼。

尽管孔子及其弟子解易也都有着各自的理解，未必都是易的本原，然而，《易传》毕竟是流传下来的最早的解易文章，是从哲学角度解读《周易》的开山之作，故后世多将其列为《周易》的组成部分也不为过。

现代人研读《周易》借助《易传》的解读，应该说可以走不少的捷径。但当完全读懂了之后，再提出自己的观点，甚至对《易传》的解读提出质疑，也是很正常的。笔者赞成胡适的观点："做学问，不能做古人的奴隶。"

四、易学

易学就是《周易》的经传及后世历朝历代研究《易》的学说，包括《易经》、《易传》及后世对《易》的研究成果与著述。专家学者研究《周易》的著述不断问世，也可以说在丰富着易学。

第二节 《周易》的起源与发展

一、《周易》的起源

说起《周易》的起源，不得不提中华民族的三位"圣人"，即伏羲、周文王和孔子，正如《汉书·艺文志》中所言："易道深矣，人更三圣，世历三古。"

《周易》的起源应追溯到约6 600年前的中华祖先伏羲时代，"古者包牺氏之王天下也，仰则观象于天，俯则观法于地，观鸟兽之文，与地之宜，近取诸身，远取诸物，于是始作八卦"（《系辞传》）。"包牺氏"即指伏羲，这一段文字是说伏羲通过观天察地画出了八卦，八卦恰是《周易》的基本构件。在那蛮荒时代，生产力水平极其低下，抵御自然灾害的能力十分有限，故只有更好地顺应自然，人类才能更好地繁衍生息。所以，画八卦恰是为占卜而画。不仅如此，伏羲作八卦，开辟了中华文字的纪元，也已成国人的共识。

商末周初，应该是中华文化兴起的时期，所以有"文王演《周易》，是中华文化的开端"一说。所谓"文王演《周易》", 其实是为八八六十四卦作了卦辞, 其第四子周公又作了爻辞。多说一句, 这个周公名旦, 在思想文化方面是文王十八个儿子中最有成就的一个, 也是西周时期最著名的政治家、军事家、思想家、教育家, 被尊为"元圣", 被后世誉为儒学的奠基人, 是孔子一生最为崇敬的圣贤之一, 以致经常梦见, 在《论语·述而篇》中便有记载:"甚矣, 吾衰也久矣! 吾不复梦见周公。"曹操在《短歌行》中有"周公吐哺, 天下归心", 其周公也是指这个周公。《史记》中记载周公自谓:"一沐三握发, 一饭三吐哺, 犹恐失天下之贤。"(洗一次澡多次挽起头发, 吃餐饭多次将口中的食物吐出, 为的是及时接待贤达之仕, 唯恐怠慢而失去。)

自古有一种观点认为伏羲画八卦, 文王将八卦重为六十四卦, 其实这是错误的。在《系辞传》中记载:伏羲氏及神农氏时就有"盖取诸'离'"、"盖取诸'益'"、"盖取诸'噬嗑'"等现象, 显然那时已出现了重卦, 还有了"益"、"噬嗑"等重卦卦名。所以, 重卦之事一定不是文王所为, 还应该是伏羲氏的功劳才更合情理。

春秋战国, 是中国思想文化领域是空前绝后的繁荣时期, 出现了老子、孔子、孟子、荀子、墨子、曾子、庄子等多位思想家、哲学家, 正是这时, 孔子及其门人为《周易》作了传, 产生了号称"十翼"的《易传》。关于《易传》十篇中某些篇章的作者古来也多有争议, 有说产生于战国时期, 甚至还有观点认为出现在秦汉时期。然而, 不管谁作, 作于何时, 其哲学价值是众口一词、毋庸置疑的。

所以，现在所说的《周易》，应该是三位圣人——伏羲、周文王与孔子（包括其门人）共同智慧的结晶。

"伏羲画八卦"与"文王演《周易》"读书人大概都知道，而孔子对《周易》的贡献非研究《周易》的人士却鲜有人知。

《史记·孔子世家》中记载："孔子晚而喜易，序彖、系、象、说卦、文言。读易，韦编三绝。曰：'假我数年，若是，我于易则彬彬矣。'"《论语·述而篇》第十七章又说："子曰：'加我数年，五十以学易，可以无大过矣。'"对上述两段记载的理解存有争议，孔子是五十岁开始学习《周易》吗？说上述话的时间是孔子多大岁数的时候？笔者赞同孔子是在七十岁左右的晚年说的这句话，意思是：如果能再给我一些时间，五年也好，十年也罢，我对《周易》的研悟就会更深了，就不会犯大错误了。因据《史记·孔子世家》记载，孔子是在六十八岁回到鲁国后发表的上述感慨，这样，把五十当成五十岁，与理不通。不过，上述这些论述足以证明了孔子不但喜欢《周易》，研究《周易》，而且"韦编三绝"，即多次将串《周易》竹简的牛皮绳磨断。孔子对《周易》的最大贡献是将《周易》在占筮功能的基础上又附加了哲学的内涵，使《周易》由一部纯卜筮之书变成了一部哲学经典，从而使之成为"群经之首"。

经常听中年朋友说自己学不了《周易》了，因岁数太大了，每当这时我都用孔子晚年才开始喜欢《周易》来鼓励他，增强其学《易》的信心。

关于《周易》起源的其他杂说也很多，比如是史前文明，是外星智慧等等，因无从考证，本书不予多论。

二、《周易》的发展

（一）纳入科举的范畴

把《周易》纳入科举考试范畴是《周易》在后世广泛传播、世代发展的里程碑。科举制从隋朝大业元年（605 年）开始实行，到清朝光绪三十年（1904 年）举行最后一科进士考试为止，经历了一千三百多年，在这一千多年间，《周易》一直是科举考试的必考科目，仅此一点，就足以令一代代的学子深入研读了。也正因如此，漫长的中华历史上才出现了那么多各行各业的易学大家，有哲学家、有政治家、有军事家、有科学家、有医药学家、有文学家、有诗人、有书画家等等，张衡、苏东坡、欧阳修、孙思邈、刘伯温、方以智、李光地、曾国藩等都成为了很有建树的易学大家。

（二）在历代的发展

1. 秦

《周易》自从三圣创立以来，历经了从秦汉至唐宋元明清，直至今天的时代。不管哪个王朝，大多对其尊以极高的学术地位。秦因《易》为卜筮之书而独不焚，故得以相传。

2. 两汉

至汉，经田何传与周王孙、丁宽、服生等，而后又传给杨何。丁宽又传与田王孙，田王孙又传给施雠、孟喜、梁丘贺。

故汉易有"施、孟、梁丘之学"的称谓,即指这一体系。之后孟喜又传给焦延寿,焦延寿又影响了京房,于是汉易又有"孟京之学"、"京氏易"之体系。此外,汉易还有费直和高相的体系,称费高易学体系,属民间之学说,东汉郑玄(郑康成)为费氏易的传人,也是汉代经学继往开来的大家。从汉代开始,《易经》便成为了五经之首。汉易中以孟京易学影响最大,史称"象数之学"。京房还首创了《周易》预测的纳甲法,开辟了《周易》预测的新篇章。汉代是易学研究发展的第一阶段,从这时起,便开始了易学理与数的分化。

影响最深远的人物:费直、焦延寿、京房、郑玄等。

3. 魏晋隋唐

魏、晋、隋、唐时期,易学开始了较明确的转向。由两汉的重象数转向了重易理的特征。以承接郑玄的王弼《〈周易〉注》为代表的玄学理论强调"忘象以求意",成为了魏晋易学派的主流。隋唐仍沿袭魏晋经学的主流研易方向,经学大家孔颖达的《〈周易〉正义》对易理进行了总结和统一,提出了以元气说来解释太极、阴阳,以气为核心的世界观。晋唐又是与《周易》密切相关的风水理论最繁荣兴盛的历史时期,晋代郭璞《葬书》首次提出风水的概念,因之被后世尊为风水学的鼻祖。杨筠松是玄空风水的鼻祖,把风水学用于济世救贫,被称为杨救贫。

影响最深远人物:王弼、孔颖达、郭璞、杨筠松等。

4. 宋

宋代是易学大繁荣时期,也是《周易》哲学高度发展的时期。北宋以陈抟为鼻祖的图书学派开始出现，后传至周敦颐，提出太极图说，从特殊的视角论述了宇宙形成的过程。由胡瑗倡导的易理派，后传至程颢、程颐，程颐著《伊川易传》，创立了理学派的易学体系。张载吸收孔颖达的气论学说，著有《横渠易说》。南宋时期，理学集大成者朱熹建立起一个庞大的易学哲学体系，著有《〈周易〉本义》一书，成为后世科考的标准读本。还值得一提的是北宋的邵雍（邵康节）开辟了数学派，提出了先天学，并创立了梅花易数的应用体系，著出《皇极经世》的不朽之作。

影响最深远人物：陈抟、邵雍、程颢、程颐、张载、朱熹等。

5. 元明清

元明两代，主要是宋易向普及和纵深发展阶段，新的思想不多。清代易学主要以复兴汉易为特征，清人解易著作十分丰富，超过了以往任何时代。但总体来看，缺乏对哲学问题的探讨，理性思维不强，可以说是古代易学哲学的衰落时期。但明清却是《周易》应用体系最繁盛的时期，不但有万民英、沈孝瞻、任铁樵、蒋大鸿、程良玉、王洪绪等应用大家，更有刘伯温、曾国藩等名垂青史的政治家型的易学家，刘伯温的六爻预测典籍《黄金策》、曾国藩的相学著作《冰鉴》影响深远。

影响最深远人物：刘伯温、王夫之、惠栋、焦循、曾国藩等。

6. 近代

二十世纪初以来，也出现了一批《周易》大家，以高亨为代表，以《周易古经今论》、《周易大传今注》为标志，一改前人"以经解传，以传解经，经传互解"的旧习，首次经传分解，开创了我国现代《周易》"义理派"的研究新方法。他将经与传分开，认为经是卜筮之书，传是哲学著作。另外，李镜池的《周易探源》、《周易通义》也是有重要价值的易学著作。其大胆推断《周易》为周王朝卜史之官所编卜筮之书，成书于西周晚期；《易传》则为战国末年至西汉中叶儒生经师所作，所说与《易经》原意大有出入，很值得读者深探之。其次，杭辛斋的《学易笔谈》、《易楔》，尚秉和的《周易尚氏学》、《周易古筮考》等也都具有极高的价值。另外，被誉为民国三大家的韦千里、徐乐吾、袁树珊在《周易》应用方面蜚声中外。

第三节　《周易》的性质

一、《周易》是本什么书？

《周易》是为卜筮（今人称预测）而作，在800年的周朝历史上，《周易》也主要是用于卜筮，周朝设多名太卜之官掌管此事。秦始皇焚书坑儒，《周易》也正是因为为卜筮之书而幸免于难。历史和现代包括宋代易学家朱熹在内的大家都这样认为，因史料记载得清清楚楚。朱熹在《朱子语类》中说："《易》乃是卜筮之书，古者则藏于太史太卜以占吉凶。"清李光地编撰的《周易折中》中更是明确写到"圣人作《易》，本是使人卜筮，以决所行之可否，而因之以教人为善"。翻阅春秋战国有关《周易》的记载，很多是从卜筮的角度来论及《周易》的。尽管当时还没有那么多的《周易》数术种类和预测方法，但大量的关于《周易》的内容都属卜筮范畴。《左传》、《国语》中记载了二十多处西周、春秋时各国君主用《周易》卜筮的情况，据《尚书·洪范》记载：殷人箕子对武王谈到："汝则有大疑，谋及乃心，谋及卿士，谋及庶人，谋及卜筮"，其意为遇到疑难，首先要通过自己判断，无法决定，就要和大臣商议，还要征求百姓的意见，最后还要通过卜筮这一手段来进行预测。2010 年 4 月笔者在汕头讲学时引用了这一段程序，引起了很多企业家的兴趣，新华好教育广场的王璜总经理说，这一决策程序在今天仍然是适用的，仍然是最佳的。由上可见，卜筮已作为那时决策军机大事的重要手段。实际上从那时起，在中国漫长的封建社会中，卜筮，也就是预测，在朝廷与民间一直扮演着极其重要的角色，历代封建王朝都设有太卜之官就是最好的说明。

《周易》离开了纯粹的卜筮应该从孔子为《周易》做传开始，也就是《易传》使《周易》上升到了哲学的范畴，《易传》实现了《易经》由卜筮向义理的转化。后世《周易》地位的提升，也与圣人孔子的介入密切相关。然而，需要强调说明的是，孔子也是信奉卜筮的，在《系辞传》中就有"易有圣人之道四焉，以言者尚其辞，以动者尚其变，以制器者尚其象，以卜筮者尚其占"，"以通天下之志，以定天下之业，以断天下之疑"的明确论述。在《论衡·卜筮》中更有关于孔子卜卦论筮的记载："鲁将伐越，筮之，得'鼎折足'。子贡占之，以为凶。何者？鼎而折足，行用足，故谓之凶。孔子占之，以为吉。曰：越人水居，行用舟，不用足，故谓之吉。鲁伐越，果克之。"这一段的意思是：鲁国将要攻打越国，起卦得火风鼎的第四爻，爻辞为："鼎折足，覆公餗（sù），其形渥，凶。"子贡预测以为是个凶卦，为什么呢？鼎断了腿，行军用脚，所以为凶。而孔子却断为吉，说：越人在靠水处居住，行军打仗需用船，而非陆路行走，所以为吉。后来，鲁国攻打越国果然胜利了。

孔子介入《周易》之后，便使《周易》上升到了哲学的高度，使《周易》从一部纯卜筮之书变成了哲学巨著。因此，《周易》除了具有卜筮功能之外，更重要的是其蕴含的哲学思想。卦爻的阴阳，乘、承、比、应，内外卦的关系等，充满了哲学机理。难怪儒、道、墨、法等家均从《周易》汲取营养，创建思想学派。《周易》历朝历代备受推崇，也主要是因为其蕴含有博大精深的哲学思想。

《周易折中》中有："今人说《易》是卜筮之书，便以为辱累了《易》。见夫子说许多义理，便以为《易》只是说道理，殊不知，其言吉凶悔吝皆有理，而其教人之意无不在也！"可见在古代社会，对于《周易》之书的性质是存有争议的。笔者在此也愿多说几句，《周易》的哲学思想不但存在于《周易》六十四卦卦爻的辩证关系中，存在于《易传》的深刻剖析里，也存在于广博的《周易》预测等应用体系中。而对于后者，相信对这些应用体系有了深入的研读之后都能感悟到。

需要强调的是，不管《周易》是什么书，它的最高境界毫无疑问是哲学，是智慧之学，是辩证法。在各种学科中，哲学是统领之学，是高于其他学科的。因为它是指导人思想的，是世界观，是方法论。从整个人类历史进程来看，孔子的作用与贡献显然要胜于祖冲之、蔡伦、李时珍，也要胜于秦始皇、汉武帝、唐太宗。所以，一个人、一个企业要想成功，首先要懂哲学，其次要懂政治，第三便是专业方向。当然，在社会快节奏发展的今天，一个人只懂哲学和政治显然是不够的，就一般人来说，还要有一技之长。而哲学和政治是各阶层、各领域人士走向成功的必备之功。

"易与天地准，故能弥纶天地之道。"《周易》从哲学走来，走向了政治、经济、军事，直至人民生活的各个领域；《周易》从华夏走来，走向了亚洲，走向了世界；《周易》从远古走来，历经中华民族的水深火热和沧桑巨变，走入了我们今天的时代，又将豪迈地走向未来。

二、易理与易数

《周易》作为中华文化的瑰宝，不仅体现在《易经》和《易传》两个方面，还直接地体现在易理和易数两大功能。

所谓易理，就是《周易》中包含的道理、哲理，属哲学范畴。它论述的是大到宇宙，小到人体的运动规律，对人来说论述的是世界观和方法论，可以说既是辩证法，又是唯物主义。

经常有学者将"易理"和"义理"混淆，凡提"易理"皆以"义理"代之。什么是义理呢？普遍皆宜的道理或讲求经义、探求名理的学问，就是义理，或称义理之学。显然，"义理"与"易理"不是一回事，"义理"应包括"易理"才对，"易理"为《周易》中的"义理"。

所谓易数，是指《周易》的实际应用功能，又可称其为广义的象数。包括应用的各种方法，各种门类等。

由易理派生出了中国许多哲学流派，指导着人们的行为规范；由象数也推演出了中医、风水、预测术、兵法、冶炼等，更加具体地指导着人们的健康、居住、战争和某些古代科技。易理和易数各有其用，是互不可代的两大方面，共同构成了《周易》的两大要素，对中华文明的进步起到了不可磨灭的推动作用。易理与易数又是相互联系，互相助益的，民国大家袁树珊谈得甚是精辟："卜虽起于数，而实根于理。就卜以言理，则理愈显；就理以论卜，则卜愈神……"《周易折中》所言"然义理象数，一以贯之，乃为尽善"，笔者认为是至理。然理与数相较，还是理更为首要，理又可称为道，以道御数，方为佳境。

三、《周易》与各学科的关系

《周易》作为综合性的智慧科学，与多学科有着千丝万缕的联系，有的是派生关系，有的是同源关系，还有的有着深刻的内在关联。其中包括哲学、自然科学、社会科学及其他边缘学科，甚至有的新兴学科。

（一）《周易》与哲学

哲学总是为社会的发展指引方向、开辟道路、制定原则、提供方法，使社会不断地得到改造和变革并向前发展的。哲学存在于人类社会生产、生活的各个环节中、群体里、层次上。因此哲学是高于自然科学和社会科学之上的学问，是统领之学，也可以说是母科学。

不论是自然科学家，还是社会科学家，研究到一定程度都要归到哲学的范畴去，因为他们需要思想，而科学只能产生知识，哲学却可产生思想。物理学家牛顿曾说："科学与上帝伟大的创造相比，不过如一个孩子在大海边偶然捡到一片美丽贝壳而已。可是大海里又有多少美丽贝壳啊！"爱因斯坦也曾说："没有科学的宗教是盲目的，可是没有宗教的科学却是无法前进的。"他们所说的上帝和宗教，其实就是哲学的代称而已。可见，哲学对他们来说有多么重要。

《周易》首先是哲学。应该说，中国历史上的很多哲学流派都源自《周易》或受《周易》的重要影响。首先说儒家思想，上文已提，孔子即为创易三圣之一，他对《周易》研究如此之深，他的思想一定受到《周易》深层次的启迪，不管是"格物"、"致知"、"诚意"、"正心"、"修身"、"齐家"的思想、还是"治国"、"平天下"的理念，一定和《周易》同源同流。当您掌握了《周易》的思想之后，再翻开《论语》一定会感觉释然！明代重臣张居正在《答胡剑西太史》一信中谈到研易感受时就曾说："……窃以为六经所载，无非格言，至圣人涉世妙用，全在此书（指《周易》）。自起居言动之微，至经纶天地之大，无一事不有微机妙用，无一事不可至命穷神，乃其妙即白首不能殚也，即圣人不能尽也，诚得一二，亦可以超世拔俗矣！"

"一部《道德经》就是《周易》的翻版"，康有为也曾说："老子之学，只偷得半部《易经》。"这两个评价足见《易经》在道家思想中的地位。其实，道家中的"道"，就是无极，"人法地，地法天，天法道，道法自然"就是《周易》的思想，"水至清则无鱼"也充满着《周易》阴阳思想的味道。

此外，墨家、法家、杂家、阴阳家等哲学思想，无不镌刻着易学的深刻烙印，闪烁着易学的哲学光芒。

《周易》不仅启发启源了中国的哲学思想，对西方哲学、哲学家的思想同样有着启迪作用。一些外国哲学流派，也都吸取了中国易学的哲学思想。比如十九世纪德国哲学家黑格尔的辩证法，他在《历史哲学》中说："《易经》多是图像，一向被看做中国文字的依据和中国思想的基本。这书是从一元和二元种种抽象观念开始，然后讨论到附属于这些抽象的思想形式的实质的存在。"①又说："中国人承认的基本原则是理性——

---

① 黑格尔：《历史哲学》，王造时译，上海书店出版社2001年版，第124页。

叫做'道';道为天地之本,万物之源。中国人把认识道的各种形式看作是最高的学术。"①黑格尔能对《周易》发表这么多深邃的评价,而且大部分是正确的,可见其真正认真研读了《易》。黑格尔自己也曾坦言,他的哲学思想的形成,受益于中国《周易》的阴阳变化之理。

(二)《周易》与自然科学

在自然科学方面,中国古代的许多重大发明都与易学有着千丝万缕的联系。古代天文历法学说的创立,四大发明的问世,都是在易学理论有形无形的基础上而产生。发明地动仪的张衡,近代的方以智等等,中国古代、近代的许多科学家本身就是易学家,他们从易学中吸取营养,产生灵感,创造出惊世的科学发明和创造。

不仅如此,《周易》对世界近代科技发展也起到了一定程度的推动作用,近代国外的科学家受到中国易学思想影响的也不在少数。从作为计算机基础的、莱布尼兹的二进制,到爱因斯坦的相对论,再到玻尔的量子物理学,都曾受到《周易》的启迪。莱布尼兹曾感叹:"易图是流传于宇宙科学之中最古纪念物","我之不可思议地发现,即对于理解三千年前中国最初的君主且为唯一哲学家伏羲的古代字秘密的发现,对于中国人来说实在是深可庆幸的事情,应该允许我加入中国籍吧!"

---

① 黑格尔:《历史哲学》,王造时译,上海书店出版社 2001 年版,第 141 页。

玻尔曾道："中国圣贤用阴和阳来表示对立面的互补性，并且把他们之间的相互作用看成是所有自然现象和人类情况的本质。中国古今伟大思想家的真知灼见令人倾倒……以致每个小学生都应该学习它。"在其"相生相克原理"论文获奖的庆祝酒会上竟用太极八卦纪念章赠人，以示对中国易经文化的敬意。爱因斯坦在给友人的信中曾说："西方科学的发展是以两个伟大的成就为基础，那就是希腊哲学家发明形式逻辑体系以及通过系统的试验发现有可能找出因果关系，在我看来，中国的贤哲没有走上这两步，那是用不着惊奇的，令人惊奇的倒是，这些发现在中国全都做出来了。"

此外，上个世纪六十年代以后出现的很多重大科学发现也与《周易》有着不解之缘，如模糊理论、仿生学、生物全息律理论、宇宙全息论、地球经络穴位理论等。在《周易》的应用体系中，就大量地使用着模糊理论，比如旺衰理论，旺与衰就是模糊的，不是清晰的，在笔者的其他著作中曾有具体论述。从更广的范围论之，中国文化就是模糊文化，"说不清，道不明"是常有的事，所以才出现了"悟"这个玄而又玄的词汇。甚至在很多领域，无不以模糊不清楚为最高境界，"难得糊涂"是什么？就是模糊文化。模糊文化已经渗透到人们生活的各个方面，国人常见问候语"最近怎么样啊？"对方多半回答"还可以！"这"还可以"是什么？你可以去遐想，无限的遐想，这就是模糊语言。而西方的人往往不会这么回答问题，好就是好，坏就是坏，没有中间状态。所以，西方人爱走极端，华夏民族则崇尚中庸。中庸是什么？也是模糊文化！

德国《易经》符号逻辑专家斐德烈博士曾于上个世纪九十年代在德国Semiotic（符号学）杂志上以《〈易经〉符号逻辑》为题撰写的论文中指出："《易经》提供了一个完整的符号功能模型，……这种模型的演化逻辑和建立反映了地球上自然环境的基础结构。《易经》这种符号创造在任何时代都可称之为范例。虽然《易经》符号起源于古代，但其原则仍适用于现代科学知识水平的概念范畴……"

综上所述，《周易》和现代科技的某些关联，绝非《周易》攀枝折桂、生搬硬套。这些关联有些是殊途同归，有些是现代文明借鉴了某些易学思想的结果。

其实，东西方文明在东西方开始交往起，便开始了互相学习、互相借鉴，清朝中叶以前，更多的是西方借鉴东方；清朝中叶随着清朝没落、西方不断崛起，便开始了中国借鉴西方，直至今日，此属正常现象。相信21世纪的未来，西方逐渐学习中国将成时尚。学什么？当从文化开始。前些天，和我高三的女儿辩论，我说"文化'决定'政治"，她说"政治'决定'文化"。也许这两种说法都对，而他们的方式却是不同的：政治对文化的影响是强制性的，而文化对政治的影响则是潜移默化的，自觉自为的！当然更有"经济基础决定上层建筑……"在此不予多论。

（三）《周易》与社会科学

《周易》的社会科学性质更重一些，所以，有些人便把它纳入社会科学范畴。《周易》的易辞本身就具有文学性，如"风泽中孚"九二爻辞："鸣鹤在阴，其子和之，我有好爵，吾与尔靡之"，"雷天大壮"上六爻辞："羝羊触藩，不能退，不能遂，无攸利，艰则吉"，《系辞传》中："君子之道，或出或处，或默或语。二人同心，其利断金；同心之言，其臭如兰"等，既有哲学的意境，又有文学的韵味。

未读《周易》的人士或许不知，有很多成语都出自《周易》的经与传，比如：

否极泰来——出自地天泰、天地否两卦；

革故鼎新——出自火风鼎、泽火革两卦；

防微杜渐——出自风山渐卦；

不速之客——出自水天需卦爻辞；

虎视眈眈——出自山雷颐卦爻辞；

谦谦君子——出自地山谦卦爻辞；

突如其来——出自离为火卦爻辞；

匪夷所思——出自风水涣卦爻辞；

遏恶扬善——出自火天大有卦象辞；

同气相求——出自乾卦《文言传》；

乐天知命——出自《系辞传》；

见仁见智——出自《系辞传》；

触类旁通——出自《系辞传》及《文言传》；

穷则思变——出自《系辞传》；

九五之尊——出自乾卦之象；

不三不四——出自爻位原理；

错综复杂——出自错卦与综卦思想；

自强不息——出自乾为天卦象辞；

厚德载物——出自坤为地卦象辞；

洗心革面——出自《系辞传》及泽火革卦爻辞；

顺天应人——出自泽火革卦象辞；

殊途同归——出自《系辞传》。

可见《周易》的元素已深入国人最基本的文化体系中。期望中小学教师在讲授这些成语时不要忽视告诉孩子们，这些成语的悠久历史和出处。

此外，《周易》与政治，《周易》与经济，《周易》与法律，《周易》与管理，《周易》与教育等社会科学均有重要关联。《周易》的太极思想使无数政治家开悟，《周易》的爻位原理产生了中国的管理体系，《周易》的阴阳思维导引了中国古代法律体系，"匪我求童蒙，童蒙求我"，道出了教育的基本原则……

至于中国艺术，和《周易》关系也是很紧密的。如国画、书法追求的浓淡、飞白、刚柔，以及"得意忘形"等，也不离《周易》思想左右。围棋本身就是一阴一阳的对决，《周易》的阴阳观体现得淋漓尽致。

此外，中医、风水、兵法、武术、音乐等等都曾直接或间接地受到易学文化的滋养。唐代医药学家、被尊为药王的孙思邈云："不知易不足以言太医"，可见易对于医的重要性。古人的"不学易，不可以为将相"，更是把易提升到了政治的高度。

清代的《四库全书总目》中说"易道广大，无所不包。旁及天文、地理、乐律、兵法、韵学、算术……"绝不夸张。

第四节 《周易》的现状

一、《周易》的现状

"中华文明是世界古代文明中始终没有中断、连续五千多年发展至今的文明。中华民族在漫长历史发展中形成的独具特色的文化传统，深深影响了古代中国，也深深影响着当代中国。现时代中国强调的以人为本、与时俱进、社会和谐、和平发展，既有着中华文明的深厚根基，又体现了时代发展的进步精神。"这是胡锦涛总书记访美在耶鲁大学演讲时对中国文化的定位与评价，而中国文化的根是《周易》。

在党中央"百花齐放"、"古为今用"的文化方针指引下，在各级政府的关怀、社会各界人士的支持下，近些年来，我国易学事业出现了可喜的局面。主要有如下标志：

第一，易学的研究，已经由过去零散的个体研究转向了组织的研究，使易学文化的发展有了组织保证。目前，在我国民政部门及高校登记的各级《周易》组织至少数百个。

第二，各级政府的扶持，是易学文化健康、持续发展的根本保证。2004 年 4 月，经中央领导批准的国际易学联合会的成立，2004 年 9 月住建部建筑文化中心在北京人民大会堂主办的"首届中国建筑风水文化与健康地产发展国际论坛"的隆重召开，2009 年中央电视台《百家讲坛·易经的奥秘》的开讲，标志着我国易学发展进入了一个全新的历史阶段。

第三，高校和社会各类机构的介入，各界人士的关注，使易学的发展出现了良好的社会氛围，这是易学文化发展的动力源泉。目前高校和各类培训机构纷纷介入易学文化的研究和推广，相信长此下去，易学的智慧定会在国人中开花结果，使"百姓日用而不知"成为过去。

第四，国学热的出现，使易学更是倍受追捧。宋朝开国重臣赵普能"半部《论语》治天下"，作为《论语》之母的《易经》会怎么样呢？康有为说"老子之学，只偷得半部《易经》"，但《道德经》又启迪了多少世人的智慧？

第五，外国对中国易学文化的认知度，对中国易学的求索，也催促着国人奋力前行。不然，像端午节、中医一样被人所谓的"抢注"，并非骇人听闻。目前，在西方多国的书店中，各种版本的《周易》书籍可谓琳琅满目，研究的人士也越来越多。

显然，易学博大精深，她的广大悉备，她的奥妙莫测，必将继续地吸引着中外一代又一代的后来人上下求索。

二、当代人为什么要学《周易》

由上文可知，《周易》是中华文化之原，是古代读书人的必读之书。当代是现代文明昌盛的时代，而现代文明的产生不是在中国，而是在西方。其理论根源也不是中国文化，而是西方思维。那么现代人为什么还要学习《周易》呢？

（一）《周易》文化是人类文明再发展的需要

《周易》作为东方文化之原，带动了以中国为代表的东方世界数千年的兴盛。十九世纪以来，中国没落了，从机械化、电气化到现代化的浪潮带动了西方文明的崛起，然而，正如国学大师季羡林先生所言：二十一世纪是以中国文化为主体的东方文化走向灿烂辉煌的世纪，只有东方文化才能拯救人类。他说，西方文化繁荣了几百年，把生产力推到了空前的水平，使人类社会进步达到了空前的速度，但同世界所有文化一样，决不会永世长存，今天，它已逐步呈现出强弩之末、难以为继之势，具体的如生态平衡遭破坏、酸雨横行、江河污染、动植物灭种等。而以分析为基础、征服自然为主要思想的西方文化无法用高科技解决大自然对人类的报复。只有东方文化的"天人合一"、"顺乎自然"的精神才能改变现状、挽救人类。他指出，"三十年河西，四十年河东"，以分析为基础的西方文化将逐渐衰微，必然代之以综合为基础的东方文化。"取代"不是"消灭"，而是在过去几百年来西方文化所达到水平之基础上，以东方文化为主导，吸收西方文化的精华，把人类的发展推向一个更高阶段。

二十世纪上半叶，英国历史学家、社会学家汤恩比也曾总结并预言："十九世纪是英国人的世纪，二十世纪是美国人的世纪，二十一世纪是中国人的世纪，由于中国文化本质为阴阳哲学——《易经》。"又说："促成世界大一统的很可能既不是西方，也不是西方的哪个国家，而是中国！"几十年后，这一论断被众多的思想家、政治家、科学家、易学家等所认同。

奥运会的隆重举办，汶川地震的高效救援，世界金融危机沉着有效的应对，世博会的成功展示，都一一证明了中华文化的独特魅力。所有这些除了党和政府正确有效的领导之外，深层次的是文化的根基在起作用。近些年，西方开始由排斥转向研究中国，研究中国共产党的治国思想、为政理念。2010年4月，美国近20位政府和军方高官结束了在清华大学为期一周的"中美高级政府官员培训班"的培训，培训内容涉及中国政治、经济、军事等领域的管理与决策，这是美国政府第一次组织高级官员到中国培训。

（二）是研读国学的阶梯与钥匙

当代中国正在掀起国学热，而今世界正在瞩目中国文化。而作为中国文化或国学灵魂的儒家思想、道家思想正在受到越来越多世人的追捧，《论语》、《道德经》成为了政治家、企业家、军事家乃至艺术家的热门读物。然而，要想尽快读懂《论语》与《道德经》，参透儒道之学，《周易》恰是通往国学殿堂的重要机关。可以说，读懂了《周易》，儒道之学便可迎刃而解。

（三）《周易》思想是当代最高智慧

到目前为止，《周易》仍然是人类的最高智慧，《周易》中蕴含的思想，取之不尽、用之不竭。《周易》可使人聪明，《周易》可给人智慧。不管做什么，到最高境界一定要懂哲学，不管是为政，从文，还是经商；也不管是事业上，交友中，还是亲情里，智慧的光芒都会得以体现。而"《周易》是经典中的经典，哲学中的哲学，智慧中的智慧。"

（四）《周易》思想是与时偕行的

与时偕行是《周易》的一个重要思想，而《周易》本身更是与时偕行的。所以，《周易》从没过时，也永远不会过时。她的哲学是永恒的，她的象数体系是不断丰富的。不管是核武器、纳米技术，还是卫星；也不管是互联网、3G 通讯，还是太空漫步，在《周易》中都可找到家。

（五）《周易》横贯天地人，其大无外、其小无内

"易之为书也，广大悉备，有天道焉，有人道焉，有地道焉"，弥伦天地，包罗万象。不管你是什么行业，不管你多大年龄，也不管你是男是女；不管你是用于指导事业，不管你是用于敲门交友，也不管你是用于消遣玩占，都可从《周易》中得到所需的东西。

三、研读《周易》的最佳门径

在生活、事业中，经常会遇到新朋友问我："《周易》得怎么学呢？""从哪里学起呢？""我为什么读不进去呢？""为什么读不懂呢？""易经这么晦涩怎么学呢？"诸如此类的问题不一而足。

诚然，《周易》的卦画，玄妙莫测。说其复杂，六十四卦只不过阴阳两爻；说其简单，又阴阳变化多端，正所谓"变动不居，周流六虚，上下无常，刚柔相易……"《易经》的经文，晦涩幽深。虽不过五千言，但其中不常见的字就有上百个。

　　《周易》博大精深，涵盖万有，其哲学思想如明灯指引着人们的前程，照耀着世界的每一个角落。所以，研究《周易》一定要以研究《周易》的哲学思想为终极目的，但要想直接进入《周易》的哲学体系却是很难走通的。那《周易》怎样学才是最佳门径呢?

　　民国《周易》大家尚秉和先生有"未学易，先学筮"；民国命理三大家之一的袁树珊先生也曾言"卜虽起于数，而实根在理。就卜以言理，则理愈显；就理以论卜，则卜愈神"；当代易学前辈、北京大学教授冯友兰先生也论道："我有个建议：研究《周易》当然以《周易》哲学为主，但《周易》本来是一部筮书，《周易》的哲学思想有些与筮法有关，因此对筮法也要作调查研究工作。"可以说，三位先贤都为我们指引了学习研读《周易》的共同门径，即在学习研究《周易》的哲学之前或过程中，一定要研读、掌握《周易》的卜筮功能。

　　简单说，就是要先学习《周易》的应用体系，品味《周易》预测中的一些原则与方法，建立起《周易》独特的思维方式，在对《周易》应用体系了解的基础上，回过头来再去品读《周易》易理，便可如入桃花源，豁然开朗，也更易感悟到《周易》哲学的博大精深。

第二章 《周易》基础概览

第一节 太 极 基 础

太极学说，是《周易》的基础，也是中国文化的基石，中国古代一切文化都是在这一学说的基础上发展起来的，是中国人认识世界的独特思维。

一、太极浅释

"太"，过于、极致、很之意；"极"，极限。太极即无限、无尽头之意，包括时间的无限和空间的无极，即宇宙是无穷无尽的。

太极本是派生万物的根源，"易有太极，是生两仪，两仪生四象，四象生八卦，八卦定吉凶，吉凶生大业"（《易·系辞上》）说的就是这个意思。正如清末民初易学大家杭辛斋所言："太极者，立乎天地之先，超乎阴阳之上"，即在天地未有之前即有太极。太极为宇宙的创始，一切生死、成长、旺衰、变化，皆由太极演变而来。

那太极到底是什么呢？朱熹认为，太极为理，"太极只是一个理字"，"太极，理也；动静，气也"。他追求形而上之理，认为气为形而下的世界，其存在和变化有其背后的形而上的根源，这就是"理"，可见，朱熹反对以太极为气。然而，北宋大家周敦颐和张载等都主张太极为气说，即以气解释太极，认为太极乃阴阳二气的统一体，其差别只在于阴阳统一性方面。周敦颐曾在《太极图说》中阐到："自无极而为太极。太极动而生阳，动极而静；静而生阴，静极复动。一动一静，互为其根；分阴分阳，两仪立焉。阳变阴合而生水火木金土，五行顺布，四时行焉。五行一阴阳也，阴阳一太极也，太极本无极也。"张载在《横渠易说·说卦》中言："一物两体，气也"，"一物而两体，其太极之谓欤！阴阳天道，象之成也。刚柔地道，法之效也。仁义之道，性之立也。三才两之，莫不有乾坤之道也"，意即太极之气兼有虚实、动静、聚散、清浊两方面，即具有一阴一阳之性。

笔者认为，太极既是理，也是气，同时存在，理为形而上，气为形而下。这才真正体现了易阴阳辩证与博大，易的精神和物质的全息。太极之理，派生了宇宙自然的法则；太极之气，派生了宇宙万物的质体。

太极说与现代科技对宇宙产生的认识具有一致性。现代科学一种观点认为，宇宙原为一个温度极高、密度极大的，由最基本粒子组成的"原始原子"，经过大爆炸，才产生了今天的宇宙，且今天的宇宙还在高速地膨胀着。那宇宙大爆炸前的"原始原子"就为太极，爆炸后就产生了"两仪"、"四象"、"八卦"、"六十四卦",直至宇宙空间的万事万物。

太极又是一个相对的概念,有中心的含义,由这个中心向外扩展可无限大,也可无穷小。宇宙是一个太极,原子也是一个太极;中国是一个太极,沈阳市还是一个太极;一个单位、一个家庭都是一个太极。中国是一个太极,美国也是一个太极,同时存在。"其大无外,其小无内";"一物其来有一身,一身还有一乾坤"(《周易参同契》)。

说到太极,不能不说太极图。但太极本无形无象,有形、有象、有声、有嗅皆非太极。甚至无法用语言来描述,所以,在宋以前的漫长时期没有图,到宋代陈抟才始出太极图。

自古有多种太极图,流传较广的则为陈抟的先天太极图。

先天太极图由阴阳两半组成,太极图的阴阳是相互转化的,阳极必阴,阴重而阳;阳中含阴,阴中又含阳,充分体现了阴阳互根、阴阳转化的哲学道理。在下图的先天太极图中,最下面为阴极阳始的状态,也就是阴气到了极限,物极必反,开始转阳,即阳气开始出现。顺着太极图的旋转方向上行,阳气越来越多,阴气则越来越少,正所谓阳长阴消。到了最顶端,阳气到了极限,为纯阳之态,但纯阳之态只是一瞬而已,马上阴气又出现并逐渐增长,阳气则随之消减。顺转下行,阴气越来越多,阳气越来越少,再到最下方,阴气达到极限,阳气少至几无,则又开始了新一轮的循环,这一阴阳转化规律,循环往复,无止无休,这也正是世间事物的发展规律。

太极包含阴阳,但乃呈阴阳未分之态,故笔者认为从某种角度说，如笔者表示方式更为贴切，其中的圆〇为阳质、方▢为阴质，见笔者太极图。而先天太极图称为太极阴阳转化图更为贴切。

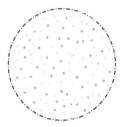

先天太极图　　　　　　　　笔者太极图

　　关于先天太极圈的旋转方向问题，说法多有不一，有说顺时针的，有说逆时针。笔者认为，上述两种说法都不能说错，这里有一个站在地球哪一半的问题，站在北半球，就应该顺时针；站在南半球，就应该逆时针。中国居北半球，当然要顺时针才对。

　　为什么呢？拿我们北半球来说，因南方热，南方为火；北方冷，北方为水。而东方为木，西方为金。按后天八卦来分，南方为离卦，北方为坎卦，东方为震卦，西方为兑卦。而北半球自然季节的变化正是春——夏——秋——冬，对应的方位就是东方——南方——西方——北方；一天当中太阳的相对方位也是从东到南再到西，到北的时候已经落山了，所以，八卦中央的太极图也必是按照先东而南，后西而北的顺序了，也就是顺时针。

　　南半球为什么相反呢？笔者认为，南半球当以北为火，以南为水，以东为木，以西为金。因为五行与方位的搭配是依据自然的现象与规律来确定的，所以，南半球的自然变化必是先东而北，后西而南，太极图也必是逆时针了。

当然这是笔者的个人观点，关于南半球的易学思想及易学应用至今还很不完善，中国老祖宗的时候，还不知道有什么南半球之说。近些年来，随着中国国际化进程的加快，与南半球来往人员的增多，有一些易学人士开始了对南半球易学诸现象的探索，但至今还没有一个完整而公认的理论产生。笔者在《六爻预测指谜》海外繁体中文版及《还本归宗——六爻预测指南》国内版中也谈到了这一问题，《六爻预测指谜》于2008年出版后，先后有澳大利亚、马来西亚、印尼的易友打来电话，高度赞成笔者的观点，言尚未看到关于南半球《周易》的理论出现，并希冀笔者有更多的关于南半球的易学理论著作问世。

顺便多说几句，关于马桶冲水北半球顺时针旋，南半球逆时针旋；植物的嫩叶北半球顺旋而生，南半球逆旋而长等论说与事实不符，属伪说，读者不妨考证。这么实了哪还是易呢？

二、无极浅释

极者，极限也。无极即无极限。指事物没有穷尽、没有边界。无极又是派生万物的本体。以其无味、无臭、无声、无色、无始、无终，无可指名，故曰无极。

庄子在《逍遥游》中说："无极之外，复无极也。"意思是世界无边无际，无穷之外，还是无穷。无极的概念最早出现在《老子》第二十八章："知其白，守其黑，为天下式。为天下式，常德不忒，复归于无极。"本来是老子用以形容道的终极性的。这么一说，无极和太极很相近，所以，关于太极和无极的关系，自古说法不一，有些大家甚至认为无极就是太极。朱熹的《周易本义·序》中言："太极者，道也；两仪者，阴阳也。阴阳一道也，太极无极也。"

笔者认为，无极与太极都没有极限，没有边际，都是派生世界的本源，这是它们相同之处。不同之处是，无极是比太极更加原始、更加终极的状态，无极是太极的根源。"无极而太极"，"无中生有"。其次，太极已有了中心点，有了远近，有了内外，而无极则没有中心，完全处于混沌状态。

提起无极、太极就一定要提到道家思想的"道"，道又是什么呢？《道德经》中说："道可道，非常道。名可名，非常名。无，名天地之始；有，名万物之母"，又说："有物混成，先天地生。寂兮寥兮，独立而不改，周行而不殆，可以为天地母。吾不知其名，强字之曰道，强为之名曰大。人法地，地法天，天法道，道法自然"，"道生一，一生二，二生三，三生万物。万物负阴而抱阳，冲气以为和"。只可意会，不可言传，很难说清楚，说出来了，就不是道了，这就是中国文化。道和无极、太极又是什么关系呢？无极为道，太极已不是道了。"无，名天地之始"之"无"，为无极，也为道；"有，名万物之母"之"有"，为太极。"为学日益，为道日损。损之又损，以至于无为。无为而无不为"，故无为是最高境界，无极是最高境界，道是最高境界，"见群龙无首，吉",是最高境界,"无为而无不为"也。

从无极到太极中间还存在五个过程,称为"五太",即太易、太初、太始、太素和太极。太易,是连气都尚未出现的状态;太初,是气已开始而未出现形的阶段;太始,是形已初始而尚未有质的阶段;太素,是质已起始而尚未成体的阶段;气、形、质都已经具备,但却尚未相分离,呈现一种混沌状态,便是太极。天地的开辟,便是从太极开始的。通过上述五个过程可以看到,无极和太极完全不是一回事。

下图为笔者所画无极图。无极本无法用图谱来表示,若一定要表示,便如笔者所画。

无极图

第二节 阴阳基础

一、阴阳浅释

阴阳学说起源于夏朝,是先人们在与自然的斗争中观天察地总结出的宇宙规律。"易有太极,是生两仪",两仪即阴阳,由太极派生而来。"太极动而生阳,动极而静,静而生阴,静极复

动"。从气的角度来论，即阴阳二气。凡动的、激昂的、向外
的、向上的等都为阳，在八卦中用"——"表示；凡静的、消沉
的、向内的、向下的等都为阴，用"- -"表示。

二、阴阳与世界

世界上的任何事物都可分阴阳，阴阳是任何事物对立统一的
两个方面，是构成宇宙、世界的两种最基本元素，"一阴一阳之
谓道"。这里所说的事物，是广义的概念，即包括精神和物质两
个方面。物质方面阴阳有两种表象：一种是可以直接感受到的，
如白天为阳，晚上为阴；男人为阳，女人为阴。另一种是人的感
知功能感受不到的，就像人体经络一样，看不见，摸不着，用刀割
开什么也没有，但它却是客观存在。这种阴阳好比人体中，小肠为
阳，心脏为阴等。还有一种阴阳是精神范畴的，如正义为阳、邪恶
为阴，积极为阳、消极为阴等等。

现列举一些常见阴阳类属，供读者深入理解阴阳属性：

阳仪	大	白	长	硬	天	男	腑	多	上	左	背	夫
阴仪	小	黑	短	软	地	女	脏	少	下	右	腹	妻
阳仪	动	刚	进	好	善	日	晴	火	美	君	气	水
阴仪	静	柔	退	坏	恶	月	阴	水	丑	臣	血	山
阳仪	圆	物质		外向		正数		光明		胜利		
阴仪	方	精神		内向		负数		黑暗		失败		

第三节 四 象 基 础

一、四象浅释

"易有太极，是生两仪，两仪生四象"，"象也者，像也"，象，即形象的意思，气显则有象。四象，即四种形象。两仪为阴阳二气，阴阳二气经过相互感应便形成四种象：太阳、太阴、少阳、少阴。阳与阳感合为太阳，阴与阴感合为太阴，阳与阴感合为少阳，阴与阳感合为少阴。见两仪生四象图：

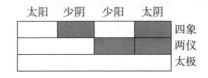

二、四象与世界

四象已经显现，对应时间为四季——春夏秋冬，对应方位为四方——东南西北，对应灵物为四灵——龙凤麟龟。

阳为热，阴为冷，就时间而言，太阳为最热，故为夏，极限点为夏至，这一天因为阳极，故白天最长，黑夜最短；太阴为最冷，故为冬，极限点为冬至，这一天因为阴极，故黑夜最长，白天最短；少阳为暖，故为春，极限点为春分；少阴为凉，故为秋极限点为秋分。春分和秋分这两个极限点阴阳各半，故白天和黑夜一样长。其实，这四种状态和先天太极图是对应的，读者朋友不妨自己在太极图上找一找这四个点。

就空间而言，太阳为南，为最热，对应十二地支的午位；太阴为北，为最冷，对应十二地支的子位；少阳为东，为暖，对应十二地支的卯位；少阴为西，为凉，对应十二地支的酉位。故子午卯酉又称为四正位。

汉代《家语》云："龙，鳞虫之长；凤，羽虫之长；龟，介虫之长；麟，毛虫之长。"四灵在时间上配春夏秋冬四季，在空间上配东南西北四方。

龙为鳞虫之长，即带鳞的动物之首，位居东方；凤为羽虫之长，即带羽毛的动物之首，位居南方；麟为毛虫之长，即带毛的动物之首，位居西方；龟为介虫之长，即带甲壳的动物之首，位居北方。笔者相信龙、凤与麒麟远古时代都曾存在过，后来因种种原因灭绝了。春秋末期孔子七十一岁时，在鲁国西境大野泽地曾发生了"西狩获麟"的事件，就是有人打猎时捕获了一只麒麟，在《春秋》、《左传》、《史记·孔子世家》中都有比较详实的记载，"折其左足，载以归"。猎人不识其物以为不祥，求教孔子，孔子告知："麟也"，并十分悲伤，以致为麒麟写下了挽歌："唐虞世兮麟凤游，今非其时来何求？麟兮麟兮我心忧"，此后便"获麟绝笔"了。

四灵中，而今尚存的只有龟了，故人类须很好地保护才行。因为龟为四灵之一，故其为灵性最强的动物之一，所以还要尊重它。

四象与时空的对应关系见图：

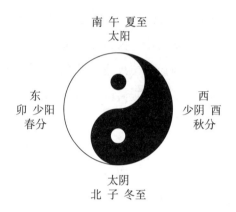

南 午 夏至
太阳

东
卯 少阳
春分

西
少阴 酉
秋分

太阴
北 子 冬至

第四节 五 行 基 础

一、五行浅释

五行学说也是中国祖先对世界的认识论。先人认为，世界是由五种物质构成的，即木、火、土、金、水，这五种物质相互作用，产生了世界的千变万化。五行早期又曾叫五材，即五种材料之意。

现代科学（化学）认为，世界是由 119 种化学元素构成的，这 119 种元素相互作用，产生了千变万化的世界。

现代科学的 119 种元素被写进教科书，学习、研究、应用（当然是对的），而指导中国几千年文明发展的五行体系，却鲜为后来者知，甚至有人竟抡起大棒，明确否定流传几千年的五行体系，实属遗憾。由于两者认识世界的角度不同，不能说哪个对，哪个不对，而两者当各有千秋，互不替代。化学元素更细微，更有现代科技价值。然五行体系既涵盖物质，又涵盖了意识，因此，又较化学元素深了一个层次，具有了更广泛的应用空间。我们的老祖宗高明之处就在这里，将物质和意识牢牢地捆在了一起，用一种思维模式探索物质和意识的所有问题。

五行学说起源问题众说纷纭，有一说在西周时产生，有一说在更古远的时代，更有杂说认为非地球文明，但形成较完整的五行学说在西周时代基本无争议。五行其理当源于河图。

何谓"行"？往来天地之间而不穷者，谓之行。"五行"即运行于天地之间的五种气，"在天成象，在地成形。"

木：又名曲直，源于自然界的树木。具有生发、向上、和顺的特点。

火：又名炎上，源于自然界的火。具有炎热、向上、激烈的特点。

土：又名稼穑，源于自然界的土。具有厚重、养化的特点。

金：又名从革，源于自然界的金属、矿藏。具有坚硬、肃杀、清凉的特点。

水：又名润下，源于自然界的水。具有流动、向下的特点。

二、五行生克

每种五行之间又有着相生相克的关系。所谓相生，即一种五行可促进另一五行的增长，比如，水可以促进木的生长，木可以促进火的增长等，五行相生关系见五行生克关系图：

五行生克关系图

相生原理来自自然，只要掌握了自然规律，相生关系便不难记忆：

木可燃烧而生火，故木生火；

火燃烧后变成灰，灰为土，故火生土；

金属矿藏是在土地中产生的，故土可生金；

金属熔化后会变成水，故金可生水；

树木要靠水来滋养、成长，故水可生木。

所谓相克，即一种五行可克制、制约另一种五行的发展，如土可制水，金可制木。五行相克关系见五行生克关系图：

相克原理也来自自然，只要掌握了自然规律，相克关系也不难记忆：

树木长入土中，木桩可钉入地中，故木克土；

发水要靠土来制，土堆大坝可治水，故土克水；

水可灭火，着火用水熄，故水克火；

金属需用火炼，故火克金；

金属制成的刀具可削木、伐木，故金克木。

五行相生相克原理是各类《周易》应用体系的基本原理。但还要特别强调的是，五行生克原理绝不仅仅是在实际应用体系中应用，它是一种思想，这种思想对为政、管理、经商、治家等都有重要启迪作用。

三、五行与世界

世界上万事万物均可纳入五行，即每一种事物均有一种五行属性，从物质到意识。只要掌握了五行最基本的特性便可将万事万物对号入座，纳入五行。主要事类与五行的对应关系见下面《五行配属总表》。

五行特性在各种预测体系中均有应用，当熟知。比如，预测中出现的某人，如临五行金，则此人多半心直口快，肤白，具有金的特性。如临五行火，则此人多半热情，积极，脾气大，像火一样的特性。

由《五行配属总表》可知，五行有方位之说，即不同的五行代表不同的方位，也就是说，不同的五行有不同方位的"家"。具体为：木主东方，火主南方，金主西方，水主北方，土主中央。五行的方位是预测方位的重要手段之一。

南方热，故为火；北方冷，故为水；东方植物繁茂，故为木；西方高山峻岭、白雪皑皑，故为金。剩下的土便在中央了。只要掌握了这一规律，五行方位便很好记忆了。

五行还有一个重点，是与季节的对应关系。春夏秋冬四季，每季归类一种五行，或者说，一种五行对应一个季节。具体说，春天五行属木，夏天五行属火，秋天五行属金，冬天五行属水，还剩一个土，对应每个季节的最后一个月，称为季月。也就是阴历的三、六、九、十二月为土月。传统文化中常称三月为季春，六月为季夏，九月为季秋，十二月为季冬就是这么来的。

此外，五行还对应五种颜色，具体为：木为绿色，火为红色，土为黄色，金为白色，水为黑色或蓝色。由此我们便可知道，为什么古代的皇帝都用黄色？因黄色五行属土，土为中央，皇帝当然希望居于中央太极位了。为什么中国崇尚红色？因红色属火，火可生土，土主中央，红色可生中央。中央既代表过去的皇权，又代表一家之主，也就是太极。知道了这些，也就知道新中国五星红旗颜色搭配的奥妙了。

清朝有八旗，颜色分别为：正黄、镶黄、正红、镶红、正白、镶白、正蓝、镶蓝。从五行来看唯独缺少绿的颜色，这是有着五行道理的：因绿色属木，木克土，土为中央皇权，皇权受克显然不是皇帝所乐见的，因此，索性不用绿色。在出征的时候，蓝旗在前，白旗在左，红旗在右，黄旗殿后。这里是有着深刻的五行原理的：清是从北往南打，南方属火，水可克之，故一定是属水的蓝旗在前；左属木，金可克之，故一定是属金的白旗在左；右属金，火可克之，故一定是属火的红旗在右；后面属水，土可克之，故一定是属土的黄旗在后了。可见，清朝的排兵布阵完全是按照五行的道理来进行的。

此外，五行和人体脏器还存在对应关系，这也正是中医的基础。具体为：木为胆肝、火为小肠和心、土为胃和脾、金为大肠及肺、水为膀胱和肾。

按照五行的原理，生活中处处有养生。比如肾脏弱的人，可多穿黑色衣服，吃黑木耳、黑芝麻，头朝北睡觉，适合居于水边，因黑色五行属水，北属水，肾属水，则黑色、北方之类可补之；相反，消化不好的人，一般不宜穿绿色衣服，不宜吃酸性食品，因绿色属木，酸性也属木，而脾胃属土，木可克土，脾胃必然受损，等等，以此类推。其实，这些道理和方法就是中医的一种方法，因此说，学会了《周易》可成半个医生绝非谎言。

这里涉及了一个现代文明尚无法理喻的原理，比如颜色是物质吗？方位的五行有作用吗？味道五行对人体的作用大概已经得到现代医学的认同，但颜色与方位等五行的功能大概很难为现代医学所接受，因五行属性至今还无法用现代的什么仪器所检测。不过随着现代文明的发展，不排除有一天中国传统文化与现代科技达到殊途同归。关于颜色，现代文明越来越重视了，西方心理学重视颜色，认为不同的颜色对人的心理会产生不同的作用，但其并非从五行气场的角度论的，因其不知五行气场为何物。此外，现代科技证明，不同颜色抗紫外线的能力是不同的，简言之，越深的颜色抗紫外线的能力越强，黑色最强。黑色五行属水，而深颜色中均含有黑色的成分，也就是水的成分，而水可克火，紫外线五行属火，因此，深颜色抗紫外线能力最强。用现代科技思维，从物质的层面论颜色，不同颜色当具有不同的五行气场，而这种气场目前的科技水平还是无法监测到的，这一课题只有交给未来科技了。

五行其他的对应关系不再一一列举，详见《五行配属总表》。

五行配属总表

五行 类属	木	火	土	金	水
季节	春	夏	四季	秋	冬
方位	东	南	中	西	北
颜色	绿	红	黄	白	黑
数字	3、8	2、7	5、10	4、9	1、6
八卦	震、巽	离	坤、艮	干、兑	坎
天干	甲、乙	丙、丁	戊、己	庚、辛	壬、癸
地支	寅、卯	巳、午	辰、戌、丑、未	申、酉	亥、子
五脏	肝	心	脾	肺	肾
五腑	胆	小肠	胃	大肠	膀胱
五官	眼	舌	口	鼻	耳
四德	元	亨		利	贞
气路	筋	骨	皮	气	血
五体	肌膜	血脉	肌肉	皮毛	骨髓
五精	魂	神	意	魄	志
情欲	怒	喜	忧	悲	恐

续表

五行 类属	木	火	土	金	水
五常	仁	礼	信	义	智
五恶	风	热	湿	燥	寒
五态	生命态	气态	综合态	固态	液态
五律	角(牙)	徵(舌)	宫(喉)	商(齿)	羽(唇)
五味	酸	苦	甜	辣	咸
五臭	膻	焦	香	腥	朽
五果	籽类 (梨)	核类 (桃李)	房类 (蒲桃)	皮类 (柑橘)	壳类 (栗)
谷类	大小麦	黍	大小豆	胡麻	粟
草类	五味子	天门冬	茯苓	桂心	玄参
畜肉	狗	羊	牛	鸡	猪
石类	曾青	雄黄	玉	金	赤石脂
五灵	龙	凤	人	麒麟	龟
六神	青龙	朱雀	勾陈、腾蛇	白虎	玄武
五星	岁星	荧惑	镇星	太白	辰星
方向	向上	向上	不动	向下	向下
形状	长	尖	方	圆	曲
人相	瘦高	壮红	憨胖	白美	黑智
汉字偏旁	带木、艹、竹、禾、纟、衤	带火、日、灬、心、礻、忄	带土、石、山、阝	带钅、金、王、口、讠、言、刂、酉、卩、阝	带水、氵、冫、辶、雨
笔法	瘦长	尖锋	肥厚	圆丰	曲弯

第五节　河图洛书基础

一、河图洛书的价值

河图洛书是中华文化的最源头，因为《周易》八卦竟源于此。《系辞传》中有："河出图，洛出书，圣人则之"，意思是说，黄河出现了"河图"，洛水出现了"洛书"，圣人取法河洛而创造了八卦。据传在伏羲时代，洛阳东北的黄河中浮出龙马（龙头马身），背上有"河图"的图案，先贤伏羲依此而演成了八卦。大禹时，洛阳西面的洛河中浮出神龟，背上有"洛书"的图案。因此可以说，河图洛书是华夏一切符号图像的源头。

华夏文明有文字之前是符号与图像，先贤作易之时是没有文字的，更无文字记载，有的只是卦画。所以，研究易只研究后世的文章是不够的，一定要从源头——卦画去研究，这也是朱熹的最重要观点，笔者赞同此说。

二、河图基础

河图是由 55 个黑白点按一定规则组成的一幅方形图，其涵盖天地的法则，蕴藏着无穷的奥秘。该图黑白点即为阴阳，所以，也可以说河图是由阴阳组成。河图理论博大精深，奥妙无穷，作为《周易》导读，在此只作简要的介绍。

（一）河图与方位

河图共分五部分，对应东、南、西、北及中央。

北方：一个白点在内，六个黑点在外，表示玄武星象，五行为水。

南方：二个黑点在内，七个白点在外，表示朱雀星象，五行为火。

东方：三个白点在内，八个黑点在外，表示青龙星象，五行为木。

西方：四个黑点在内，九个白点在外，表示白虎星象，五行为金。

中央：五个白点在内，十个黑点在外，表示时空奇点，五行为土。

其中，单数为白点为阳，双数为黑点为阴。

（二）河图与五行及数

河图共有 10 个数，1，2，3，4，5，6，7，8，9，10。其中 1，3，5，7，9 为阳，2、4、6、8、10 为阴。阳数相加为 25，又称天数，阴数相加得 30，又称地数。天地阴阳相加共为 55 数。所以《系辞传》说："天地之数五十有五"，即天地之数为 55，"此所以成变化而行鬼神也"，推算阴阳的各种变化形式，而且反映阴阳所体现出来的神妙状况，万物之数皆由此天地之数化生而来。

天一生水，地六成之；地二生火天七成之；天三生木，地八成之；地四生金，天九成之；天五生土，地十成之。所以一为水之生数，二为火之生数，三为木之生数，四为金之生数，五为土之生数。六为水之成数，七为火之成数，八为木之成数，九为金之成数，十为土之成数。一六为水，二七为火，三八为木，四九为金，五十为土，正是五行数。万物有生数，当生之时方能生；万物有成数，能成之时方能成。所以，万物生存皆有其数也。

前文已述，五行各有其数，就是水一、火二、木三、金四、土五，又叫小衍之数。其中，一、三、五为阳数，其和为九，故九为阳极之数。二、四为阴数，其和为六，故六为阴之极数。所以，爻辞曰九五、初六、六三、上九等，即以六和九代表阴爻和阳爻。

关于50这个大衍之数与河图的关系，从古至今说法众多，笔者认为多很牵强，在此不作介绍。

另外，河图之数与十天干还有着渊源关系，十天干甲、乙、丙、丁、戊、己、庚、辛、壬、癸正对应河图一、二、三、四、五、六、七、八、九、十这十个数，而十天干合恰源自于河图的"一、六共宗，二、七同道，三、八为朋，四、九为友，五、十同途"。即甲己合为一、六共宗，乙庚合为二、七同道，丙辛合为三、八为朋，丁壬合为四、九为友，戊癸合为五、十同途。

（三）河图与天道旋转之理

河图北为水，东为木，南为火，中央为土，西为金，正形成了顺时针旋转之象。河图阳数一、三、五、七、九也为顺时针旋转；阴数二、四、六、八、十也为顺时针旋转。显然，河图旋转取顺生之理，故顺时针为宇宙自然运动的法则。顺时针则为顺天而行，逆时针则为逆天而行，所以顺生逆死也。

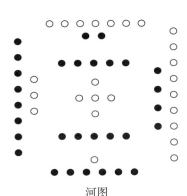

河图

三、洛书基础

洛书是由45个黑白点按一定规则组成的一幅方形图，其亦涵盖天地的法则，蕴藏着无穷的奥秘。该图黑白点即为阴阳，所以，也可以说洛书也是由阴阳组成。洛书理论博大精深，奥妙无穷，作为《周易》导读，在此只作简要介绍。

（一）洛书与方位

洛书由九组黑白点组成，可用口诀表述之："戴九履一，左三右七，二四为肩，六八为足，五居中央"，上部即南为九，卜部即北为一，左边即东为二，右边即西为七，右上即西南为二，左上即东南为四，右下即西北为六，左下即东北为八，中央为五。除中五外，洛书方位即后天八卦方位。另外，在多门数术中广泛应用的九宫图即洛书图。见九宫图：

洛书数以一、三、七、九为奇数，亦称阳数；二、四、

六、八为偶数，亦称阴数。阳数为主，位居四正，代表天气；阴数为辅，位居四隅，代表地气；五居中，属土气，为五行生数之祖，位居中宫，寄旺四隅。

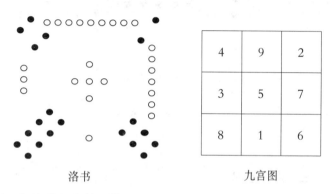

洛书　　　　　　　　　九宫图

（二）洛书与八卦及数

河图为体，洛书为用；河图为天道，洛书为地道。河图对应五行，洛书对应八卦。洛书与后天八卦有着密切的对应关系，其五行也同八卦五行，即一为水，对应坎卦；二为土，对应坤卦；三为木，对应震卦；四为木，对应巽卦；六为金，对应乾卦；七为金，对应兑卦；八为土，对应艮卦；九为火，对应离卦。

（三）洛书与地道旋转之理

河图与洛书有密切的关系，首先从洛书看，北和西北为河图的北方一六所居，西和西南为河图的二七所居，南和东南为河图的四九所居，东和东北为河图的三八所居。两者一叠，便成为了河图。而北部一六水，克西部二七火；西部二七火，克南部四九金；南部四九金，克东部三八木；东部三八木，克中央五土，中央五土又克北部水，形成循环相克之象。显然，洛书顺序取逆克之理。

洛书四正位之数与相邻四隅位之数和恰为下一位四正位之数。北一与西北六之和为七，恰为正西之数七；正西之数七与西南之数二之和为九，恰为正南之数九；正南之数九与东南之数四之和为十三，去十恰为正东之数三；正东之数三与东北之数八之和为十一，去十恰为正北之数一。也形成一个逆时针的旋转顺序。

因此，河图左旋，洛书右旋。

第六节　八　卦　基　础

一、爻

组成卦的最基本符号，称为爻（yáo）。爻有两种，一种为阳爻，一种为阴爻。阳爻用"—"表示，阴爻用"－－"表示。爻即是阳或阴最直观的表现形式。《系辞传》中"爻也者，效天下之动也"，"爻者，言乎变者也"，讲的是爻的最本质含义，意即爻是效法万物动机的，是动机的表现形式；爻义是讲变化、标志变化的。

二、八卦名称及符号

爻是八卦的基本单位，每个卦都由三个爻组成，由每个爻不同的阴阳属性，决定了不同的卦。由下至上第一爻称"初爻"，第二爻称"二爻"，第三爻称"三爻"。

八卦即乾、坤、震、巽、坎、离、艮、兑，用符号表示如下：

乾	坤	震	巽

坎	离	艮	兑

"乾三连，坤六断，震仰盂，艮覆碗，离中虚，坎中满，兑上缺，巽下断。"这一歌诀是记忆八卦符号的最形象、最简便的方式。语言直白，无需赘解。

三、八卦的推演原理

上文已述，八卦是先贤观天察地，远取诸身，近取诸物的结晶，八卦首先便对应八种最基本的自然现象，依次为：乾为天，坤为地，震为雷，巽为风，坎为水，离为火，艮为山，兑为泽。

《系辞传》："易有太极，是生两仪，两仪生四象，四象生八卦。"讲出了八卦的产生机理，其中的两仪即阴阳。见四象生八卦图：

乾一 兑二 离三 震四 巽五 坎六 艮七 坤八

对应先天
八卦数序

八卦

四象

两仪

太极

四象生八卦图

上述八卦产生图充分体现了阴阳理论的辩证性。从四象的老阳又生出了阳与阴，即阳中又有阴阳；从四象的老阴中也生出了阴阳，即阴中也含阴阳。

八卦中，乾为父、坤为母，其余六卦为父母的六个孩子，三男三女，依次为：震为长子，巽为长女，坎为中子，离为中女，艮为小子，兑为小女。

知道了乾坤即父母两卦，也可以按照父母依次生六子的演变规律去推演其余六卦，以乾父为纯阳、坤母为纯阴，于是：

母索父一阳，得长子震； 索二阳得中子坎；

$$☰ → ☳ \qquad ☰ → ☵$$

索三阳得小子艮；

$$☰ → ☶$$

父索母一阴，得长女巽； 索二阴得中女离；

$$☷ → ☴ \qquad ☷ → ☲$$

索三阴得少女兑。

$$☷ → ☱$$

四、八卦与五行

每个卦具有一个五行属性，八卦是五行的又一种表现形式。乾、兑为金，坤、艮为土，震、巽为木，坎为水，离为火。这是常规大众的划分方式。其实五行水，除了坎卦之外，还有兑卦，兑为泽也为水；五行火除离卦以外，还有震卦，震为雷，也为龙雷之火。这样一来，每种五行就都对应两个卦了。八卦的五行属性及其重要，提起八卦，必不离五行。

五、八卦方位及数——先天八卦图与后天八卦图

八卦对应八方，以八卦图的形式体现。所谓八卦图，就是将八卦按照一定的方位规律排列的图形。但八卦与方位却有两种对应关系，也即有两种图，分别称为先天八卦图和后天八卦图。

八卦又各有其数，一一对应。和方位一样，也有两组，一组为先天八卦数，一组为后天八卦数。

先天八卦图、后天八卦图的区别正在于卦位和卦数的不同。

（一）先天八卦图

先天八卦图为伏羲所创，故又称伏羲八卦图，其卦位及卦数见图：

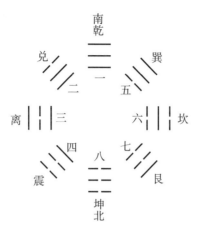

《说卦传》中"天地定位，山泽通气，雷风相薄，水火不相射，……"讲的就是先天八卦定位的问题。即乾与坤相对，艮与兑相对，震与巽相对，坎与离相对。

在实际预测体系中，先天八卦多用其数，即乾一、兑二、离三、震四、巽五、坎六、艮七、坤八。但其位在易学应用的庞大体系中也时有应用。

从先天八卦图来看，相对应的两个卦恰是阴阳相应的：乾对坤，乾为父，坤为母；震对应巽，震为长子，巽为长女；坎对应离，坎为中子，离为中女；艮对应兑，艮为小子，兑为小女。

而且相对应的两个卦数之和均为9。从最上端的乾起，左半边为一、二、三、四，右半边巽起为五、六、七、八。

此图各卦的位置，直观体现了一个家庭的人伦状态。如果在震离及坎巽之间分界，把八卦图分成两半，上部恰为老父率三女，下图则为老母率三儿。且小女儿和小儿子都在中央与老父、老母贴近，说明在一个家庭中，老小是最受宠的。长女及长男虽不居中，但也靠近父母，唯男女老二远离父母。中国传统家庭中就是这样，父母老了，不是跟老大，就是跟老小在一起，老二一般是轮不上的，也不吃香。了解了这个道理，先天八卦图便记住了。

先天八卦数与现代医学证明的胎儿在母腹中的生长顺序是一致的，即：先生头乾一，次生肺兑二，再生心离三，再生肝胆震四、巽五，再生肾坎六，再生肠胃艮七，最后生肌肉坤八。

(二)后天八卦图

后天八卦图为周文王所创，故又称文王八卦图，其卦位及卦数见图：

在实际预测体系中，后天八卦多用其位。即离正南、坎正北、震正东、兑正西、乾西北、坤西南、巽东南、艮东北。

后天八卦图在实际应用中频率更高，因"先天为体，后天为用"。后天八卦数即离九、坎一、震三、兑七、坤二、巽四、乾

六、艮八。后天八卦数初学者往往记不住，看似无规律，不妨可用如下口诀记之："戴九履一，左三右七，二四为肩，六八为足。"后天八卦数和洛书数是一致的。

分析一下后天八卦图读者便可看到，相对的两个卦数相加都为十，如中间填五，便成了在多类数术中使用频率极高的九宫图，即将一至九填入九个方块中，使横、竖、斜线相加都得十五，如何填之，正是上面的口诀。此图在易学的其他应用分支如风水学中很有用。见图：

4	9	2
3	5	7
8	1	6

此图横行、竖列及对角每三数相加均为15，被列为了中小学数学的一道智力开发题，不知难倒了多少人。香港电视连续剧《射雕英雄传》中老顽童的情人英姑研究了二十年也没有研究明白，后来被黄蓉点破的也是这道题。

后天八卦位的记忆方法，只要了解了自然便不难，因后天八卦位的卦象与中国地域的自然状况是一致的。具体说：南方热，必为离卦；北方冷，当为坎卦；东方和东南方植物茂盛，所以为五行属木的震卦和巽卦；东北有大兴安岭等山脉，且东北人较粗犷，故为艮卦；西方有最高的山脉，常年白雪皑皑，故为兑卦；西南人口众多，故为坤卦；西北为高亢之地，新中国政权的发源地，故为乾卦。

《说卦传》中有"帝出乎震，齐乎巽，相见乎离，致役乎坤，说言乎兑，战乎乾，劳乎坎，成言乎艮。"讲的就是生命的发展过程，起于震，止于艮，也正是后天八卦位的一周。

(三) 关于八卦图向内向外方向问题探讨

从古至今，画八卦图的朝向多有不同，有的由内向外看，有的由外向内看，那么到底应该怎样朝向呢？笔者认为，由内向外看的方式较合适。因为八卦图的中心为太极，所谓太极即是立足点，没有太极就没有八方，就没有八卦。显然八卦必是由内向外的结果。人类必须站在地球看宇宙，不能站在外面看地球，那岂不是外星人、宇宙人了！所以，八卦也应该是从内向外看才对。

六、八卦与世界

(一) 八卦卦象的概念

所谓八卦卦象，就是一个卦的形象、象征。《系辞传》有："是故，易者象也。象也者，像也"，"圣人有以见天下之赜，而拟诸其形容，象其物宜，是故谓之象"，"见乃谓之象；形乃谓之器"，"爻也者，效此者也。象也者，像此者也"，《系辞传》的这些论述，都是在解说卦象，可见卦象的重要性。卦象有单卦卦象，有复卦卦象。

八卦来自于自然现象，又会推衍出人类社会的种种物象。

比如，艮卦（☶），最基本的象征为山，而该卦正是由山这一基本自然现象而"画"出。但从艮卦（☶）的形象来看，又不止山像它，生活中的桌子、凳子、大坝、坟地等都与之相像，所以，艮卦的卦象就即为山，又为桌子、凳子、大坝、坟地等。

（二）八卦类象概说

八卦由自然界的八种自然现象而生，依据这种基本意象又可派生出自然、社会、人文等的无穷物象。换句话说，自然界、人类社会的各种现象皆可纳入八卦，甚至每个汉字都可纳入八卦。

八卦类象在易学应用的各门类中都是极其重要的内容，熟练自如掌握八卦类象是易学应用基本功的重要体现。

其实，易学就是一种语言，是破译宇宙、自然、社会、人生奥秘的特殊语言，八卦类象就是构成这种语言的基本符号。所以，只有熟练掌握了八卦类象，才算掌握了这门语言，才能很好地应用这门语言。你学会了易经，就掌握了这门语言。从这一角度说，易学工作者不过是多会了一门语言的普通人。

要掌握万物类象并不难，只要了解了各卦的基本特性，便可将万物万事对号入座，运用自如。在此问题上，绝不能死记硬背，照搬古人，何况古代所没有的新事物不断出现，古人当然不能给我们去安排。必须靠我们对八卦类象本质的深层、灵活把握，才能准确的对号入座。

下面，我们循着八卦的最基本属性将八卦类象进行推衍，由基本的八卦拓展到整个世界。

━━━ 乾卦

乾卦的最基本属性为天，由这一最基本属性可以派生出乾卦的一些基本特性，纯阳、刚健、圆的、现代、运动、首脑、开始、美好、旧的、金属等等。由这些基本特性又可派生出更多的意象——

特性一：乾为天，由此可派生出：

高大、高、广阔、远处、前方、郊野、向上、广场……

特性二：乾三连，为全阳之卦，由此可派生出：

男性、父亲、强大、决断、威严、激烈、侵略、丰盛、出家人、乞丐、纯净、纯粹、精华、本质、木果、腊肉、满的、实心的……

特性三：乾为刚健，由此可派生出：

尊、运动不止、明亮、健全、强盛、傲慢、残酷……

特性四：乾为圆，由此可派生出：

圆满、各种球类、圆形物体、圆形体育场馆、镜子、眼镜、钟表、转圈的……

特性五：乾为现代，由此可派生出：

高级轿车、高级飞机、电脑、卫星、宇宙飞船、火箭、新式武器、日常高级用品、高级住宅、大会堂、京城都市……

特性六：乾为运动，由此可派生出：

旋转、增长、通达、积极、运动场、高级运动员……

特性七： 乾为首脑，由此可派生出：

君王、总统、首相、书记、主席、领导、圣人、英雄、统治者、独裁者、掌权者、使节、议员、代表、元老、厂长、经理、会长、名人、专家、官吏、军官、一把手、祖父、父亲、家长、中心人物、统治、指挥、惩罚、制裁、强制、独霸、政府机构、趾高气扬的、专横者、傲慢者、后台人物、恶人、过于自信者……

特性八： 乾为始，由此可派生出：

起始、开始、出发点、坐标原点、对称中心、核心、精子、胎儿……

特性九： 乾为好，由此可派生出：

优秀、卓越、完美无缺的……

特性十： 乾为贵重，由此可派生出：

金钱、黄金、玛瑙、玉石、翡翠、珠宝、首饰……

特性十一： 乾五行属金，由此可派生出：

各种贵重、美观金属制品、坚硬的、寒凉的、金黄色的、小米、白色、辣味……

特性十二： 乾为旧，由此可派生出：

古董、文物、老成、圣地、寺院、教堂、宫殿、神物、供神用具、皇宫、博物馆、名胜古迹、古老的……

特性十三： 乾为头，由此可派生出：

帽子、头病、头痛、摇头丸……

☷ 坤卦

坤卦的最基本属性为地，由这一最基本属性可以派生出坤卦的一些基本特性，纯阴、柔顺、方、财、静止、众、传统、农、臣、文、容器、藏、平、贫等等。由这些基本特性又可派生出更多的意象——

特性一： 坤为地，由此可派生出：

大地、土、泥、水泥、灰、砖、泥瓦工、房地产商、土生食物、滋养、养育、低、厚的、厚重、承载、包容、胖、大腹之人、田野、空地、操场、广场、平原……

特性二： 坤卦三爻皆阴，为纯阴，由此可派生出：

女性、寡妇、阴气盛之人、妇女用品、阴暗……

特性三： 坤为柔顺，由此可派生出：

温柔、柔和、懦弱、布匹、纺织工人、衣裳、布帛制品、被褥……

特性四： 坤为方，由此可派生出：

方形容器、正直、敦厚、忠厚、笨拙、迟钝……

特性五： 坤为财，由此可派生出：

财富、粮食、五谷杂粮、面粉、米、食品、饴糖、肉类、肉类加工厂、动物"下水"、富裕、粮库、贮藏室、税务人员……

特性六： 坤为静止，由此可派生出：

沉默、消极、消极者、迟缓、懒惰、谨慎、牛……

特性七： 坤为众，由此可派生出：

百姓、日常用品、公共用品、公共汽车、大车、会场、通俗、普通、迷茫、杂乱、复杂物、混合物、操劳、卑贱、依赖、丑……

特性八：坤为传统，由此可派生出：

破旧的、保守的、恭敬、旧货……

特性九：坤为农，由此可派生出：

农民、农村、农产品、农贸市场、市场、农妇、村干部、勤劳、野味、农舍、故乡、老家（原籍）、旧房……

特性十：坤为臣，由此可派生出：

皇后、妃、臣、国民、大众、群众、顾问、俗人、助手、凡人、祖母、母亲、后母、妻、女主人、小气者、胆怯者、附属物……

特性十一：坤为文，由此可派生出：

文章、书籍、资料、纸张……

特性十二：坤为容器，由此可派生出：

各种器皿、覆盖用具、袋、包、箱子、轿子、釜、鸡窝、兔笼……

特性十三：坤为藏，由此可派生出：

收藏、内涵、内向、闭、关闭、隐藏……

特性十三：坤为平，由此可派生出：

平安、平稳、放心、躺、平常之物、平房（相对楼房而言）……

特性十三：坤为贫，由此可派生出：

吝啬、穷……

三三 震卦

震卦的最基本属性为雷，由这一最基本属性可以派生出震卦的一些基本特性，动、怒、急速、起、主动、新生、健、长、响声、惩罚、长者、粗糙、足、武装、神经等等。由这些基本特性又可派生出更多的意象——

特性一： 震为动，由此可派生出：

行动、发动、震动、移动、车类、多动症、多动症者、运动员、忙人、社会活动家、飞机、汽车、火箭、飞船、高速的、外伤（碰撞造成）、振动的……

特性二： 震为怒，由此可派生出：

愤怒、鲁莽、激动、性急、脾气大、倔强、冲突、惊恐、虚惊、骚乱……

特性三： 震为疾速，由此可派生出：

果断、敢说敢为、快速、紧迫、勇敢……

特性四： 震为起，由此可派生出：

向上、积极、前进、进展、起立、上升、高……

特性五： 震为主动，由此可派生出：

追求、兴起……

特性六： 震为新生，由此可派生出：

萌生、萌发、萌芽、鲜艳、意气风发、出现、显现、开发、开拓、朝气蓬勃的人、新产品、鲜肉、竹笋、嫩芽、小草、草坪、田园、生长的……

　　特性七：震为健，由此可派生出：

　　健康、强壮、勇敢、霸道、壮士、军人……

　　特性八：震为长，由此可派生出：

　　大路、大道、伸长、线路、延伸、发展、火车、列车员……

　　特性九：震为响声，由此可派生出：

　　轰鸣、巨响、音乐家、音响、声音大的人、动物的叫声、有声有响的、名声、功名大、名人、令人吃惊、闹钟、鼓、打击乐器、电话、广播、鞭炮、广播电台、音乐茶座、演奏会场、舞厅、歌厅、闹市、噪声大之场所、喧哗之地、游乐场所、机场、车站、停车场、震源、乐器店、咳嗽、声带咽喉症病……

　　特性十：震为惩罚，由此可派生出：

　　打击、制裁、控制、打仗、攻克、法官、警察……

　　特性十一：震为长者，由此可派生出：

　　长子、成人、青年、统帅、帅领、指挥、将军……

　　特性十二：震为粗糙，由此可派生出：

　　粗糙的、粗心、不慎重、无礼……

　　特性十三：震五行属木，由此可派生出：

　　疏菜、菜市场、菜地、鲜花、花店、竹子、芦苇（多节之物）、花、花蕾、树木、树林、林区、柴、青绿色之物、茶货、肝、胆、肝病、肝火旺、胆囊炎……

　　特性十四：震为足，由此可派生出：

　　小腿、舞蹈演员、足球爱好者、足病、裙子、裤子、蹄、筋、腿痛……

特性十四：震为武装，由此可派生出：

大炮、长枪、剑、兵器、军营、公安部门、军队、战场、靶场、发射场……

特性十五：震为神经，由此可派生出：

神经、神经过敏、精神病、狂躁症、神经衰弱、歇斯底里、羊痫风、神经过敏、惊吓症、舞蹈症、神经病人……

☰☰ 巽卦

巽卦的最基本属性为风，由这一最基本属性可以派生出巽卦的一些基本特性，入、顺、疑、整齐、命令、教、商、长、直、忙、精细、抚、洁、神秘、长女、木、飞、神经、上实下虚、外实内虚、场所、东南等等。由这些基本特性又可派生出更多的意象——

特性一：巽为风，由此可派生出：

气、气体、上升、香味、臭味、气味、蚊香、木香、香椿、臭椿、香料、轻量、轻松、轻浮、羽毛、呼吸器官、喘息、哮喘、飘动的、轻的、浮的、流动的、刮风、云（高空、长条的、无雨的）、飓风、台风、旋风、龙卷风、伤风感冒、中风、受风、流行病、传染病、扇子、风扇、干燥机、通风、通气、烟状、气态的、胀气、散、不确定的、薄形、轻易地、顺风的、扫荡、薄情……

特性二：巽为入，由此可派生出：

进入、吹入、侵入……

特性三： 巽为顺，由此可派生出：

顺利、顺从、依赖、被动、跟随、附和……

特性四： 巽为疑，由此可派生出：

疑惑、优柔寡断、进退、优柔寡断的人……

特性五： 巽为齐，由此可派生出：

整齐、规律、一致……

特性六： 巽为命令，由此可派生出：

号令、指挥、统帅、号召、教官、指挥官、指挥部、传令兵、权谋……

特性七： 巽为教，由此可派生出：

教育、教授、教师、流传、传达、技术人员、教育者、写作者、秀才、设计人员、设计院……

特性八： 巽为商，由此可派生出：

商业、商店、商人、贸易、买卖、交换、利益、营业员、营业……

特性九： 巽为长，由此可派生出：

长物、绳子、丝线、麻、条材、长形、条形、细长的、腰带、长条桌柜、笔、旗杆、道路（比较直的或窄的）、隘路、过道、传送带、长廊、各种线路、索道、升降机、通道、各种管道（下水道、煤气管道、自来水管道、暖气管道等）、传输的、标枪、杨柳、海带、兰花、头发、神经、气管、筋、肠道、食道、血管、血管病蛇、地虫（蚯蚓等）等山林禽虫、带鱼、鳗鱼、鳝鱼等细长鱼类、虎、猫、斑马等有花纹之兽、腿、肱、股、胫骨病、胯股病、淋巴系统、淋巴疾病……

特性十： 巽为直，由此可派生出：

笔直、直爽、直物、头发细长而直的人……

特性十一： 巽为忙，由此可派生出：

忙碌、忙乱、忙人、繁昌……

特性十二： 巽为精细，由此可派生出：

精巧、精巧精密的、细致的、细腻的、精密仪器、仔细、认真、手艺人、能工巧匠……

特性十三： 巽为抚，由此可派生出：

吹拂、抚摸、覆盖……

特性十四： 巽为洁，由此可派生出：

清洁、干净、干净的、整洁的……

特性十五： 巽为神秘，由此可派生出：

道、仙道之人、灵性、附体、气功师、练功者、灵感、灵巧、聪明、数术、宗教家、神奇的、练功者之元气、寺观、幻觉……

特性十六： 巽为长女，由此可派生出：

五十岁左右的妇女、处女……

特性十七： 巽五行属木，由此可派生出：

树林、木材、木制品、花、竹叶、竹林、枝叶、绿色、芦苇荡、草原、纤维品、酸的、胆、胆病、肝病、木材经济人、草药……

特性十八： 巽为飞，由此可派生出：

飞行、飞行员、翅膀、邮递员、邮件、鸟类、鸡、鹅、鸭、蝴蝶、蜻蜓、飞机、气球、飞船、气垫船、帆船、赛艇……

特性十九： 巽为神经，由此可派生出：

神经病、洁癖、坐骨神经痛、神经痛、神经炎、抽筋、忧郁症……

特性二十： 巽为上实下虚、外实内虚，由此可派生出：

基础差、基础不稳、下面有口之器物、下肢无力之人、外刚内柔的、床、书桌、柜子、假的、虚伪、谎言、欺骗、造谣者……

特性二十一： 巽为场所，由此可派生出：

邮局、码头、机场、发射场、车站……

特性二十二： 巽为东南，由此可派生出：

东南之地、左肩、左手肩、左肩痛……

☵　坎卦

坎卦的最基本属性为水，由这一最基本属性可以派生出坎卦的一些基本特性，险、思想、低下、圆圈、暗、内实外虚、法律、冷、骨、脏、血、中男等等。由这些基本特性又可派生出更多的意象——

特性一： 坎为水，由此可派生出：

雨、雪、霜、露、积雨云、寒冷、水灾、油、饮料、酒、醋、酱油、钢笔水、石油等液体物质、脂肪、染料、涂料、酒、酒鬼、酒具、酒场、酒店、酒吧、盐、水车、海味、鱼类、虾等水生物、鱼市、鱼塘、水鸟、流动、河川、江、湖、海、沟、渠、井、泉、下水道、水中、水厂、浴场、湿地、浴室、洗漱场所、水槽、温泉、水族馆、澡堂、流动的、消防队、自来水公司、排水设备、喝汤用具、水货商、酒鬼、书法家……

特性二： 坎为险，由此可派生出：

危险、危险品、麻烦、劳苦、失败、困苦、污浊、曲折、灾、难、穷人、冒险、病人、疼、丛棘、哭泣、漂泊、病痛、不安、劳碌、贫困者、不良的、不愉快的、狠毒的、劳碌的、辛苦的、死亡、药品、疲劳症、病情较重、冒险者、中毒者、受灾之人、江湖之人、劳苦者、失败破产者、流亡者……

特性三： 坎为思想，由此可派生出：

大脑、阴谋、阴谋家、电脑、智能、聪明、算计、诡计、沉默者、思考者、思想家、创造发明者、数学家、狐狸、狡猾、思索、计算器……

特性四： 坎为低下，由此可派生出：

坑穴、低处、洼地、泥泞地、水平低、地下室……

特性五： 坎为圆圈，由此可派生出：

弓轮、弓箭、圆形弓形物、弓形的、弯曲的、轮子、轮形的、车、自行车、马车、三轮车、铁饼、满月、磁盘、录音、录像带、激光影视盘……

特性六： 坎为暗，由此可派生出：

阴暗、黑夜、隐伏、潜艇、掩藏物、贼盗、逃亡者、亡命徒、黑社会、黑帮、娼妇、妾、诈骗者、诱惑者、有犯罪历史者、恶人、多情轻浮者、生殖系统、生殖器、淫乱、心狠手辣之人物、偷偷摸摸的、暗昧、欺诈、疑惑、狡诈的、沉寂、肛门、裤裆、鼠、性病、生殖器疾病、毒、毒物、病毒性疾病、邪教、黑暗场所、妓院、暗室、遗精……

特性七： 坎五行属水，由此可派生出：

肾脏、膀胱、泌尿系统、血液、体液、血液循环系统、水分体液循环系统、咸味、黑色、黑色物、煤、煤厂、肾、膀胱等泌尿系统疾病、耳、耳病、半夜、免疫系统疾病、拉肚子、水肿症……

特性八： 坎为内实外虚，由此可派生出：

梅子、李子、杏、桃等带核之物、实芯的、有芯的、守信誉的……

特性九： 坎为冷，由此可派生出：

冷饮、冷藏设备、冷的、冰冻的、冷饮店、冷却、冷库……

特性十： 坎为法律，由此可派生出：

手铐、枷锁、刑具、牢狱……

特性十一： 坎为骨，由此可派生出：

脊椎骨、腰、美脊之马、腰背疾病、腰椎间盘突出、脊椎动物……

特性十二： 坎为中男，由此可派生出：

中等的、中年人、中层……

特性十三： 坎为脏，由此可派生出：

猪、泥、肮脏的、脏乱……

特性十四： 坎为血，由此可派生出：

血液、血液病、出血症、心脏病……

☲ 离卦

离卦的最基本属性为火，由这一最基本属性可以派生出离卦的一些基本特性，电、中空、美丽、眼、文、上升、饰、光明、兵戈、聪明、分离、干燥、文明、依附、中女等等。由这些基本特性又可派生出更多的意象——

特性一：离为火，由此可派生出：

太阳、光、火山、喷火口、冒火的、火灾场所、厨房、窑、炉冶场所、发光的、晴天、热天、酷暑、烈日、旱天、明亮、照耀、火柴、打火机、蜡烛、灯具、火炉、烧烤、煎炒、烧烤物品、火车、煤气灶、烤箱、火焰喷射器、燃烧弹、热情、热烈、火热、干燥、萤火虫、火伤、烫伤、发烧、放射性疾病、日照病、漫延、焊枪、热的、可燃性的、火车站……

特性二：离为电，由此可派生出：

电、电子、电流、闪电、电车、电视、电视台、影像、电影、电影院、电脑、打字机、复印机、照相机、摄影机、录像机、印刷机、望远镜、影剧院、电车站、遥感、放射科……

特性三：离为中空、外硬中软，由此可派生出：

灯笼、外强中干、虚荣、包围、渔网、网袋、网状的、笼、虾、蟹、螺、贝类、龟、鳖、葫芦、车厢、轿车、空大的、肥大、肥大病、囊肿、带壳的、中柔的、外实内虚的、胖的、膨胀的、扩张、空屋、轿子、仓库、大会堂、殿堂、广场、桥梁、立交桥、棚子、轻的、轻浮、医院……

特性四：　离为美丽，由此可派生出：

彩色、虹、霓、霞光、花、美人、艺术家、演员、明星、女主人公、鲜艳、乳房、乳房疾病、鸟、雉、孔雀、凤等羽毛美丽的鸟类、金鱼、热带鱼、烟花、礼花、华丽、花言巧语、华丽的大街、开花的……

特性五：　离为文，由此可派生出：

文化、文字、文学、文章、文件、表章、艺术、医学、书籍、纸张、办公用品、记者、作家、学者、字、画等美术品、绘图设备、报纸、书刊、杂志、广告、广告塔、奖状、电报、连环画、小人书、标本、导游图、地图、鉴定书、契约、合同书、信、课本、印章、学校、货币、证券、证券交易所、文人、记录、显示、编辑、文科、文明、学问、发明、医学、印刷厂、银行……

特性六：　离为眼，由此可派生出：

眼、视力、眼病、窗户、玻璃门窗、带眼、带孔之物、监视塔、望远镜、显微镜……

特性七：　离为上升，由此可派生出：

向上、红火、发展、盛大、向上移动的、升发的、飞升……

特性八：　离为饰，由此可派生出：

美容师、画家、美术、化妆品、（花）瓶、装饰用品、霓虹灯、画廊、画店、旗帜……

特性九：　离为光明，由此可派生出：

清楚、明了、发现、鲜明、装饰、粉饰、修饰、明察、判官、鉴定、引人注目之人、磊落、分析人员、明确、检举、侦察、名胜地、凉台、展览馆、独具慧眼的……

特性十： 离五行为火，由此可派生出：

红色、枫叶、苦味、心脏、心脏疾病、血、血液病、红血球、小肠、上焦……

特性十一： 离为兵戈，由此可派生出：

炸药、武器、军火、军队、法官、警察、军人、监察人员、纪检人员、警卫、侦察员、战士、公安局、法院、检察院、派出所、猎场、部队军营……

特性十二： 离为聪明，由此可派生出：

智慧、有头脑……

特性十三： 离为分离，由此可派生出：

分别、走失、死亡、排斥、煽动、批判、屏风、幕、帘子……

特性十四： 离为干燥，由此可派生出：

干枯、枯燥、肉干、果脯、干燥的、焦躁、瓜瓢……

特性十五： 离为文明，由此可派生出：

礼仪、士、圣地、教堂、博物馆……

特性十六： 离为依附，由此可派生出：

附属、附属物、依附的……

特性十六： 离为中女，由此可派生出：

中等的、中层干部、妇科、妇科疾病……

☶ 艮卦

艮卦的最基本属性为山，由这一最基本属性可以派生出艮卦的一些基本特性，顶点、静止、高、保护、少男、山形之物、手、阻隔、爬行动物、尖、背、外实内虚、道路、墓、东北等等。由这些基本特性又可派生出更多的意象——

特性一：艮为山，由此可派生出：

山脉、土丘、高原、无雨云、岚、雾、矿山、假山、丘陵、高台、矿工、山林野味……

特性二：艮为顶点，由此可派生出：

终点、起始、高峰、"分水岭"、从新开始、界限、标准、继承人、堤坝、境界、交叉点、围墙、影壁、城墙、消亡、更替……

特性三：艮为静止，由此可派生出：

停止、停滞、阻止、顽固、阻滞、禁止、血脉、血病、血液循环不良、气血不通症、不动的、静止的、安居、沉着、冷静、慎守、休息室、保守主义者……

特性四：艮为高，由此可派生出：

高尚、高大……

特性五：艮为保护，由此可派生出：

保卫、保安、警卫员、警察、警察局、监狱、公安局、派出所、守门员、法官、抵挡、伞、钱袋、隐蔽、金库、银行、仓库、门闩、蓄财者、储蓄所人员、蚊帐、帐篷、贮藏室……

特性六：艮五行为土，由此可派生出：

甜味、黄色、胃、脾、皮肤、黄色、棕色、咖啡色、棕黄色、脾胃之病、不食、虚胀……

特性七：艮为山形之物，由此可派生出：

凳子、桌子、鼻、乳房、岩石、石块、砖、门板、石碑、床、台阶、阶梯、柜子、柜台、橱柜、土堆、门槛、山坡、座位、肿瘤、结石症、肿症、坚硬的、坐着的、石造的、采石场、磁器、土建工作者、建设、阻碍、抑止、独立、笃实、忠实者、房屋、大楼、石刻、列车、石匠、颧骨、孤独者、存在、主观、祠堂、阁寺……

特性八：艮为少男，由此可派生出：

少年、儿童、后代、继承人、接班人、宗庙……

特性九：艮为手，由此可派生出：

鞋、手套、手背、指、关节、趾、脚背、与手脚有关的、指导者……

特性十：艮为阻隔，由此可派生出：

阻止、拒绝、屏风、墙壁、隔膜、不通、血栓、抗拒……

特性十一：艮为爬行动物，由此可派生出：

虎、狗、狼、豹、熊等百兽、鼠、爬虫类……

特性十二：艮为外实内虚，由此可派生出：

皮肤、各种痘疹、皮肤过敏症、硬的果实、上硬下软的……

特性十三：艮为尖，由此可派生出：

锋利、喜鹊、鹜、鹋等黔啄之物、有牙、有角的动物、家畜等有尾之动物……

特性十四：艮为背，由此可派生出：

后背、背之病……

特性十五：艮为道路，由此可派生出：

山路、乡间小路、盘山道……

特性十五：艮为墓，由此可派生出：

坟墓、死亡、坟场……

特性十五：艮方位东北，由此可派生出：

左足……

☰☰ 兑卦

兑卦的最基本属性为泽，由这一最基本属性可以派生出兑卦的一些基本特性，冷、缺损、悦、小、现、少女、口、音乐、金属、废弃、饮食、器皿、金属器具、说、皮、西方等等。由这些基本特性又可派生出更多的意象——

特性一：兑为泽，由此可派生出：

浅水、沼泽、湖、池、井、湿润、水鸟、沼泽动物、毛毛雨、小雨、潮湿天气、气压低、露水、灌木、湿草、峡谷、凹地、潮地……

特性二：兑为冷，由此可派生出：

雪糕、冷饮、冷饮厅、冷藏车、冰、冰场……

特性三：兑为缺损，由此可派生出：

兔子、新月、有缺损的东西、毁拆、丢掉的、脱落、修理品、无头物、头部伤、外伤、伤残、残疾人、血压低、贫血、不足、失败者、破坏者、破的、坏的、废旧的、便宜的、短缺的、不足的……

特性四：兑为悦，由此可派生出：

高兴、快乐、笑、趣味、娱乐、玩具、游乐园、娱乐中心、快乐的……

特性五：兑为小，由此可派生出：

星星、小的、狭小、小动物、小人、小丑、小的、矮的、碎的、狭小的、紧密的、密集的、轻微小病……

特性六：兑为现，由此可派生出：

显现、出现……

特性七：兑为少女，由此可派生出：

娼妓、妾、非处女、歌女、可爱的女性、魅力、和蔼可亲的人、撒娇的人、性魅力者、有魅力的……

特性八：兑为口，由此可派生出：

羊、豹、豺、猿猴、门口、路口、山口、舌、口舌、口腔内疾病（口、齿、舌、咽、喉等）、咳嗽、痰喘、入口的……

特性九：兑为音乐，由此可派生出：

乐器、歌唱家、钢琴家、音乐家、娱乐场工作人员、音乐厅……

特性十：兑五行属金，由此可派生出：

白色、辛、辣、金属、铜、锡、铁、铝等金属、金属加工厂工人、金属的、铜线、牙齿、颊骨、咽、喉、肺、气管、痰、牙科医生、气管病……

特性十一：兑为废弃，由此可派生出：

废物、肛门、报废品、垃圾、垃圾工、垃圾箱、废墟、膀胱、尿道口、肛门疾病……

特性十二： 兑为饮食，由此可派生出：

饮食店、饭店、饭馆、吃、吃的、石榴、胡桃、饮食用具、食品、盛水用具、酒盏、食品工人、饭店职工、服务员……

特性十三： 兑先天卦数为二，由此可派生出：

副手、二把手、秘书、县令、邻居、对门、朋友、配偶、亲密、亲戚、与性有关的、性病、淫滥……

特性十四： 兑为开口容器，由此可派生出：

瓶子、罐子、杯子、器皿……

特性十五： 兑为金属器具，由此可派生出：

金属币、刀剑、剪子、金刃等带尖金属用具、刑具、刑官、手术、外科……

特性十六： 兑为说，由此可派生出：

讲师、教授、演讲者、解说员、相声演员、翻译、雄辩、讲演、言谈话语、议论、笑骂、吵闹、叫卖、交流、说明、叹息、商量、毁谤、媒人、传达室工作人员、导游、口头的、会议厅、演说厅、工会、公关部、交谊所……

特性十七： 兑为皮，由此可派生出：

皮肤、皮革、皮具、皮肤病……

特性十八： 兑为西方，由此可派生出：

日落、右侧、右胁、右肩臂……

为记忆方便，现将常见事类进行八卦对比列表如下：

常见八卦类象表

八卦\物类	乾	坤	震	巽	坎	离	艮	兑
自然	天	地	雷	风	水	火	山	泽
五行	金	土	木	木	水	火	土	金
阴阳	阳	阴	阳	阴	阳	阴	阳	阴
先天数	1	8	4	5	6	3	7	2
后天数	6	2	3	4	1	9	8	7
季节	立冬 秋冬之交	立秋 夏秋之交	春分	立夏 春夏之交	冬至	夏至	立春 冬春之交	秋分
时辰	戌亥	未申	卯	辰巳	子	午	丑寅	酉
日期	十五月圆	三十日	初三前后	十八前后	二十三前后	初七前后	二十七前后	十一前后
五行数	4,9	5,10	3,8	3,8	1,6	2,7	5,10	4,9
后天方位	西北	西南	东	东南	北	南	东北	西
先天方位	南	北	东北	西南	西	东	西北	东南

续表

八卦\物类	乾	坤	震	巽	坎	离	艮	兑
天干	庚辛	戊己	甲	乙	壬癸	丙丁	戊己	庚辛
地支	戌亥	未申	卯	辰巳	子	午	丑寅	酉
纳干	甲壬	乙癸	庚	辛	戊	己	丙	丁
颜色	大赤、金黄、白色	黄	绿	绿、蓝	黑、紫、深蓝	红、花色	黄、棕、咖啡	白
天气	晴、雪	重阴	雷雨	风	雨	晴	阴、雾	阴雨
味	辣	甜	酸	酸	咸	苦	甜	辣
人体	大肠、头、右胸、骨、足、男生殖器精液	胃、腹、肉、右肩	肝、足(含小腿)、筋、神经、头发、声音、左助、左肩臂	胆、股、头发、筋、胫、气管、肠道、神经、食道、血管、淋巴系统、鼻孔、左肩	肾、膀胱、泌尿系统、血液、体液、耳、腰、脊椎、生殖器、肛门	心、小肠、乳房、眼、乳房、红血球	脾、鼻、手、指、趾、关节、背、骨、乳房、左足	肺、口、舌、牙齿、咽喉、气管、口角、颊骨、右助、右肩臂、肛门

续表

八卦 物类	乾	坤	震	巽	坎	离	艮	兑
病象（除上述人体器官病外还包括：）	老病、硬化性病、急性病	浮肿、皮肤病、晕症、慢性病、癌病	多动症、外伤	感冒、中风、忧郁症、传染病	性病、中毒、心脏病、拉肚子、水肿病、免疫系统病	火伤、烫伤、过敏症、放射性病、发烧、血病、妇科病、囊肿	血病、肿瘤、结石、肿症、皮肤病、气血不通	性病、外伤、血压低、皮肤病
动物	龙、马、天象、狮、鹅、雄性动物	凤、牛、地虫、雌性动物	龙、鹿、蜂、草虫、善鸣鸟、鲤鱼、骆驼	鸡、鸭、鹅、蜻蜓、蝴蝶、蛇、地虫、鳝鱼、鸟	猪、鼠、水鸟、鱼类、脊椎动物	美鸟、凤、山鸡、雀、金鱼、虾、蟹、龟、贝类	虎、狼、熊、狗、鹰、喜鹊、爬虫	羊、豹、兔子、沼泽动物、小动物

第七节 六十四卦基础

任意两个三画卦组合到一起，便成为一个六画的重卦，又叫复卦，八卦组合全共成为六十四个卦。这六十四个卦各有其名，各有其意，各有其辞，各有其象。而名、意、辞、象均来自卦画符号，所以，卦画符号是易的根源。要研究易，除了研究辞、象、传等之外，还要研究卦画，方可触及易的"本义"。

一、读易名词简释

（一）经卦

即单卦，由三个阴阳爻组成的卦，故又称"三画卦"或原卦。通常称的八卦即是。

（二）重卦

由两个三画卦组成的卦，故又称"六画卦"、复卦、别卦、成卦等。通常称的六十四卦即是。

（三）上卦及下卦

重卦由上下两卦组成，上面的叫上卦或外卦；下面的叫下卦或内卦。

（四）阴卦阳卦

乾为纯阳之卦，坤为纯阴之卦。其余六卦皆以少者论卦之阴阳。即以一个阳爻的卦为阳卦，以一个阴爻的卦为阴卦。则阳卦必为：震、坎、艮，正为三男卦；阴卦必为：巽、离、兑，正为三女卦。

（五）动爻

一个重卦由六个爻组成，不动的爻称"静爻"，动的爻称"动爻"。所谓动爻，就是一卦中的某一个爻因为所测事情的变化而发生变化，阳爻动则变阴，阴爻动则变阳。动爻一般是所测事情的焦点，在具体预测中当重点分析之，正所谓"吉凶悔吝者，生乎动者也"。在具体预测中，依不同的起卦方法，动爻有不同的产生方式。不同的卦，动爻又有不同的数量：有静卦，即无动爻；有一个动爻；有两个动爻；也有三个直至六个爻全动的卦。动爻越多，一般反映所测事情越复杂。

如果不承认《周易》的卜筮（预测）功能，便无法认识动爻！动爻又何来？

（六）变卦

一个卦六个爻可以没有动爻，则这个卦就叫静卦；可以有动爻一个至六个，有动就有变，动爻变化后就产生了一个新的卦，这个卦就叫变卦或称之卦。口语中所说的"变卦了"，就是由此而来。

（七）综卦

为重卦的一个概念。正常一个重卦是从下往上看的，若倒过来由上往下看，即形成了一个新的卦，这个卦就叫综卦，又称覆卦、反卦、反对卦等。如"雷风恒"卦的综卦为"泽山咸"卦；"地泽临"卦的综卦为"风地观"卦等。综卦具有哲学内含，即从对立面观察、思考问题。角度变了，结果就不同了，所以，综卦实际就是站在对方的角度上看问题。两个人，两个群体，两个国家，之所以发生冲突，多半是不能站在对方的角度上考虑问题。

在具体预测时，也就可以把分析综卦的观点结合进去，特别是预测彼此双方的事情时。

（八）半复卦

一个卦之内卦或外卦反过来，便形成一个新的卦，称半复卦。如"山泽损"卦内卦兑之反卦为巽，外卦不变，形成的新的卦就叫"山风蛊"，两卦之间也有着某种联系。

（九）错卦

一个卦每个爻阴阳均发生变化，产生一个新的卦，这个卦就叫错卦，又称旁通卦、伏卦、对卦等。错卦也具有哲学内含，体现了阴中有阳，阳中有阴，盛极必衰，物极必反的道理。

（十）半对卦

半对卦就是指重卦的上卦或下卦阴阳反错，形成一个新的卦，就叫半对卦。如"泽山咸"卦外卦兑之对卦为艮，内卦不变，形成了一个新的卦，即"艮为山"。则两卦之间必有着某种连带关系。

（十一）交卦

一卦之内外两卦易位，形成的新的卦就称为交卦。如"风雷益"内外互换后便形成新的卦"雷风恒"。两交卦之间也有着某种联系，研究时可对比研究。

（十二）似卦

顾名思义，就是重卦象与单卦象相似，故又名像卦。常见的似卦有："雷山小过"、"泽风大过"为"坎"卦的似卦；"风泽中孚"、"山雷颐"为"离"卦的似卦；"地泽临"为"震"卦的似卦；"风地观"为"艮"卦的似卦等等。似卦在具体预测中也有应用，如测状态等。

（十三）包卦

为似卦的一种，即外面的卦包内部的卦，如"雷风恒"卦即为"坤"包"乾"。"山泽损"卦，即为"乾"包"坤"等。

（十四）互卦

将一个重卦掐头去尾，由二、三、四爻组成新的内卦，三、四、五爻组成新的外卦，新的内卦叫内互，新的外卦叫外互，新的重卦就叫互卦。如"地风升"卦，互卦即为"雷泽归妹"卦等。动为始，变为终，互卦则反映了事情的中间过程。

（十五）吉凶悔吝无咎

吉、凶、悔、吝、无咎是预测时对未来的判断词。吉，即吉祥；凶，即凶险；无咎，为没有灾难、没有过错，非吉亦非凶之状态；悔，即后悔；吝，为羞辱。悔吝，虽非大凶，但也属厄运范畴。

（十六）元亨利贞

元、亨、利、贞是《周易》卦爻辞中出现频率很高的词，也是乾卦的卦辞。元，有大与起始的意思；亨，为通之意；利，为祥和之意；贞，为正与固的意思。元、亨、利、贞被誉为四德。元又相当于种子萌芽；亨相当于植物成长；利相当于植物开花；贞则相当于结果。故元为春，亨为夏，利为秋，贞为冬。《文言传》解释为："'元'者，善之长也；'亨'者，嘉之会也；'利'者，义之和也；'贞'者，事之干也。"

二、诸爻之关系

爻位、承乘比应等关系是细析六十四卦的重要基础，是一卦、一爻吉凶判断的重要依据。

（一）爻位

一卦六爻，从一至六依次称初爻、二爻、三爻、四爻、五爻、六爻或上爻，这就是爻位。爻有两种，一阴一阳，因阳极之数为九，阴极之数为六，故阳爻用九表示，如二爻为阳爻，则称九二，五爻为阳爻则称九五，"九五之尊"这里是出处；阴爻用六表示，如三爻为阴，则称六三，六爻为阴则称上六，以此类推。

在一卦之中，五爻为君爻，最贵；二爻为臣爻，与五君相应；四爻也为近臣，但因太近反倒处于危险境地；初爻为尚未入世的地位，上爻表示引退无位的人；三爻为较高又个与君太近之位。

（二）三才

上爻、五爻为天爻，四爻、三爻为人爻，二爻、初爻为地爻，天地人合起来称三才。这是就一个重卦来说的，若就单卦来说，则初爻为地爻，二爻为人爻，三爻为天爻；四爻又为地爻，五爻为人爻，六爻为天爻。

（三）当位

一卦六位，分阴分阳。初、三、五为阳位，二、四、六为阴位。阳爻居阳位为当位，阳爻居阴位为不当位；阴爻居阴位为当位，阴爻居阳位为不当位。当位又称得正，不当位则称不得正。当位如人在岗，做事不偏不倚，行使该行使的职权；不当位如人在其位不谋其政，或不在其位而某其政，都是不妥的。

如火地晋卦，初爻为阴不当位，二爻为阴为当位，三爻为阴为不当位，四爻为阳为不当位，五爻为阴为不当位，六爻为阳为不当位。

（四）中

内卦的二爻与外卦的五爻均处于内外卦中间的核心位置，称得中。

（五）比

在一个卦中，两爻相连谓之比。如初爻与二爻比，二爻与三爻比，三爻与四爻比，以此类推。两相比之爻阴阳异类则相亲为吉，反之不吉，正所谓"同性相斥，异性相吸"，也是阴阳的基本原理。两爻相比便存在承与乘的关系。

（六）应

在一个重卦中，内卦和外卦天地人各爻存在对应关系，称为应，即呼应之意。具体为：初爻和四爻应，二爻和五爻应，三爻和六爻应。应分有应和无应，阳爻与阴爻、阴爻与阳爻称为相应、有应，阳爻与阳爻、阴爻与阴爻称为不相应、无应或敌应。王弼言："夫应者，同志之象也"。一般而言，有应为吉，无应为凶。

相应又有顺应和逆应之别，阳爻在上之应为顺应，阴爻在上之应为逆应。如五爻阳二爻阴为顺应，五爻阴二爻阳则为逆应。

（七）乘承

一个卦相邻两爻为此，在下者对上者来说为承，在上者对下者来说为乘。一般情况下，阳乘阴、阴承阳为顺，为吉；阴乘阳、阳承阴为逆，为凶。

诸文乘承比应现以"泽雷随"卦为例，来具体说明一个卦中的关系，见下图：

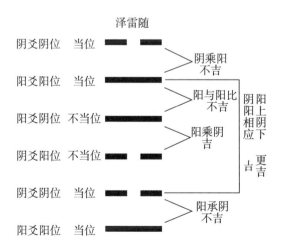

乘承比应关系图例

三、六十四卦卦名

六十四卦的名称，都是由上下两个单卦名称在前，后面缀以卦名。卦名来源于卦象，这个卦象当然是复卦象。所以理解了卦象，卦名便记住了。比如，"天水讼"卦，天气上行，水气下沉，天水违行，必起争讼，所以，"天水"为"讼"。再如，"火风鼎"卦，离火在上，巽木在下，烧火炊事之象，即为"鼎"，鼎在古代最初为食器，后来才引申为去旧迎新变化之意。

六十四卦卦名如下：

乾为天、坤为地、水雷屯（zhūn）、山水蒙、水天需、天水讼、地水师、水地比、风天小畜（xù）、天泽履、地天泰、天地否（pǐ）、天火同人、火天大有、地山谦、雷地豫、泽雷随、山风蛊（gǔ）、地泽临、风地观、火雷噬（shì）嗑（hé）、山火贲（bì）、山地剥、地雷复、天雷无妄、山天大畜（xù）、山雷颐、泽风大过、坎为水、离为火、泽山咸、雷风恒、天山遁、雷天大壮、火地晋、地火明夷（yí）、风火家人、火泽睽（kuí）、水山蹇（jiǎn）、雷水解、山泽损、风雷益、泽天夬（guài）、天风姤（gòu）、泽地萃、地风升、泽水困、水风井、泽火革、火风鼎、震为雷、艮为山、风山渐、雷泽归妹、雷火丰、火山旅、巽为风、兑为泽、风水涣、水泽节、风泽中孚、雷山小过、水火既济、火水未济。

四、六十四卦卦意与卦象

(一) 卦意

六十四卦卦意是一个卦通过卦象、爻象、卦辞、爻辞、象辞、彖辞等反射出来的意义。每卦都有一个基本含义，卦意除了具有易理研究的价值外，在应用体系中也有很重要的意义。现将六十四卦卦意总结、分述如下：

1. 乾：六龙御天之课，广大包容之象

本卦讲宇宙创始万物的法则，天之道。刚健、旺盛，利于求名、求官，做大学问。乾为天，乾为首领，测卦事件中必有头头在内。乾为晴天，测卦时必为晴天。乾为头，为金，测病多为头病、肺病、骨病、高血压、心动过速等。颜色多为白色、金色。乾为纯阳，老人得此卦有"归天"之危，测婚姻则不美。乾为健，身体健康。乾为阳刚，性格刚强，"君子以自强不息"。测人相貌英俊，高个儿，且多为老大。女人遇之为男性性格。测事业最利仕途、从政，纯求财反不利。测行人，多在城市，在西北方。乾为纯阳，此卦之人多有宗教信仰，信佛、信上帝。车牌号遇此为高档车，当小心碰撞。电话号码遇此利仕途。

2. 坤：生载万物之课，君倡臣和之象

本卦讲地的法则。坤为臣，为臣之道，柔顺静守。利于当副手，利于为他人帮忙，或受命行事。勤恳终吉。但容易受他人蛊惑。坤为大地，有厚重、承载之象。坤为众，所测事件人必多，且为百姓。坤为纯阴，"纯阴不生"，所测婚姻不美。

坤为土，为腹，测病多为腹病、胃病等，老人遇此，有"入土"之危。坤为纯阴，测建筑为平房。坤六爻皆断，物有断裂之象。坤为静止，测行人有不出、不归、不动之象，但平安。测天气为重阴无雨之象。测人多笃厚、包容、肥胖、诚实、守信，来于农村。

3. 屯： 龙居浅水之课，万物始生之象

本卦讲万物初生的原则。艰难、停止、充满、显现。上为寒水，下为嫩苗，为物初生之象，故事情往往刚开始或陷于如初生之困顿。上坎为险，下震为动，动而遇险，不宜罔动。古人喻之为四大难卦之一（其他三卦为坎、蹇、困），意指不利于出门，办事有困难。但如果克服困难，就会有大的成就，建功封侯，故"利建侯"。坎为思考，遇事当多思多虑。"君子以经纶"，得此卦多为文才。测病易肝病、肾病、脚气，且多在长男，又主便秘、月经不调。测天气多为雨天，震为雷，且易雷雨交加。屯有积蓄之象，故测财不错，但多属老本、积蓄。有经营服装、布匹、文化用品之象。"屯陷而不失其居"，屯有安营扎寨之象，测房必得。测出国艰难。测婚姻，初婚需经过艰难的磨合期。测失物难寻。

4. 蒙： 人藏禄宝之课，万物发生之象

本卦讲教育的原则。蒙昧闭塞，启蒙、教育、繁杂、显著。上艮山下坎水，山重水复，在外象为困难，复杂，在思想为不明，蒙昧之象，故有教育之意，"唯我求童蒙，童蒙求我"，本卦谈尊师重道。测人得此卦有教师之象。测事有开始不顺，往后越来越顺之意，防被蒙蔽。测出国、旅游、旅行等易出。测天气有雨而止之象，或雾天。测疾病有血病，如血稠、血栓、鼻出血，有耳病，肾或泌尿系统结石、女月经不调等。测事遇此当果断前行，"君子以果行育德"。测生意有矿业、矿泉水之象。测失物多为自忘，为山水风景画。测数往往不过六。

5. 需：云霭中天之课，密云不雨之象

本卦讲等待时机的原则。为游魂卦。需待不进，踌躇、期待、饮食、需要、积极等待。乾为前，坎为险，前面遇险，等待时机之象。故测事遇此不可急于求成。"云上于天"，测天气为阴天不雨。"君子以饮食宴乐"，得此卦多有吃喝饮食之事发生。测病易为头病、骨病、饮食病，逍遥宴乐可自愈。测人多计谋，外圆滑，内部不失刚正之德。中男遇此，易得官贵之助。测生意多为餐饮、粮食等。测婚姻易复杂，有暧昧之象。

6. 讼：从鹰逐兔之课，天水相远之象

本卦讲应对不协的原则。为游魂卦。多为不吉之卦。违远不亲，争论、诉讼、口舌、官司。天气上行，水气下沉，"天与水违行"，故测卦遇此多关系不谐，且官司、口舌是非居多，宜贵人帮忙。测天气为不好天，或多雨。测病为脑病、骨病、血栓、气血不调及神经系统疾病，防误诊、误药等。测婚姻当然不协。"君子以作事谋始"，故行事当注意起始阶段，注意打基础，做事宜"先小人后君子"。万事不宜莽进。股市多空对峙，难有大作为。

7. 师： 天马出群之课，以寡伏众之象

本卦讲用兵原则。为归魂卦。兴师动众，多人做事，忧虑、军队、战争。阐释战争与用人的原则。宜多与长辈商议，可得好结果。得此卦多与军队有关。地中有水，为矿泉水象。一阳居内卦之中，统率五阴，得此卦之人多为一线之首领，具统率才能，故为"容民蓄众"。测病为消化系统疾病，泌尿系统结石等。测天气多为阴天。测生育为临产状态，且为男孩。测婚姻不吉，易出婚外色情事，二爻为独阳，女孩得此卦非处女；也有远亲相结而吉之象。测财大吉。股市火爆，参与者众。

8. 比： 众星拱北之课，水行地上之象

本卦讲亲爱精诚的原则。为归魂卦。亲比欢乐、相亲、依附、团结、比较、对比、比赛、竞争、快乐、亲善。一阳居五尊而统众阴，故为"建万国，亲诸侯"。得此卦之人多具领导才能，受人拥戴。但诸事多有相争。雨后水流地上之象，测生意宜做流通领域。行事宜合作，不宜独来独往。测婚姻，因太挑剔，难有结果。已婚防婚外情。测疾病胸部肋膜炎，肠胃炎，女乳腺病。车牌号遇此易剐碰。

9. 小畜： 匣藏宝剑之课，密云不雨之象

本卦讲应对一时困顿的原则。力量寡弱，小的积蓄、成就、小的阻碍、消极等待、留住、济养、养育。巽为风，为云，天上有云，"密云不雨"，天气不明朗，形势不明朗。测事得此卦多有阻力，蓄势待发，文王在羑里演易时状态。此又

为慈善事业卦，又与农业有关。"君子以懿文德"，得此卦之人多文才出众。测婚得此卦"夫妻反目"之象。测财富得此卦，可得积蓄，善舍善得。股市蓄止之象。测病气管炎症、咳嗽、食道疾病，便秘、风寒、脱发，又主忧郁症，神经衰弱，女月经不调。占此卦之人有外柔内刚之性。

10. 履：如履虎尾之课，安中防危之象

本卦讲实践理想、履行责任的原则。步履不安、践履、履行、礼节、出走。又为礼仪之卦，得此卦多属传统礼仪之家。此卦讲危险中可以幸免于难。有敢踩虎尾的胆识，才能最终踏上坦途。胆大心细，处乱不惊，有惊无险。此卦为女人裸体之象，又老男配少女，如八字的戊癸合，故测婚多风波。疾病主呼吸系统，性病等，易为金属所伤，腹部有疤。测生育多为女孩。上乾下兑，兑主说，有教师之象。测生意为鞋袜生意。股市有惊无险。

11. 泰：小往大来之课，天地交泰之象

本卦讲持盈保养的原则。通泰吉祥、亨通、安泰、平安、畅通。坤地气下沉，乾天气上升，交流融合之象。故测婚吉祥。坤柔在外，乾刚在内，典型的外柔内刚性格。"小往大来"，利花小钱办大事。测贸易可行，利润空间可观。测病健康，注意胃寒、性病，但危重之人有"入地"之象。行人有为情而动之象。阴阳太平衡，隐含变故，防泰极否来。为正月卦，测事多应正月。

12. 否：天地不交之课，人口不圆之象

本卦讲由泰到否的应时原则。闭塞不通、黑暗、阻塞、阻隔、否定。天气上升，地气下降，不交之象。测婚不吉。乾刚在外，阴柔在内，外刚内柔，外君子而内小人，纸老虎。"大往小来"，得不偿失。测病为气血不调，精神异常，失眠，胸膈不通，食道癌、胃癌、性病等，适当调节饮食。危病之人有不治之危。测经商失利，目前局势不佳，宜静待时机。为七月卦，测事多应七月。

13. 同人：游鱼从水之课，二人分金之象

本卦讲和同的原则。为归魂卦。与人亲和、集结、和同、同行、同志，朋友相亲，共产主义的状态。志同道合之人联合起来，无往不胜。天气上升，火气也上炎，同气相求，为同人；先天乾与后天离同居南方，亦为同人。测人人缘好，善交际。测事易有相争，出现第二个。经济宜合作，得朋友助。股市大长之象。测行人有伴相行。测婚姻防第三者。女人测得此，非女强人即情感放纵者。测生育为女孩。测疾病肺及呼吸系统，血管硬化，眼视力差或有病，发烧，老人及病危重之人有归天象。另为锅炉、电暖气等象。车牌号遇此易剐碰。

14. 大有：金玉满堂之课，日丽中天之象

本卦讲成功后的应对原则。为归魂卦。日丽中天，正午时分，伟大的事业，大有收获，怀柔得众。"大有众也"。一阴独居五尊，女人测卦，为女强人，可统众男。男人测有怀柔之性而得众人拥戴，刘备之风。测财大有，测长久之事当注意适时收敛。股市到顶之象。测疾病易在肺、呼吸系统，易脑血管

硬化，防破裂。老人及危重之人有归天象。眼视力差或有病。测天晴空万里，防干旱。

15. 谦：地中有山之课，仰高就下之象

本卦讲为人处世的原则。谦和忍让、谦虚、退守、等待、轻视。山高却居地下，谦虚之象。该卦为六十四卦唯一六爻皆吉之卦。三爻一阳藏于群阴之中，绵里藏针，非真低也。得此卦之人荣誉有礼、谦虚退让、屈己待人，可有始有终。测生意有作矿产之象。股市上顶难以突破。测疾病脾胃不良，便不通、梗阻、肾虚、性病，女人月经不调，子宫癌。测产育为男孩。此卦有男子裸体之象，男子风流，测婚有富婆与"小白脸"之象，故不吉。测天气为阴天。数最小为八。

16. 豫：凤凰生雏之课，万物发荣之象

本卦讲和乐的原则。悦服快乐、喜悦、高兴，安乐、懈怠、预计、熟虑。雷鸣地上，轰轰烈烈，影响大，名气大。"作乐崇德"，得此卦之人好音乐律，性格外向、积极，多柔少刚，有君子之风，事业指日高升。但应防空洞，宜多务实，谨防懈怠，方有大成，"谦轻，而豫怠也"。测天气雷大雨小。测婚姻吉利。测身体注意消化系统，肾虚，有梗阻、胃癌的可能。测产育为男孩，距临产还有一段时间。测家庭为长男持家。测生意大吉，有做乐器、音乐、娱乐生意的可能。股市该上涨了。

17. 随：良工琢玉之课，如木推车之象

本卦讲追随、随和的原则。为归魂卦。随顺和同、随从、随和、无目的。跟随别人一起做事佳。自己做事不可冒进。上兑说，下行动，言行一致。"向晦入宴息"，有牢狱之象。测病腿有伤，头有疤，肝病。测婚姻，长男配少女，有婚外情、三角关系的可能。测事时间易应在黄昏或深秋。

18. 蛊： 三蛊食血之课，以恶不久之象

本卦讲习行前人之事、振疲起衰的原则。为归魂卦。虫在皿上，事物败坏、腐败之象，惑乱、发生事端、整饬、需变革。本卦讲习行父亲之事，继承改变父辈、前任、前人事业的原则。问题主要出自内部，又内忧大于外患。测企业内部腐败之象。测婚长女配少男，"女祸男，风荡山"，婚姻多风波，男女多私情，注意色情灾祸。测病多半因色情引起，性病等，痒、骨折、脾胃不佳，儿童腹内有虫。测天气气压低。腐败而孕育生机，有万物俱秀发之象。故虽腐但有东山再起之希望。股市虽市况不佳，但孕育生机。数字最大为五。

19. 临： 凤入鸡群之课，以上临下之象

本卦讲治民之术，领导的原则。宽容相助，君临、迫临、临下、临近、给予、大。监督、领导、统治。宽容相助，给予。需要用柔和温顺的策略才会成功。此卦下兑为说，上坤为众，为在众人中说，深入群众，座谈。女测受母疼爱。测婚不很有利，女测好一些，男子有才干。测病腹部有疤，腹部手术象。腿足易病、易伤。还要注意消化系统。诸事防"八月有凶"。测事主十二月易成。此卦有"大震"象，故占此卦之人多雷厉风行，脾气大。

20. 观：云卷晴空之课，春花竞发之象

本卦为政治专卦，谈如何观察和观察什么。周游观览、展示、观察、壮观、要求、参观、追求。占事中会有凶相出现，须得贵人相助，才有成功的希望。此卦为"精神"卦，追求物质不甚有利。故求精神上的问题大致可断为吉。有志于教育、宗教、高雅兴趣和研究工作，目下很合适。有大"艮"象，凡事要多观察，不宜急动。大"艮"有俱乐部、礼堂之象。占此卦之人多有宗教信仰。测工作多与教师、说教、展览、宗教、艺术等有关。测病呼吸道、胃肠弱、风湿、下肢瘫痪，半身不遂。测天气易阴天有风。测婚易女方霸道。此卦多应八月。

21. 噬嗑：日中为市之课，顺中有物之象

本卦阐释饮食与刑罚的原则。吃喝、咬合、强硬态度、刑罚、口舌、官非、争讼。与饮食有关之事，以之象征劳狱，"先王以明罚敕法"。会和别人发生争吵，甚至讼事。行事但求温和，不要莽撞，即使发生纠纷亦可解决。测卦遇之，测卦人脾气大，如非公检法军人员，多有官非口舌。又为市场之象，发电机之象。婚姻不协。疾病为胃肠消化之症，注意癌症、肿瘤的可能，发烧，心动过速，肝火盛。股市箱体振荡。天气有盛夏晴转雷电的可能。电话号码遇此多口舌。车牌号遇此易为货车。

22. 贲：猛虎靠岩之课，光明通泰之象

本卦讲礼仪的原则。文饰光明、装饰、装修、无色。测卦

人讲究服饰，爱打扮，虚荣心强。做事会成功，但需要花费很多时间。不太适合向外发展。可能发生意料之外的错误，或是意想不到的出人头地的机会。"小利有攸往"，大事不很适宜。注意眼病，一眼视力极差，心脏不好，易闷，注意心脏偷停、心肌梗塞。测婚姻为喜气卦，有结婚之象。职业与装修、美化、广告、摄影等有关。测数最大为三。

23. 剥：去旧生新之课，群阴剥尽之象

本卦阐述应对腐败时期的原则。剥削蚀烂、剥落。"鼠辈穿仓之象"，此卦为典型的小人得势、呈狂之时。大山倾倒，不利于前进，应停止前进，考虑对策，应付新情况。希望破灭时，我方应持静观望，让对方主动后，再想办法应付，效果会更好。若另创新事业属大吉。测病身体不好，或病情严重，危重之人有不治归土之象。下肢有病、瘫痪、小儿麻痹为多。测婚姻女欺夫，女强男弱。测财不利，股市见顶崩盘之象。为九月卦，测事易应九月。测数最大为八。电话号码遇此运气背。

24. 复：沟沙见金之课，反复往来之象

本卦阐释恢复的原则。生机复明、复归、复来、复兴、反复。一阳始发，不足成势，但前途远大。测事遇此，多有反复。测婚遇之当"梅开二度"。测考试要复考。测坏事当有复兴之机。测病当为腹痛，脚病等，病情易反复，又有旧病复发的可能。"出入无疾"，出门吉利。埋在地中的种子。股市反转之象。为十一月卦，测事易应在十一月。"七日来复"，有应七天后者。电话号码遇此事多反复。

25. 无妄： 石中韫玉之课，守旧安常之象

本卦讲不虚伪的道理。顺乎自然、不虚伪、无希望、灾害、意料之外、不妄动。按照当时的环境自然地进行，但却常因迷惑不定而招致失败。"无妄灾也"，测卦遇此，被动处之较佳，注意灾害，得意忘形而致灾，更包含自然灾害。"其匪正有眚"，走正道则可解灾。测病易足病，肝病。"无妄之疾，勿药有喜"，病可不药而愈。处理婚姻当顺其自然。天气晴空而雷。有发射火箭、卫星之象。车牌号遇此有货车之象，当小心车祸。

26. 大畜： 龙潜大壑之课，积小成大之象

本卦讲大的积蓄与大的阻止的原则。制止欲进、大的积蓄、阻止、等待、把握时机。全心全意投入到某件事情中，才是吉祥的。此卦为事物集中、繁华之象，同时却隐伏不好之事，由于性子急躁往往会失败。此卦为"食禄"之卦，"不家食，吉"，宜于做官。测事业为公职。测婚理想，男测为善持家之女，女测多为官贵。测病便秘、梗阻。测天气浓云密布却不下雨。测财大利，测股市即将大起。车牌号遇此有"子弹头"之象，当小心车祸。电话号码遇此利仕途。

27. 颐： 龙隐清潭之课，近善远恶之象

本卦讲养育的原则，为养贤之卦，为农业之卦。为游魂卦。谨言节食，养育、求口实，喻指自力更生。这种人大都怀有阴谋诡计，心怀不轨的情形也多，因此，处事常与人争执，而不能和平，遇障碍的情形也特别多。为二震卦相对，故有两军对峙的意

象。为大离卦，中空，防事情不实。人有外强中干之性格。有盒子、箱子、大客车、大飞机、大礼堂之象。问胎孕为未孕。测身体当注意养生之道，食疗胜于药疗。注意足和脾胃之疾。测事业方向，自己经营好于白领。股市上上下下难有大的变化。车牌号遇此易为大型车辆，如大客车等，当小心车祸。

28. 大过：寒木生花之课，本末俱弱之象

本卦阐释非常行动的原则。为游魂卦。势将颠覆、倾倒、大的过度、非常行动。心情迷惑不定，很难掌握主意，有时因估计错误而导致失败。凡事衰退之兆。此卦"有如常山之蛇"及"马克于花街"。本卦是非常时期之卦，意味着将有人将功立业之时，疾风知劲草，"家破出孝子，乱世见忠臣"。但另一方面，却因事情过于重大而力所不支。故凡是超越本分之事均不宜进行。测考试为吉，通过之象。大坎象，大智慧之人。测病为腿病，肝病，上吐下泻，性病，外伤，头有疤，重病有危。测婚二兑口相背之象，不和。"老夫得其女妻"、"老妇得士夫"，夫妻年龄相差较大为吉。"栋桡"，测房宅，建筑质量不好。股市将发生大的变化。车牌号遇此当小心车祸。

29. 坎：船漏重滩之课，外虚中实之象

本卦讲突破艰险的原则。重险重陷，陷阱、向下、困难、坎坷。很可能遭遇灾祸，也有贫穷之虞，最好出外谋生，自求多福。与朋友交应注意对方之阴谋，以防其不轨之企图。"习坎"，祸不单行。测卦遇此，容易在麻烦中。卦占之人心机重。测病为肾病，血病，耳病，骨病，心脏病，性病，妇科

病，水肿，泻肚等。测胎孕可能为双胎，有难产之象。测婚不吉，男测对方有娼妓之嫌。测股市大跌。测天气为下雨，且大或久。得此卦注意水灾。车牌号遇此当小心车祸。电话号码遇此多易被骗。

30. 离：飞禽振羽之课，大明当天之象

本卦讲依附的原则。附丽光明、上升的太阳，附着，向上，离散，离开。容易上当而落进别人的圈套。纵使有暂时的成功，也难保永远，故应注意平时的准备。卦占之人长相漂亮。测高考成绩好，可升。测病为心脏病，血病，眼病，高血压，有发烧症状。测婚姻离散之象。测天气为晴天，谨防干旱。得此卦注意火灾。股市大长。有眼镜、抽屉、盒子、小轿车之象。车牌号遇此当为小车，且易出碰撞。电话号码遇此遇此利文。

31. 咸：山泽通气之课，至诚感神之象

本卦讲万物感应的原则。少男配少女，是男女感情之卦。一至六爻恰为男女交感的全过程。交感和合，感应、夫妇之道、宜快。此卦表示，可能很快乐就会取得协调，也可能希望在瞬间就破灭。有时候，可以从很遥远的地方取得利益。测卦遇此，多在男女感情之中，也应注意色情灾祸。"娶女吉"，利婚姻。"君子以虚受人"，行事当虚怀若谷。测事来得快。坤包乾，测胎孕为已孕，易为男孩。测天气旱天将要下雨，连雨天将会放晴。测病为流行病、传染病为多，性病、呼吸系统疾病，脚有伤。天池、山洞、高架式音响。数最小为二。车牌号遇此易出碰撞。电话号码遇此情感不断。

32. 恒： 日月常明之课，四时不没之象

本卦讲恒久不变的道理。长女配长男，为正配；女主内，男主外，夫妻之道，故可久。卦有恒久、长远之象。测卦人多脾气急，有时还有色厉内荏之性情。测事遇之，多有不变之象。求变遇之，不动为好。测婚姻，吉祥。测坏天气，还要维持一段时间，易有雷雨。测胎孕，已怀孕，易为男孩。测病，不利，病况不宜好转，病症易为食道与胃肠癌，肝胆病。车牌号遇此不吉，易出事。电话号码遇此可为官贵，吉祥之象，女用之易有婚外情。

33. 遁： 豹隐南山之课，守道去恶之象

本卦阐述退避的原则。逃避、隐退、退辞。做任何事都容易出差错，此时应该保守，以退为上，远离小人。测物价、股市，为在一个高度下跌之象。测婚姻，女方气盛凌人，不吉。测病，重病不吉，有危险；但若为小疾，则反为转好之象。为六月卦，测事多应六月。电话号码不宜选之。车牌号遇之有追尾之嫌。

34. 大壮： 羝羊独藩之课，先曲后顺之象

本卦讲壮大的运用原则。强盛、壮大、强健、当止。易做事不计后果，盲目前进，致进退不得。测股市，冲高回落之象。测病易为神经系统疾病，脚病等，小病速愈，大病危亡。测天气，惊雷无雨，或晴天。车牌号遇此不吉，易出事。电话号码遇此多为莽撞之人。

35．晋：龙剑入匣之课，以臣遇君之象。

本卦讲进取的原则。日出地上、晋升、前进、谒见、白昼、竞争。黑夜过去，曙光来临，事情已出现良好的转机，虽不宜马上行动，然毕竟前途远大。测事易有贵人帮。测天气为晴天。测股市走出低迷之象。测病易为心脏病、日照病、胃热、视力弱等，病情有转重之势。有平房之象。

36．明夷：凤凰垂翼之课，出明入暗之象

本卦阐述在苦难时韬光养晦的原则。日入地中、光明负伤、韬晦时期。无论做任何事情都易发生意外事故。测事为运气极端低迷时期，凡事不宜莽动。测病为心脏病、眼病等，重病不吉，有不治入土之嫌。股市光明已去，转入（阶段）熊市。测天气将要下雨之象。停电之象。测婚姻不美满。此卦为工伤卦，测企业得之，一定要注意工伤事故。测卦人易有手足之伤。

37．家人：入海求珠之课，开花结子之象

本卦阐述治家与内外的原则。家人、亲属、自己人、同道。家道兴隆、家庭伦理关系、内部。此卦为家庭卦。家庭是女性活动的场所，有利于妇性发挥才能。任用女性做事，往往比任用男性效果为佳。以外观看吉利之事非常多，实则不易实现。"六四、富家，大吉"。亲情关系密切，但同时，又容易在家庭中发生纠纷或错误行为。测生意为家族企业。男测性格柔和。求谋通过女人帮效果会更好。测天气为微风和煦。发烧。车牌号遇此易为家庭用车，平安。

38. 睽：猛虎陷阱之课，二女同居之象

本卦讲求同存异、离与合的运用法则。背道而驰、乖离、乖异、外别。对立统一。本卦讲行旅，意指出门在外，不能与家人相见。做任何事都是事与愿违，因而事事不如意。但是最后还是有好结果。如女性得此卦，则为淫妇之象。"口舌相伴，财散人离"。测卦遇此，往往关系出了问题。测婚姻，"二女同居"不吉。测人性为逆向思维。测卦人易有破相。测胎孕多为男孩。测病易为神经系统疾病，神经分裂，血栓、便秘，肺部疾病、咳嗽等。电冰箱卦。车牌号遇此平安。

39. 蹇：飞雁衔芦之课，背明向暗之象

本卦讲面对困难的处置原则。踏步难行、跛脚、困难、灾难。测卦人易脚有病。行事"利西南，不利东北"。目前运势不佳，处于困难时期，宜见贵。数字最小为六。婚姻不吉难成。山上泥泞路难行。瀑布象。测病为皮肤病，胃病，肾或泌尿系结石，耳病、手病、脚病。

40. 解：囚人出狱之课，草木舒伸之象

本卦讲解除困难的法则。艰难化散、解除困难、解脱、缓和。本卦讲在西南方向可能获利，但如没有目的就不如回来。如果有目的，那就越早去越好。无论做何事，动作都要快捷迅速，一旦失去时机，就不可能成功。办事有贵人相助。测运势，多为走出困境之象。该卦也是个求财之卦。坏事遇之最吉，可"解"，好事就不需要"解"了。测胎运为已孕，且为女孩。测天气为雷雨天，且易为喜雨。测病为胃热、消化不良等，测久病痊愈之象。电话号码宜选此号。

41. 损：地中见水之课，握土为山之象

本卦讲损人益己的原则。损盈益虚、损下益上、损失、减少、"盛之始"。此卦在先损后得的时候，表示凡事都应慢慢来，徐徐地进行就会成功。但是，也有为近亲而破财消灾的意思。起初虽然吃亏而不能称心如意，可将来却有发展的希望。同时，该损失的时候毫不吝惜，才是当前的处置之道。测胎运注意流产。易有腿脚伤。测财不利，易有破财。"三人行则损一人"，测合作不久。数字最大为二。

42. 益：鸣鸿遇风之课，滴水添河之象

本卦讲损己益人的原则。奋发有为、进益、受益、增多、损上益下。"衰之始"。外表看运气很好，很盛，可是内部却动荡不稳定，开始时非常好，后来却逐渐地恶化衰败。测财得利。测婚姻吉祥。测合作可行。测事业兴旺之时，宜抓住时机。测胎孕为未孕。测天气会有风。测病有加重之象，或为肝胆之症。电风扇、鼓风机之象。电话号码吉利。车牌号平安。

43. 夬：神剑斩蛟之课，先损后益之象

本卦阐述消除邪恶的原则。排除决去、决裂、溃决、伸张、快速、果断。阳正坚决除去阴邪，但并非因阳而繁荣，反而会被某种强力贬毁。疾恶如仇，很难成功。"三月卦"，测事易应三月。测卦人性子急，头有伤。性格刚毅。股市有泡沫，将会破灭。婚姻不利，夫妻常无缘吵闹。测天气将下雨之兆。车牌号主车前脸易受伤。

44. 姤： 风云相聚之课，或聚或散之象

本卦讲防范邪恶的方法。阴长阳消、邂逅、相遇、淫奔。做事常常发生意外的结局，聚散无常，令为迷惑之事特别多。此卦多半为不吉。现在不可积极行动，只可固守，方可避失败。首脑发令，号令天下。卦中多有男女私事、婚外情。一女周旋与五男之间，女强人或淫荡女。易因女人起祸。五月卦，事多应五月。夏至卦，霉季来临。测婚姻不吉，"女壮，勿用娶女"。股市该向弱市转化了。天气为风天、阴天。测病为流行病、传染病、性病，中风，病情有加重的倾向。测出行会邂逅熟人。车牌号遇此，易遇车祸，宜更之。

45. 萃： 鱼龙会来之课，如水就下之象

本卦阐述群体的结合原则。聚合丰盛、聚集、热闹、丛生。凡事都很兴隆的意象，也常为了财物而和别人发生争吵。有贵人帮。测物价下调，股市下跌。测病易多病同来，或有并发症，有呼吸系统病兆，下肢瘫软。测婚姻易有婚外情。泥泞地、不平地。测天气为阴天。

46. 升： 高山植木之课，积小成大之象

本卦阐释升进的原则。升腾、上进、发达、下不来。若按部就班，慢慢地做就会很顺利。测运气为顺运、旺运。有贵人帮。南方有利。测婚姻吉利，但易有重夫重妻。测天气阴天有风。测病有加重之势，严重者有"升天"之危。测股市高涨之象。测仕途高迁在即。电话号码适宜选之。

47．困： 河中无水之课，守己待时之象

本卦讲应对困顿的原则。古称四大难卦之一。受穷困乏、困境、困难、相遇、进退维谷。因为资金缺乏而觉得十分痛苦，事事不如意，若能得到他人的帮助，即可挽回。"大人吉"。遇此卦往往有异性之烦恼，测婚姻也是如此，防婚外情。测病头部易有伤、呕吐、泻肚、经血不顺等。测天气为干旱无雨。电话号码选之，易心烦意乱。

48．井： 珠藏深渊之课，好静安常之象

本卦阐述用贤与养育的道理。维持现状、用贤、陷阱、养育、水井、通畅。万事都不可能很快地做好，新开办的事业或改革方面，也会招来无谓的损失。也可能得到地中挖出的宝物。这是个利财之卦。测股市易在箱体振荡。测身体肝胆易病、风湿、耳病等。测天气为风雨交加的坏天气。

49．革： 豹变为虎之课，改旧从新之象

本卦阐述变革的原则。转移方针、改革、变革、去旧。做事时，若能改变方针，就可得到吉利。开始时，困难很多，后来却会成功。先难后易，故操之过急，必将失败。测股市要变盘了。电话号码遇此变动较多。测婚姻不吉，已婚者防婚姻破裂。测疾病为呼吸系统病症较多，咳嗽，心脏不强，头有伤，可见血。测胎孕防小产。测天气也是将变化之象，久雨将晴，久旱将雨。

50．鼎： 调和鼎鼐之课，去故取新之象

本卦阐述养贤与求新的道理。因败致功、食日、养贤土、鼎新、取新。此卦有弃旧迎新的形象，随着机运的演变去做就可以了。所需要注意的是文件、证书之类的物品。"求名赴试之卦"，卦遇此，多与求官、求名有关。好运气。测卦遇此易生新变化。测婚姻吉利，但男易有外室、二奶。测疾病发烧、腿易受伤。病情变化快，严重者不治。炊事之卦，炉具。电视箱架。测天气晴天，风和日丽。

51. 震：震惊百里之课，有声无形之象

本卦讲应对震惊的原则。奋发图强、震动、威俱、妄动、起始。此卦有二重性：一者发奋图强以完成大事；一者有相争妄动或只听到声音不见实体的情形。测卦人脾气大、名声大。测财有利。测婚不利，有变动重叠之嫌。测病为精神病、肝胆病、脚病、脚气、筋骨病、抽筋等。测天气易有风、雷。测卦遇此，注意地震、爆炸灾害。股市将大幅波动。车牌号遇此，易遇车祸，宜更之。

52. 艮：游鱼避网之课，积小成高之象

本卦阐述适可而止的道理。障碍很多，若勉强前进等于截断自己的退路，而陷于险家环生的局面，做任何事都要稳扎稳打，不可操之过急，才有成功希望。停止、阻止、预防、保护、起始。山的形象，所测人诚实、守信、稳重。测出行不动。股市在高位之象。测病为脾胃病、手指病、腰背病、关节痛、血栓、女经不顺、肿瘤、皮肤病、癌症、结石病等，病重者有入土进山之象。测天气为阴天、气压低。车牌号遇此，易遇车祸，宜更之。

53. 渐： 高山植木之课，积小成大之象

本卦阐述循序渐进的做事原则。做任何事都要深谋远虑，稳扎稳打，可能有经济困难及色情的灾祸发生。凡事不可急功近利，须循序渐进、按部就班。卦主和缓性情、慢性子。女子找到归宿，求婚吉，但子孙持世，终有瑕疵，或分居，或子迟。测胎孕为迟。测事业发展慢。车牌号遇此平安吉利。测病易为消化系统疾病。

54. 归妹： 浮云蔽日之课，阴阳不交之象

本卦阐释婚姻的道理。因为自己做事不公平，不公正，容易发生意外事故；也可能发生违约之事。所测之事容易拖延、延期。嫁女之卦，测婚姻不吉，还要因爻而变。易在男女关系上出问题。股市又将从高位回到原点。测行人将归。测疾病有性病、神经过敏、脚气、肝病等，病情严重者有"归山"之危。测天气为阴雨天。

55. 丰： 日丽中天之课，昔暗回明之象

本卦讲世事盛衰无常的道理。凡事很难维持长久，明日之事，今日应做准备。应注意虚伪、计谋、诉讼、打架等烦人之事，才不容易招来灾祸。亨通的背后隐藏着危机。丰，用大遮阳挡住白天的阳光。"残花待雨之意"。此卦易发生爆炸等工伤事故。此卦利文，求学、考试有利，求官亦吉。办事谨防被蒙蔽。测婚姻注意对方真情被隐藏，婚姻不算圆满。测身体注意心脏系统，易心动过速。卦主性子急、脾气大。车牌号不宜选之，易出车祸。测天气为阴天或雨。

56. 旅： 如鸟焚巢之课，荣极衰生之象

本卦阐述旅行在外的原则。飘摇不定，旅行，不安定，亲友少。出门在外忧愁、烦恼的事情很多，内心得不到稳定的情绪。小事会成功。电视塔之象。测卦容易出现即将旅行之事。测天气为晴天。测卦遇此，易发生火灾。测婚姻男测易成，易有艳遇；女测不吉，对方易有婚外情。车牌号遇此，车辆易外出。测身体健康。数字最小为三。

57. 巽： 风行草偃之课，上行下效之象

本卦阐述谦逊的道理。谦虚行事，进入、谦逊、隐伏、命令。做事往往横生枝节，不容易成功。身体、心理都没有稳定性。而且，辛苦之事非常多。运气易有变动。测卦人易为生意人。性情不定、不稳。测婚姻不佳，易多变，难长久。测病易出现肝胆之症、呼吸系统不佳、流行病、中风腰病、股病等。测天气为风天。车牌号遇此不吉，易发生事故。

58. 兑： 江湖养物之课，天降雨泽之象

本卦讲和悦的原则。泽润万物，喜悦、取悦、显现。凡是小事都可以成功而带来喜悦，但大事将有中途挫折之虞。或有名不符实，表里不一的情形。测卦遇此，"君子以朋友讲习"，易发生研讨、切磋之事。所测之对象有口才，也易表达过度。办事注意口舌是非。测婚姻对象易出现相争，婚后发生婚外之事。测疾病易出现口腔、呼吸、肺部等疾病，身上易有伤，一生要有手术的经历。测天气为雨天较多。车牌号遇此不吉，易发生碰撞。

59. 涣： 顺水寿舟之课，大风吹物之象

本卦讲挽救涣散的原则。灾害涣散，离散。精神涣散，财物散。此卦大讲洪水的各种冲击情况，然都未成灾。要特别注意的是，和别人订契约要仔细看看契约的内容，才不会惹来无妄之灾。此卦好事、坏事都易散，故测好事忌之，测坏事喜之。此卦不利人和，卦遇此关系极易出问题。测婚姻不吉，对象难成，已婚易散。测卦遇此，谨防水灾。测天气为暴风雨天。测胎孕谨防流产。测身体较弱，防性病、泻肚、中毒等。

60. 节： 船行风息之课，寒暑有节之象

本卦主要阐述节制的原则。适可而止，节制、节省。本卦属行为修养之卦。讲节俭的各种情况。对已有的事业不可任意扩张，否则会招来损失。意外之灾祸不可不防，此点应特别注意。测婚姻大吉。测疾病当采取保守疗法，以保养代药疗，注意节食、节欲、生活规律，易染口腔、肛门、尿道等疾病。车牌号码吉祥。卦主性情适中，不急不火。盛水容器象。

61. 中孚： 鹤鸣子和之课，事有定期之象

本卦讲诚信的原则。信而有实，诚信、忠诚。此卦为二口交谈象，故此宜开胸交谈。又为大离象，难免外表华丽，内在空虚。二兑（嘴）相对，注意情感之事。测胎运为未孕。测病为心脏病，发烧。性情外刚内柔，外实内虚。测天气为晴天有风。车牌号不宜选之。

62. 小过：飞鸟遗音之课，上逆下顺之象

本卦阐述过度与收敛的道理。阴顺阳困，小的过度，小有超出，小的过失，可小事，不可大事，超越。卦遇此易有小的过失出现。股市冲破阻力上扬之象。测考试通过。性情易闯祸。测身体易有心脏病、肾病、性病等，也易有外伤。测天气阴天易雨、有雷。车牌号遇此，易有车祸。

63. 既济：舟楫济川之课，阴阳配合之象

本卦阐述功成名就后隐藏着危机变故的道理。由大而小，完成、成功、安定、渡河。因此，做任何事都只做短暂的时间就可收摊，绝不能恋战，以免血本无归。六十四卦中六爻阴阳最得位、完整之卦，反倒孕育变化。股市不论涨跌均将到头，即将反转。测病心脏不好，血液病，视力弱，需节制性事。测婚姻男女相亲，吉祥之象，但恐难长久。车牌号不宜选之。测天气下雨之象，或阴晴变化较快。

64. 未济：竭火求珠之课，忧中望喜之象

本卦阐述由小而大，未完成，不能成功。行事之初，非常不好，到了后来却有极佳的成果。进行中虽然非常辛苦，不过忍耐，贯彻始终才会有结果。特别注意不可因耐心不够，而半途放弃。六十四卦中六爻阴阳最不当位、不完整之卦，恰有无限的发展空间。股市不论涨跌均未到头，还将继续下去。测病心肾不交，失眠。测天气阴晴难变。

（二）卦象

六十四卦复卦卦象概括起来说，就是从各爻及上下卦的角

度呈现出的形象。六十四卦卦象是《周易》的重要基础知识，它也是易学理论和应用的交汇点。掌握了她，可达理用兼顾、理用并重之效果，也更接近易经的本源。

复卦的卦象丰富多彩，要有广博的《周易》基础知识及丰富的联想力方可更多挖掘出来。比如，"火山旅"卦，就可联想出电视机架的卦象，上面离为箱、为电、为电视，下面艮为支架，桌子。结合起来不就构成了支架上面一个箱子，里面装着电视机吗？再如，"天雷无妄"卦，为发射卫星的卦象，上面的乾为圆、为贵重、为卫星，下面的震为动力、推动力，内互卦的艮为阻力，发射一定要冲破阻力；外互为巽为风、为飞，外卦乾又为天、为宇宙，这不正是卫星在上，发射——冲破阻力——飞上天空之象吗？这个卦象是笔者十几年前预测我国发射卫星成功与否所得，卦象出来后一琢磨，才悟出了这个象。

六十四卦卦象很有趣，读者不妨去挖掘、去实践，定会其乐无穷。

五、六十四卦之辞

(一) 卦爻辞概说

六十四卦每卦均附了一段解释语，称卦辞；每爻又附了一段解释语，称爻辞。卦辞是一卦的总纲领，爻辞是一爻的焦点所在。卦辞、爻辞为文王被囚极其危险环境中写出来的，因此，充满了警示语。又是为占卜而作，因此充满了吉凶悔吝。

所以,《系辞传》才说:"圣人设卦观象,系辞焉而明吉凶,刚柔相推而生变化","辨吉凶者,存乎辞"。

然而,卦辞、爻辞均以古文体现,晦涩难懂,读起来并非易事。所以,初涉易经便进入读辞阶段是歧途,很难行得通。还是建议走"未学易,先学筮"之路,当然这是笔者之见。同时,建议和象辞、彖辞一起研读,并通过下面的方法搞清楚卦爻辞的来历,效果会更好。

此外,有的卦辞、爻辞除了反映本卦的中心思想之外,还体现出其他某些哲学道理。如"山水蒙"卦卦辞:"蒙,亨。匪我求童蒙,童蒙求我。初筮告,再三渎,渎则不告。利贞。"既讲了《周易》预测的原则,又讲了教育的原则。《周易》预测当掌握不可多次反复预测同一件事情,教育要遵循学生找老师的原则,而非老师到处找学生,要尊师重道。

卦辞、爻辞在预测体系中也有重要应用,在第四章中再详细介绍。

另外,为方便读者查阅研读,六十四卦卦辞附在了本书后面。

(二)卦爻辞的来历

卦爻辞是根据卦象与爻象而来,现以"泽雷随"卦为例,对卦爻辞的来历作以剖析,读者只要掌握了上述卦爻的基本知识,结合此例的剖析,便可举一反三。

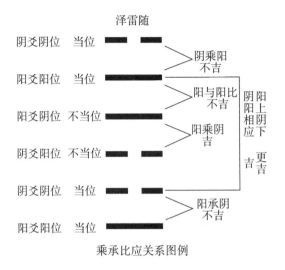

乘承比应关系图例

"泽雷随"卦外卦为兑，为悦；内卦为震，为动。内动而外悦，长男动而少女悦；或外悦而内动，少女悦而长男动，必随，这是卦名的来历。

卦辞为："元亨，利贞，无咎。"由其名可知，内外相随、上下相随、彼此相随、男女相随，"彼此相从，其通易矣，故其占为'元亨'"（《周易本义》）。然必利于贞，方可无咎。

初爻爻辞为："官有渝，贞吉，出门交有功。"

内卦震二阴一阳，显然初九为震之主爻，阳为阴主，故为官。居随之时，震为动，动而变，渝，变也。阳居阳位，阳甘居二阴之下，故贞吉。有六二、六三、上六相比应，六二、六三内卦之阴，必随初九，上六为外卦之主爻，也当随初九，故"出门交有功"。初九为阳，为主爻，故不言随，而言交。

六二爻辞为："系小子，失丈夫。"

二爻为阴，初爻、五爻皆阳，五为君，可言丈夫；初为民，可言小子。二爻本与五爻相应，但因与初爻相比而近，则亲于初阳而舍弃五阳之君，故言"系小子，失丈夫"。

六三爻辞为："系丈夫，失小子。随有求得，利居贞。"

六三阴柔，必从阳。九四在高位，为丈夫；初九在低位，为小子。六三与九四相邻，必亲比而舍初九小子。九四位高无应，故六三随求可得，艮为求。但因阴阳反错相比，易不正，巽为利，故宜贞正方吉。

九四爻辞为："随有获，贞凶。有孚在道，以明，何咎？"

九四位极人臣，但与君同阳，下有阴比，而劫君之比应，使人心从己，虽有所得，但犯大忌必凶。然而，若心怀诚信，懂得为臣之道，艮为道，"位极而不逼上之嫌，势重而不专权之过"，何咎之有？

九五爻辞为："孚于嘉，吉。"

孚，诚信。五阳爻居阳位、君位，下有二阴相应，二阴也得正，诚信之于至善，故吉。

上六爻辞为："拘系之，乃从维之，王用亨于西山。"

上六与五君阴阳相比，五恐六去，故系之，维之。巽为绳，为维。互艮为山，兑为西，故西山。兑为口，为享。五阳爻为王。

六、六十四卦卦序

六十四卦从头至尾有多种排列方法，也就是有多种卦序，现简述几种：

（一）经文卦序

此卦序是按照宇宙、自然、物质、世界、社会的生成原理而排，这个卦序正反映了整个宇宙的发展规律。起于乾、坤即天、地，终于既济、未济即结束和重新开始。分上下两部分，上经三十卦，下经三十四卦。其中，相临的两卦都互为综卦，反映了正反两方面关系的辩证统一。

六十四卦的这个卦序，充满了自然衍生发展的哲理，值得仔细玩味。《序卦传》讲的就是这个卦序的排列原理，读者朋友可以参看下章相关内容。

（二）京房纳甲卦序

这个卦序是汉代京房发明，是纳甲预测方法的卦理根源，因此，学习纳甲法此卦序必须熟记。这个卦序是根据六个爻阴阳变化之理而产生。比如，乾宫八卦，第一卦为宫头卦即"乾为天"卦，第二卦则由乾卦初爻阳变阴而得，即"天风姤"，第三卦则由乾卦初爻、二爻均变产生，即"天山遁"卦……

八宫卦序见下：

乾宫：

乾为天，天风姤，天山遁，天地否，风地观，山地剥，火地晋，火天大有。

坎宫：

坎为水，水泽节，水雷屯，水火既济，泽火革，雷火丰，地火明夷，地水师。

艮宫：

艮为山，山火贲，山天大畜，山泽损，火泽睽，天泽履，风泽中孚，风山渐。

震宫：

震为雷，雷地豫，雷水解，雷风恒，地风升，水风井，泽风大过，泽雷随。

巽宫：

巽为风，风天小畜，风火家人，风雷益，天雷无妄，火雷噬嗑，山雷颐，山风蛊。

离宫：

离为火，火山旅，火风鼎，火水未济，山水蒙，风水涣，天水讼，天火同人。

坤宫：

坤为地，地雷复，地泽临，地天泰，雷天大壮，泽天，水天需，水地比。

兑宫：

兑为泽，泽水困，泽地萃，泽山咸，水山蹇，地山谦，雷山小过，雷泽归妹。

（三）方圆图卦序

这个卦序是常用的第三种卦序，是按照先天八卦数的顺序，内卦或外卦不变，外卦或内卦依次变化产生的卦序。比如上卦一乾卦不变，下卦由先天数一乾、二兑、三离、四震、五巽、六坎、七艮、八坤依次搭配，得出一组新的卦，即乾为天、天泽履、天火同人、天雷无妄、天风姤、天水讼、天山遁、天地否；上卦二兑不变，下卦再由先天数一乾、二兑、三离、四震、五巽、六坎、七艮、八坤依次搭配，得出一组新的卦，即泽天夬、兑为泽、泽火革、泽雷随、泽风大过、泽水困、泽山咸、泽地萃……以此类推，六十四卦便组成了，这个卦序组成的方阵，便是所说的方图。

如果八卦内卦依次不变，外卦由一乾、二兑、三离、四震、五巽、六坎、七艮、八坤的顺序依次改变，便得出了又一种卦序，这种卦序就是所说的圆图。其变化规则同方图的变化规则，故不再依次排演。

在风水学中，此卦序常用，风水罗盘的卦序就是按照此卦序排列的。见六十四卦方圆图：

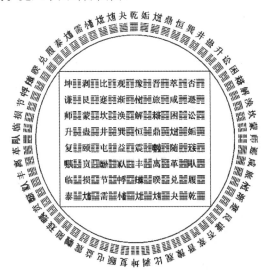

七、爻位之说

（一）爻位概说

一个重卦六个爻，从低到高，均代表不同的意象。一般来说，从初爻到六爻所代表的事物依次由小渐大、由低渐高、由近及远、由内到外、由生到熟、由贱至贵……初爻为最小，在人事方面则代表小孩，五爻为高位，在人事方面则代表壮年，而六爻则代表老年了。从高矮论，初爻为最矮，六爻为最高。从远近来说，初爻为最近，六爻为最远。如果预测房子，六爻动，则代表高层或顶楼，初爻动则为平房或一楼，以此类推。

此外，一个卦六个爻除了位置的高低之外，还因阴阳比应等其他差异而造成地位的不同。"二与四同功而异位，其善不同。二多誉，四多惧，近也……三与五同功而异位，三多凶，五多功，贵贱之等也。"意思是说，二爻与四爻虽都居于阴位，但却不完全相同，二爻因得中，又与五爻相呼应，故"多誉"，四爻因紧邻五爻之君，故必"多惧"。三爻与五爻虽都居于阳位，但五爻为君位，三爻无法与之相比，又居于由内到外的艰难境地，故必多凶险。而五爻则多有成就。

爻位原理应用在人事上其理相同，告诉人们摆正位置是成功的要素。

（二）爻位类象

爻位在不同的事情上有不同的意象，现将爻位与常见事类的对应关系列表如下：

爻　位	代　表　事　物
六爻	头、发、帽子、房顶、围墙、天、远方、国外、高、目的地、祖上、顾问、名誉职务、马
五爻	面、耳、眼睛、口、须、鼻、客厅、领导、人、车、道路、君、父、丈夫、长子、董事长、总经理、牛
四爻	胸、乳、背、肺、肝胆、心、大厅、大门、卧室、神位、坑厕、妻位、副总、羊
三爻	腹、腰、肾、臀、肛门、门、床、鞋柜、炉灶、兄弟、近处、叔伯、中层干部、猪
二爻	腿、膝、阴部、皮肉、厨房、房宅、学堂、为地、邻里、车、臣、母亲、家中之妻、办公室主任、猫狗
初爻	脚、小腿、房基、井、沟、平房、地板、矮、低、农民、家人、儿童、子孙、长子、员工、鸡鸭鹅

第八节　天干地支基础

天干地支是中国文化的又一块基石。产生于五千年前的上古时期，由黄帝的臣子大挠氏发明。当初主要是用于计时之用，但其功能绝非仅仅限于计时。从后来应用的角度应理解为：天干为气，地支为形，正应"在天成象，在地成形"。天干又为物质的外观，地支则为物质的隐形。天干相当于植物的苗，地支则为植物的种子和根。天干、地支搭配起来即构成六十花甲，方为万物，"有天地，然后万物生焉"。

故设天干地支以合天地人事之运。天地定位，干支以定时空，时空以定世界。干象天而支象地，万物虽然都长在地上，但是万物的生长却离不开天。

一、天干

（一）名称

《辞源》解释干支说取义于树木的"干枝"，应该不错，但为什么不说天支地干？"天尊地卑"，"成象之谓乾，效法之谓坤"，"在天成象，在地成形"……《周易》的思想皆以天为主，地为辅。而干与枝比，显然干重于枝，干生出枝。所以，一定是"天干"及"地枝"了。笔者认为，天干地支还可以解释为：天干为天的躯干，即天的重要构件，承载的是天之道；地支为地的支撑，即地的重要组成，承载的是地之道。因此干支在天地之中包罗万象，弥伦万有。然天地之道最后还要落到人上，"在天成象，在地成形"，在人成运。"人法地，地法天，天法道，道法自然"，天道和地道决定着人道，这便是干支理论在人事的应用，可见，已经远远超出了计时的范畴。

天干共十个，依次为甲、乙、丙、丁、戊（wù）、己（jǐ）、庚、辛、壬（rén）、癸（guǐ）。十天干各有其意，从甲至癸，昭示生命的过程，具体为：

甲：像草木破土而萌，阳在内而被阴包裹。

乙：草木初生，枝叶柔软屈曲。

丙：炳也，如赫赫太阳，炎炎火光，万物皆炳燃着，见而光明。

丁：草木成长壮实，好比人的成丁。

戊：茂盛也，象征大地草木茂盛繁荣。

己：起也，纪也，万物抑屈而起，有形可纪。

庚：更也，秋收而待来春。

辛：金味辛，物成而后有味，辛者，新也，万物肃然更改，秀实新成。

壬：妊也，阳气潜伏地中，万物怀妊。

癸：揆也，万物闭藏，怀妊地下，揆然萌芽。

（二）天干基本属性及类象

十天干又都有不同的五行属性，甲乙属木、丙丁属火、戊己属土、庚辛属金、壬癸属水。十天干和人体还有一个搭配关系，即人体的五脏六腑等都对应一个天干，具体为：甲为胆、乙为肝；丙为小肠、丁为心；戊为胃、己为脾；庚为大肠、辛为肺；壬为膀胱、癸为肾。甲乙居东方，丙丁居南方，庚辛居西方，壬癸居北方，戊己居中央。显然与五行的方位是一致的。

此外，每一天干都有很多象，和纷繁复杂的世界产生联系，如甲为电杆，乙为庄稼，丙为书画，丁为灯火，戊为古董，己为田园，庚为车，辛为珠宝，壬为智谋，癸为眼等等。本书仅提供一种思路，更多的类象请参阅笔者相关专著。

（二）大十生克

因十天干有五行之别，所以，它们之间也存在循环生、克的关系。

相生顺序为：甲乙→丙丁→戊己→庚辛→壬癸→甲乙

相克顺序为：甲乙→戊己→壬癸→丙丁→庚辛→甲乙

（四）天干相合

十天干除了相互之间的生克之外，还存在相合的关系，所谓相合，就是相互和好，相互联系，相互牵制等人文现象。

十天干相合为五组，依次为：

甲己相合，为中正之合，合后条件具备可以化，化而为土；

乙庚相合，为仁义之合，合后条件具备可以化，化而为金；

丙辛相合，为威制之合，合后条件具备可以化，化而为水；

丁壬相合，为淫慝之合，合后条件具备可以化，化而为木；

戊癸相合，为无情之合，合后条件具备可以化，化而为火。

十天干之间的种种关系，均是《周易》应用体系的重要基础。

二、地支

（一）名称

地支共十二个，分别为：子、丑（chǒu）、寅（yín）、卯（mǎo）、辰、巳（sì）、午、未、申、酉（yǒu）、戌（xū）、亥（hài）。十二地支也各有其意，从子至亥，也昭示生命的全过程，具体为：

子：孳也，阳气始萌，孳生于下也。

丑：纽也，寒气自屈曲也。

寅：髌也，阳气欲出，阳尚强而髌演于下。

卯：冒也，万物冒地而出。

辰：伸也，万物舒伸而出。

巳：巳也，阳气毕布已矣。

午：忤也，阴阳交相愕而忤。

未：昧也，日中则昃，阳向幽也。

申：伸束以成，万物之体皆成也。

酉：就也，万物成熟。

戌：灭也，万物灭尽。

亥：核也，万物收藏，皆坚核也。

（二）十二生肖

在十二地支中还值得重点一提的是十二生肖，十二生肖是中国文化的精品，是将动物特性与人联系起来的绝妙安排。经古今大量的实践验证，属相确实反映人的一些性情。在人与人之间的合作方面，属相的作用就更突出。如因子午相冲，故属马的人应尽量回避与属鼠之人打交道。如不可回避，则可以找一属牛之人加入，因丑牛可合住子鼠，使子鼠不冲午马，则局面就会改观，实现化相冲为不冲的效果。当然，把属相之间的关系绝对化的做法是不可取的，也是不客观的。

近几年有学者建议应把十二生肖申报世界文化遗产，我看很有必要，其文化价值成为世界文化遗产毫不逊色。连德国总理默克尔访问我国都大谈自己属马。作为国人更是不可不知了。

十二生肖与十二地支的对应关系见下：

子、丑、寅、卯、辰、巳、午、未、申、酉、戌、亥

鼠、牛、虎、兔、龙、蛇、马、羊、猴、鸡、狗、猪

（三）地支基本属性及类象

十二地支也与五行有一个对应关系，寅、卯为木，巳、午为火，申、酉为金，亥、子为水，辰、戌、丑、未为土。十二地支与人体也存在固定的对应关系，寅为胆、卯为肝，巳为小肠、午为心，辰戌为胃、丑未为脾，申为大肠、酉为肺，亥为膀胱、子为肾。十二地支和天干一样还分居十二个不同的方位，见下图：

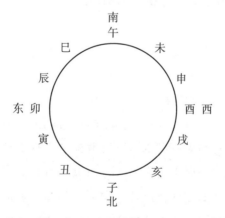

地支和天干一样，每一地支也都有很多象，和纷繁复杂的世界产生联系，如子为聪慧，丑为矿井，寅为神秘，卯为门窗，辰为池塘，巳为幻想，午为血光，未为酒店，申为道路，酉为银行，戌为寺庙，亥为水产等等。本书仅提供一种思路，更多的类象请参阅笔者相关专著。

（四）地支之间的合冲刑害

十二地支之间除了生克之外，还有合、冲、刑、害的关系。因这些关系的存在，才使世界色彩缤纷，才出现了人世间的恩怨情仇。地支的刑冲合害在《周易》应用体系中十分重要，现分别简论如下。

1. 地支六合

所谓六合，就是十二地支两两相合，形成六组合的关系。相合好比男女结亲，多半是友好之象，但也有不利之合，因合而绊，不能起到积极的作用。相当于娶了一个不通情达理的媳妇，对丈夫的事业起到羁绊作用。

子与丑相合，条件具备可以化，化而为土；

寅与亥相合，条件具备可以化，化而为木；

卯与戌相合，条件具备可以化，化而为火；

辰与酉相合，条件具备可以化，化而为金；

巳与申相合，条件具备可以化，化而为水；

午与未相合，条件具备可以化，化而为土。

2. 地支三合

十二地支每个形成合局，共四组合的关系。三合相当于社会关系的结党，因共同的利益关系组合到一起，形成一组合力，这就是三合。

寅午戌合火局，共性的东西为火；

亥卯未合木局，共性的东西为木；

申子辰合水局，共性的东西为水；

巳酉丑合金局，共性的东西为金。

其中，寅申巳亥为同类地支，称四生支，有生发之意；子午卯酉为同类地支，称四旺支，有旺盛之意；辰戌丑未为同类地支，称四库支，有收藏之意。以火局为例，寅为火之生地，午为火之旺地，戌为火之库地。三种类型组合到一起，各居其职，形成合力。其中，子午卯酉称中神，相当于组合的头头，最为重要而不可少。

3. 地支相冲

十二地支每两个形成一种对立相战的格局，即为相冲。相冲反映气场的不顺，人际关系的不协，机体的不调等。

子午冲，

丑未冲，

寅申冲，

卯酉冲，

辰戌冲，

巳亥冲。

地支合冲理论可以用在人际关系组合中，相合的两个地支对应的生肖之人关系好，相冲的两个地支对应的生肖之人关系就差，这种理念已经深入国人之心。说它有用也好，没用也罢，但这就是国人的现实，是无法回避的。

4. 地支相刑

地支相刑多主刑罚之事，也主伤灾病痛，六亲关系不协调及六亲有灾等。相刑有三种：

恃势之刑：

寅、巳、申相刑。意即依仗权势欺人，胡作非为，致犯法生灾。三者见全为刑，两两相见也有刑之象。

无恩之刑：

丑、未、戌相刑。意即知恩不报，或以怨报德。三者见全为刑，两两相见也有刑之象。

无礼之刑：

子、卯刑。因无礼而犯法。

自刑：

辰、午、酉、亥为自刑。即自我招灾引祸。自杀即为自刑的极端表现。

5. 地支相害

十二地支之间两两还有相害的关系，形成六组相害关系，所以又称六害。具体为：

子未相害，

丑午相害，

寅巳相害，

卯辰相害，

申亥相害，

酉戌相害。

地支相害，表示两地支之间的互相为害，当然属不吉。相害在民间合婚方面应用普遍，还形成了一个歌诀，即：

"白马怕青牛，羊鼠一旦休，蛇虎如刀错，兔龙泪交流，金鸡怕玉犬，猪猴不到头。"

其实，这种片面的根据两个人的生肖来定婚姻好与坏的方式是不可取的。

三、天干地支合论

（一）六十花甲的概念

一个天干与一个地支两两相配，天干从甲起，地支从子始，依次可组合成甲子、乙丑、丙寅、丁卯等。天干十个，地支十二个，组合起来共六十组，称为六十甲子。前几天，给高三的女儿讲解干支计时，讲到此处，女儿说十天干和十二地支组合起来是 120 组，不是 60 组，当时因只知 60 组没错，便批评她算错了，但她怎么也不接受。片刻后笔者恍然大悟，原来干支是分阴阳的，且隔位论阴阳，即天干甲、丙、戊、庚、壬为阳，乙、丁、己、辛、癸为阴；地支子、寅、辰、午、申、戌为阳，丑、卯、巳、未、酉、亥为阴。其干支组合也是阳与阳组合，阴与阴组合，这样组合全了不就是六十组了吗？

所以年、月、日、时各时间单位必遇六十循环一次。人到六十岁的时候称六十花甲，六十岁后开始新的一轮循环；中国遇五年易求变，因五年为六十个月，五年后月份开始新的循环。

（二）干支计时

中国古代时间的表示一律使用天干地支，包括年、月、日、时，称干支计时。公元前 841 年的共和元年，是中国历史上有确切纪年的开始，而这一确切纪年，便是用干支实现的。从那时开始，我国才有了真正确实可信的历史记录。《资治通鉴》等很多史书中，关于时间多用干支体现，有些纪年已成了某些事件的代名词，如"戊戌变法"、"辛亥革命"、"甲午战争"、"辛丑条约"、"甲申三百年祭"等等。

中国在汉武帝以前用天干地支纪年；从汉武帝到清末，用皇帝年号加天干地支纪年；民国初期用民国诞生时间来纪年兼或使用公元纪年，民国以后广泛采用公元纪年。

1. 计月

一年十二个月可用十二地支表示，见下表：

一月	二月	三月	四月	五月	六月	七月	八月	九月	十月	十一月	十二月
寅	卯	辰	巳	午	未	申	酉	戌	亥	子	丑

需要说明的是，这里所说的一月、二月、三月……是按二十四节气来分的。立春起到雨水止为一月，惊蛰起到春分止为二月，以此类推，见表：

月	一月		二月		三月		四月		五月		六月	
节气	立春	雨水	惊蛰	春分	清明	谷雨	立夏	小满	芒种	夏至	小暑	大暑
月	七月		八月		九月		十月		十一月		十二月	
节气	立秋	处暑	白露	秋分	寒露	霜降	立冬	小雪	大雪	冬至	小寒	大寒

2. 二十四节气

二十四节气是中国人发明的"专利"，其与自然现象极其准确对应。二十四节气是易学各门术数中年、月时间划分的依据。

每月由"节"开始，每年则由立春开始，每年立春这一天开始进入新的一年，并不是阴历的正月初一，更不是阳历的一月一日，更具体说还应该精确到交立春的具体时刻。一个人只要是在交立春之前出生，不管是阴历多少，都以上一年的属相论，而在立春之后出生，也不管阴历多少，都以新的一年论属相。比如2004年的春节（即正月初一）在阳历的1月22日，而立春却在2月4日，所以，阴历正月十三出生的人，仍然属羊，因还没有交立春，只有到4日的正月十四晚交立春之后，才算新的一年。这时出生的人，才属猴。

二十四节气名称，节与气划分及对应月令、四季如下：

节：立春、惊蛰、清明、立夏、芒种、小暑、立秋、白露、寒露、立冬、大雪、小寒

气：雨水、春分、谷雨、小满、夏至、大暑、处暑、秋分、霜降、小雪、冬至、大寒

月：寅月　卯月　辰月　　巳月　午月　未月

季：　　春季　　　　　　夏季

月：申月　酉月　戌月　　亥月　子月　丑月

季：　　秋季　　　　　　冬季

二十四节气的记忆方法用下面歌诀最方便：

"春雨惊春清谷天，夏满芒夏暑相连，秋处露秋寒霜降，冬雪雪冬小大寒。"

在二十四节气中，四立（即立春、立夏、立秋、立冬）为季节的标志。二分二至（即春分、秋分、夏至、冬至）也有特殊的意义，把时间的节气转换成对应的空间，二分二至恰为四正（即东、南、西、北）方位。其中，夏至为阳极阴生之临界点，为"天风姤"卦，故夏至这一天白天最长，夜间最短，从夏至这天起，物体才会发霉；冬至为阴极阳生之临界点，为"地雷复"卦，故冬至这一天白天最短，夜间最长，从阴阳消长的角度，古人又把冬至这一天做为新的一年的开始。

四季即春、夏、秋、冬，春天属木，夏天属火，秋天属金，冬天属水。也就是，春天风大木最旺，夏天天热火最旺，秋天肃杀金最旺，冬天天冷水最旺。

3. 计时

至于每一天的时辰在中国古代可谓家喻户晓，但现代人却未必了，特别是年轻的一代，和国学其他知识一样匮乏。现将其对应关系列表便一目了然：

时辰	子	丑	寅	卯	辰	巳
时间	23 始—1 止	1 始—3 止	3 始—5 止	5 始—7 止	7 始—9 止	9 始—11 止
时辰	午	未	申	酉	戌	亥
时间	11 始—13 止	13 始—15 止	15 始—17 止	17 始—19 止	19 始—21 止	21 始—23 止

两小时一个时辰，一天共十二个时辰，由表可知，单数点

即为时辰分界线，需特别说明的是，时辰分界线的整点以下一个时辰计。

4. 计日

干支计时法中，每一天也是按照干支计排的，如甲子日，乙丑日，丙寅日……周而复始，60 天循环一次。

（三）纳音的概念

一个天干与一个地支组合在一起，构成一对干支，十天干十二地支按阳与阳、阴与阴搭配的原则组合起来共六十对，称六十甲子。六十甲子除了天干地支各自的五行属性之外，合在一起又形成了一个新的五行属性，称纳音五行。比如甲子为金，且为海中金；丁卯为火，为炉中火；癸亥为水，为大海水等等。这"海中金"、"炉中火"、"大海水"等就为纳音。全部纳音五行见下表：

按《渊海子平》之说，纳音理论起于东周纵横家鬼谷子。纳音五行是独立的五行体系，不可与正五行相混淆。

关于纳音，还有一个极其百姓的现象值得一提，通过命理预测某人是什么命，其实就是这个人生年的纳音。比如，1955 年出生的，因该年干支为乙未，乙未纳音为沙中金，所以，此人就为沙中金命，简称金命；再如，1986 年出生的，因该年干支为丙寅，而丙寅纳音为炉中火，所以，此人就为炉中火命，简称火命。

六十组纳音五行表：

干支	公元年	纳音	干支	公元年	纳音	干支	公元年	纳音
甲子乙丑	1984 1985	海中金	丙寅丁卯	1986 1987	炉中火	戊辰己巳	1988 1989	大林木
甲午乙未	1954 1955	沙中金	丙申丁酉	1956 1957	山下火	戊戌己亥	1958 1959	平地木
丙子丁丑	1996 1997	涧下水	戊寅己卯	1998 1999	城头土	庚辰辛巳	2000 2001	白腊金
丙午丁未	1966 1967	天河水	戊申己酉	1968 1969	大驿土	庚戌辛亥	1970 1971	钗钏金
戊子己丑	2008 2009	霹雳火	庚寅辛卯	2010 2011	松柏木	壬辰癸巳	2012 2013	长流水
戊午己未	1978 1979	天上火	庚申辛酉	1980 1981	石榴木	壬戌癸亥	1982 1983	大海水
庚子辛丑	1960 1961	壁上土	壬寅癸卯	1962 1963	金箔金	甲辰乙巳	1964 1965	覆灯火
庚午辛未	1990 1991	路旁土	壬申癸酉	1992 1993	剑锋金	甲戌乙亥	1994 1995	山头火
壬子癸丑	1972 1973	桑柘木	甲寅乙卯	1974 1975	大溪水	丙辰丁巳	1976 1977	沙中土
壬午癸未	1942 1943	杨柳木	甲申乙酉	1944 1945	井泉水	丙戌丁亥	1946 1947	屋上土

表中所标公元年是六十年中一个阶段的年份，其他年份则可用加减 60 的方法推得。比如，1944 年为甲申，则加 60 的 2004 年也是甲申；2000 年为庚辰，则减 60 的 1940 年也必为庚辰年，依此类推。

(四) 地支藏天干

所谓地支藏干，是指地支中暗藏着天干。具体说每个地支中都含着一个至三个天干。天干称天元，地支称地元，地支中所藏之天干又称为人元。

各地支都包藏着什么天干呢？下面的歌诀可以帮助记忆：

"子宫癸水在其中，丑癸辛金己土同；

寅宫甲木兼丙戊，卯宫乙木独相逢；

辰藏乙戊三分癸，巳中庚金丙戊丛；

午宫丁火己土藏；未宫乙己丁共宗；

申位庚金壬水戊，酉宫辛金独丰隆；

戌宫辛金及丁戊，亥藏壬甲是真踪。"

下表更可一目了然。

地支含气表

地　支		本气	生气	余气	库气	杂气
四旺支	子	癸				
	午	丁				己
	卯	乙				
	酉	辛				

续表

地 支		本气	生气	余气	库气	杂气
四生支	寅	甲	丙			戊
	申	庚	壬			戊
	巳	丙	庚			戊
	亥	壬	甲			
四库支	辰	戊		乙	癸	
	戌	戊		辛	丁	
	丑	己		癸	辛	
	未	己		丁	乙	

第三章 《周易》哲学思想导读

第一节 《易传》导读

前章已述，《易传》是对《易经》的注解，是孔子及其门人对《周易》的巨大贡献，是使《周易》由一部纯占卜之书变成哲学典籍的标志。

《易传》包括十篇，即《系辞传》上下、《说卦传》、《序卦传》、《杂卦传》、《象传》上下、《彖传》上下、《文言传》。读易、研易必读《易传》，去年遇到一个易友，告诉我他每日不辍研读《周易》二十年，但和他简单交流之后发现，他竟然未读过《易传》！于是从对朋友负责任的角度给他几条建议，其中之一当然是读《易传》了。读《易传》不单能加深对《周易》卦爻辞的理解，更重要的是，《易传》本身就是几部博大精深的哲学著作！当然，《易传》只是孔子及其门人对《周易》的理解与阐释，还不能说是《易经》本身，更不能说就百分百准确地涵盖了易的全部。所以，研读《周易》的哲学，只读《易传》也是不够的，还要读经文，还要从易的最本原——卦画——符号易去研究。

现对《易传》十篇作以简要的研读介绍，期望能把有缘人导入这座富丽堂皇的哲学殿堂！

一、《系辞传》导读

《系辞传》分上下两篇，是《易传》中的最重要著作，是读易的纲领性文献，是《易经》的整体概论。从人事效法自然开始，到象、爻、辞等的解说，再到起卦方法，河图、洛书，《周易》的功能，某些卦爻辞的解释，全方位阐述《易经》的哲学内涵。从"天尊地卑，乾坤定矣"开始，到"将叛者其辞惭，中心疑者其辞枝，吉人之辞寡，躁人之辞多，诬善之人其辞游，失其守者其辞屈"止，包罗万象。

对易的理解是无法完全用语言文字描述的，描述出来的或多或少都是不全面，因而是一家之言，正所谓"书不尽言，言不尽意"。朱熹的《周易本义》就是这个意思，那"本义"，也只能是朱熹先生的一家之言。对《易传》的解说一样不可尽言，也无法尽言。好比"道"，是"只可意会，不可言传"的东西，这就是中国文化。

下面摘录一些《系辞传》章句，作以导读式的介绍，当然是笔者的一家之言。

"天尊地卑，乾坤定矣。卑高以陈，贵贱位矣。动静有常，刚柔断矣。方以类聚，物以群分，吉凶生矣。在天成象，在地成形，变化见矣。"

　　《系辞传》从开天辟地开始，天高在上，地低在下，高者尊贵，低者卑贱，乾坤所代表的天地的位置就确定了，重要的是天地的法则也确定了。在下的地和在上的天罗列出来，高贵与卑贱的事物的地位就排定了。乾阳坤阴，天刚地柔，天动地静，父严母慈，运动与静止有规律，阳刚和阴柔就明确分开了。宇宙间各种事情根据类别而聚集，万物根据类别而分为不同的群体，吉祥与凶险也就产生了。代表物质不同存在形式的气，天上的日月星辰呈现出它们的形象，地上的山泽草木呈现出它们的形态，世间万事万物的变化就体现出来了。百姓常言的"人以类聚，物以群分"就出自此。

　　父为乾卦，母为坤卦，故男为天，女为地。由天尊地卑，引出了男尊女卑，男尊女卑是儒家学说的重要思想，由男尊女卑，奠定了儒家家庭关系的基础。重男轻女思想的出现，这里也是根源。当然，男女因性别的差异带来特性的差异是不可回避的，非要女人和男人完全平等，什么都要一样显然也是不恰当的。乾父之刚建，坤母之包容乃自然之理不可易。

　　对于中国传统文化要"取其精华，去其糟粕"，国学中的很多精华现在仍然具有指导价值，但不等于说国学都是精华毫无糟粕。前一段在笔者的微博上讲了一段《论语·学而》中的不合时宜之处，即"父在，观其志；父没，观其行。三年无改于父之道，可谓孝矣！"意思是，父亲在的时候，重点要看儿子有没有志向；父亲去世后，要看儿子的行动，是否违背了父亲的遗志，三年不改变父亲的教诲指导，才能称得上孝顺。甚至在父母的坟前守孝三年，不剃须，不理发……现在是快节奏的现代文明时代，社会瞬息变化，有时一年前的决定一年后便过了时，不改能行吗？人生黄金时代有多少个三年啊！再有如"父母在，不远游，游必有方"，显然也远不合时代了。至于"吾党之直者异于是，父为子隐，子为父隐，直在其中矣"，就更站不住脚，这样是孝吗？

还有一种现象，即对古人、圣贤的教诲、思想不能有异议，一切都是对的，是绝对真理，你提出了异议，便"大逆不道"，显然是教条与僵化的思维。

更有一种现象，把古人无限地拔高，先贤本不是那个意思，非往他脸上贴金，把人打造成了神。先贤本来是那种观点，但因不合时代了，就非说先贤不是那个意思，否定历史的局限性。须知，孔子、老子、墨子、庄子过去也都是平常的人，他们也都有七情六欲，"子食于有丧者之侧，未尝饱也。子于是日哭，则不歌"，孔子最得意的学生颜渊死了，痛哭道"噫！天丧予！天丧予！"孔子病重，学生让孔子祈祷，孔子说"丘之祷久矣。"等等都是孔子的真实写照，一点都不掩孔子圣人的光辉。另外，孔子是相信命运的，当代的有些观点非说孔子不信命，或者解释为彼说之命，非此说之命等等，都不是客观的学问态度。

"圣人设卦观象，系辞焉而明吉凶，刚柔相推而生变化。是故，吉凶者，失得之象也。"

圣人创立了八卦并观察卦象，又在卦象后面缀上卦辞来表明事物的吉凶情况，阳刚与阴柔相互促进而产生变化。这段是说辞是为了断吉凶之用。

"吉凶者，失得之象也"，吉凶就是失去或得到的表现。得到为吉，失去为凶，这是常规理解，也是一种常规认知。还有一种理解，得到为凶，失去反吉，这种情况并不少见，正是体现了《周易》的辩证，百姓所谓"舍得"就是这个道理。目前的有些官员，得到了不该得到的，伴之而来的就可能是双规、铁窗。从《周易》的应用体系看，百姓所谓的破财免灾，也是这一道理。《周易》预测中的"身弱不胜财"之说，讲的就是因承受力不足，得财便生病，破财便无灾。相当于一个人在荒郊野外得到了一百斤粮食，你如果贪心把它背回家，一定会累出病的，接着便是住院，最后花出去的可能比这百斤粮食的钱还多。但如果你丢下一些不要，或送给路人，只拿回你能承受的三五十斤，则便会一切平安。

在现实生活中，人与人之间大部分的冲突都是因利益而起，而诸多冲突最大的危害不是利益本身，而是对人身心的伤害。很多人健康出现问题甚至早亡，主要原因都是自己造成的，自己的心态造成的，不该争的利益也去争，该放的放不下。记得一位医学人士曾说过，80%的人不是病死的，而是气死的，很有道理。如果你能放弃一些无关紧要的、不伤大局的利益，冲突就会解除，换来的是身体的健康和快乐的心情。其实那点儿小小的利益没得到对你本没什么影响。有些人会说，

就是要争口气，而去争那些建立在伤害自己身体基础上的
"气"又何必呢？

在群体生活中，你得到了不该得到的，"凶"也会与你相
伴了，朋友远你，同事说你，所以，得到也未必就好。反之，
失去了一点小小的利益，得到的却是身体的健康长寿和和谐的
人际关系及快乐的心情，吉祥就会降临你的身边，孰轻孰重显
而易见！

**"是故，君子居则观其象，而玩其辞；动则观其变，而玩其占。
是以自天佑之，吉无不利。"**

2010 年笔者在沈阳市周易研究会年会上提出将着力打造
"五个周易"，即：智慧周易、实用周易、百姓周易、现代周
易和快乐周易。

《周易》首先是哲学，是智慧之学，是辩证法，是独特
的思维模式，是使人开悟的学问，所以，第一个周易当是
"智慧周易"。学《周易》一定要越学越聪明，越学越心胸
开阔，越学越会处理各种事情，越学越快乐，因为智慧可以
使人快乐。在现实中的确有很多相反的情况，越学越妒嫉，
越学越狭隘，越学越钩心斗角，越学越不通事理，究其原
因，大概是只读《周易》的术，而忽视了《周易》的理之
故吧！

其次，《周易》具有实际应用功能，是预测学，是全息
学，研读《周易》离不开《周易》的应用体系，"未学易，先

学筮"，是进入《周易》这座神秘殿堂的最佳路径。对"实用周易"要多从机理上进行研究，不断探索出适合当代人文特点的方法体系，探讨《周易》应用体系能否成为现代文明主流体系的一个补充。

再次，《周易》要具有大众性，通俗性，要做到人人可学，人人必学，这就要打造"百姓周易"。经过几代人的努力，应该使"百姓日用而不知"成为过去。

前不久（2010年4月）笔者在汕头主讲《易学思维与企业管理》讲座，并主讲了《周易》预测学的培训课程，在班上笔者提到：未来国人中应该有各行各业的易学大家出现才行，而不是像现在只能出在职业研究人员中。在我国历史上，《周易》作为文化之原，是读书人必读之书，所以，历史上的大家就出现在了各行各业，比如：张衡，东汉时期天文学家、数学家、发明家、地理学家、制图学家、诗人、官员；刘表，东汉官吏、汉室宗亲；苏东坡，北宋文学家、书画家、词人、诗人、美食家；朱熹，南宋著名的理学家、思想家、哲学家、教育家、诗人；刘伯温，元末明初军事谋略家、政治家及诗人；方以智，明末清初画家、哲学家、科学家……

《周易》是几千年前的文化产物，必须要适应当代文明的发展，符合当代的人文理念，与时偕行，《周易》才有出路，《周易》的价值才会更好地体现。表现在《周易》应用体系中更加重要。《周易》应用体系中更多是精华，但也有糟粕，如何取其精华，去其糟粕，与时偕行，是摆在当代《周易》研究人员面前的一个课题。

最后，学习《周易》，研究《周易》，使用《周易》，要本着快乐的精神，它不应是负担，而是乐趣，在观象玩辞、观变玩占中领略先人的智慧，感受天、地、人的和谐统一。在这座殿堂里，不分年龄，不分性别，不分职业，不分地位，"四海之内皆兄弟。"沈阳市周易研究会正在打造这一天地，这样，就会"自天佑之，吉无不利"。

"易与天地准，故能弥纶天地之道。仰以观于天文，俯以察于地理，是故知幽明之故。原始反终，故知死生之说。精气为物，游魂为变，是故知鬼神之情状。与天地相似，故不违。知周乎万物，而道济天下，故不过。旁行而不流，乐天知命，故不忧。"

《周易》和天地的法则相一致，所以能够完全展现天地的变化规律，涵盖天地之大道。《周易》的智慧，抬头可以观察天的各种现象，低头可以观察地的各种情况，因此就能够知道幽隐难见的和显而易见的事情。"幽明"，即阴与阳，涵盖了世界全部事物。

研究事物的开始状态，再回头寻求事物的最终结果，所以能够知道死亡与生长的规律。精气凝聚而成为具体的物体形态，魂魄的游离聚散而形成变化，因此能够知道鬼神的情况和状态。

《周易》的道理和天地的规律相一致，所以不能违背它。《周易》的智慧包容万物的规律，而且能够按照它所反映出来的规律来解决天下的问题，所以不可逾越。普遍地运用它的法则去做事却不像水流一样到处泛滥，乐观地对待自然规律，知道命运的规律，所以能没有忧愁烦恼。

"乐天知命，故不忧"是一种好的品质，《论语》中的"不知命，无以为君子"于此同意。《论语》中子贡问孔子："贫而无谄，富而无骄。何如？"意思是，虽贫困，但有气节，不献媚于富人；虽富有，但不骄傲自得，不目中无人，怎么样？孔子答："可也。未若贫而乐，富而好礼者也。"意思是，这样做算可以的。但不如虽经济贫困，却很开心快乐的人；虽富有，却很讲礼仪，礼贤下士的人。人要"三穷三富过到老"，"三十年河西，三十年河东"，"太阳不会总在一家红"，这些民谚即充满着《周易》的变易思维，又孕育着乐天知命的底蕴。

真正做到了乐天知命，人生就会释然，快乐就会永远与你相伴！

"一阴一阳之谓道,继之者善也,成之者性也。仁者见之谓之仁,知者见之谓之知,百姓日用而不知,故君子之道鲜矣!"

阴柔和阳刚合在一起交互作用叫做"道"，也是《周易》的道理。继承这种自然的、道的法则就是大善，使"道"具象化，就成为一种品性。

人的认识往往以偏概全，讲求仁德的人看到天道就说它仁德，智慧的人看到天道就说它体现了智慧，而百姓每天在运用天道却不知道这就是道，所以真正懂得君子之道的人真是太少了！

在现实中有很多的智者，走的路、出的招很奇特，一般人当时看不懂，只有事过境迁方才领悟，可谓"君子之道鲜矣"。所以，既然如此，在出招时就不一定要求得别人看懂，正如孔子所说："不患人之不己知，患不知人也"。就是说不要担心别人不了解自己，要忧虑不了解别人才是。

"富有之谓大业，日新之谓盛德。生生之谓易，成象之谓乾，效法之谓坤。极数知来之谓占，通变之谓事，阴阳不测之谓神。"

天拥有宇宙万物，富有无比，可以称得上宏伟的事业；天道时刻变化，日新月异，可以称得上盛大的美德。

使万物生生不绝就是《周易》功用的内涵，把这个生生之功呈现出各种形象就叫乾，也就是天的功能；效法天道的就是地的功能，其使万物呈现具体形态，叫做坤；把《周易》数的功用推演到极致，可以预知未来，叫做占卜；通晓变化的规律，就叫做事；阴阳变化通过世俗之理不可测，叫做神。

富有和生生不息、日新月异是这一段的本质内涵。人类都在追求富有，世界都在发展经济。我们国家的以经济建设为中心，发展经济符合天道；近些年又提出构建创新型社会，也符合天道。

"圣人有以见天下之赜(zé)，而拟诸其形容，象其物宜，是故谓之象。"

圣人因为看到天下万物纷乱多样，而用卦爻的方式模拟出它们的形态，来象征万事万物应有的形象，因此称之为象。此处在言卦象的来历，是为了概括事物的复杂性。这里最早阐释了中国人的概括能力。

这一段是在阐释《周易》"象"的来历。

"系辞焉，以断其吉凶，是故谓之爻。"

在卦爻后面又加上文辞的说明，用来判断人事的吉祥与凶险，因此称之为爻。

这一段是在阐释"爻"的来历。

"子曰：'君子之道，或出或处，或默或语。二人同心，其利断金；同心之言，其臭如兰。'"

孔子说："君子的法则，可以体现在出外做事，也可以体现在在家闲居；可以体现为沉默寡言，也可以体现为高谈阔论。表面看不同，其实一理以贯。两个人若心志相同，就会像锋利的刀剑可以斩断金属；心志相同的话语，就像兰花一样芬芳。"

读者都知道，"二人同心，其利断金；同心之言，其臭如兰"早已成为了千古名句。但有多少共事的人做到"二人同心"呢？前台在和你共事，后台却算自己的小账；上面在和你握手，下面却在用脚踢你；人前把你捧上了天，人后却能把你贬得一文不值……这种共事的态度，非君子所为，这种合作状态，不可能"断金"。

"或出或处，或默或语"，您做到了吗？该出手时就出手，不该出手时绝不动。该表达时要表达到位，不该说时，要耐得住寂寞。关于表达，世上有四种人：一种人是既会说，又能说；第二种人是只会说，但不能说；第三种人是只能说，但不会说；第四种人是既不会说，也不能说。第一种人当然是最吃得开的，也容易成功，甚至可以做外交家；第二种人次之，可以胜任很多工作，甚至可以做老板；第三种人最需要掌握"或默或语"了，因这种人最易口无遮拦，到处"包场"，在他那里没有机密。这种人可以成事，但也极易坏事，在群体中也容易成为被人防范的对象，因为他太容易泄露机密了。第四种人就不必评论了，然而，讲话只是人类交往中的一种方式，还有其他相互感应的形式，所以，只要以诚相待，不能说、不会说都不要紧，照样可以立足世界。即便属于曾国藩笔下的愚人，还是有可用之处的。曾国藩在《冰鉴》中谈到人才标准时说："德与才，不可偏重。……德而无才以辅之，则近于愚人；才而无德以主之，则近于小人。……二者既不可兼，与其无德而近乎小人，勿宁无才而近于愚人。"意思就是说，选拔人才要德才并重，在不可兼得时，宁可用无才近于愚人的人，也不用有才而近于小人的人。而小人多口齿伶俐，表达木讷的君子也并不少见。正如《论语》所言："巧言令色，鲜矣仁。"

"子曰：'乱之所生也，则言语以为阶。君不密，则失臣；臣不密，则失身；几事不密，则害成。是以君子慎密而不出也。'"

孔子说："一切混乱局面的产生，就是由于言语不当而逐渐发展来的。君王言语不慎重而周密，就会失去臣子；臣子言语不慎重而周密，就会失去生命；机密大事不能慎重而周密的考虑，就会造成灾害而影响成功；因此君子必须慎重而周密，不能随便把话说出来、把事情做出来。"

此段话具有极强的现实意义，各阶层国人中，因话说错而造成损失的不在少数。私下议论纷纷而走漏风声，影响人际关系的更不在少数。有的影响了上下级关系，有的影响了同志关系，有的影响了甲乙双方关系。有时因一句话丢了官，有时因一句话丢掉了巨额合同。特别有一种人酒后言语失当，极易误事。提起酒后失言，不妨把庄子《列御寇》考察人才的九种方法列于下，与读者朋友共鉴之：

> 远使之而观其忠；近使之而观其敬；烦使之而观其能；卒然问焉而观其知；急与之期而观其信；委之以财而观其仁；告之以危而观其节；醉之以酒而观其侧；杂之以处而观其色。

意思是说，把他安排在离你较远的地方，看他是否对你忠心，因远离忠心度容易降低。把他放在你的身边，看他是否还对你尊敬有加，是否会狎昵。因距离太近了，容易随意，容易放纵，而缺乏应有的尊敬。把他安排到烦乱的工作环境中，看他是否真有才干。风平浪静、井井有序时难以考察一个人的才干有多大。在他没有准备时问他一些问题，看他是否有智慧。知，当解为智慧，而非知识。古代的"知"，大多表示智慧而非知识。东方人重智慧，西方人重知识。安排他在较紧的时间里处理一些事情，看看他是否有信誉。交给他一定的财权，看看他会怎么用，是否有仁德。告诉他所去的环境或所担的工作有一定的危险性，看看他是否有节操。让他多喝些酒，看看他酒后是什么样，是否酒后失态。把他安排在男女混杂的工作环境中，看看他是否过于好色而不能自持。

一个人若通过了上述九个环节的考验，必定是大才了，一定要好好使用，好好培养。

"易有圣人之道四焉：以言者尚其辞，以动者尚其变，以制器者尚其象，以卜筮者尚其占。"

《周易》中包含圣人之道有四大功能：用来指导言论时则崇尚卦爻辞，用来指导行动时则崇尚阴阳变化的规律，用来指导制作器物时则崇尚卦爻的象征，用来预断吉凶时则崇尚《周易》的占卜功能。

笔者认为，这四大方面实际上正对应社会科学、哲学、自然科学和预测学。研究言辞的是社会科学，研究变化规律的是哲学，研究发明创造的是自然科学，研究占卜的显然是预测学。可见，《周易》是涵盖多学科的综合性智慧科学。

提到《周易》是科学，有的学者不同意，认为矮化了《周易》，因为《周易》是几千年前的文化，而科学的概念不过是一两百年的事情。笔者不赞成此说，因科学有广义的科学概念和狭义的科学概念，从狭义的科学概念来说，《周易》的确不是科学。但从广义的科学概念来说，《周易》属于科学毫无疑问。

什么是广义的科学呢？

科学是对一定条件下物质变化规律的总结，是揭示事物真相的学说。但科学是暂时可被知而还没有被推翻的知识体系。还可以更简要地说，凡客观存在的学说就是科学。从科学的这一概念来看，《周易》属于科学范畴不应有异议。

"是故，阖户谓之坤，辟户谓之乾，一阖一辟谓之变，往来不穷谓之通。见乃谓之象，形乃谓之器，制而用之，谓之法，利用出入，民咸用之，谓之神。"

因此，关闭门户，静而收藏，叫做坤，阖，关闭的意思。打开门户，开阔向外，叫做乾，辟（pì），打开的意思。一开一闭叫做变化。阴阳变化，往来不穷叫做贯通。呈现出来，叫做象。具有具体形体的，叫做器具。制造器具并掌握使用的方式，叫做法。百姓方便地使用器具出出入入，都在使用却不知其产生之法则，叫做神。

这一段讲的是圣贤发明器具的情况——观象制器。祖先的很多发明都是观象的结果，都来自自然。可以说这是仿生学的起源，因此更可以自豪地说，仿生学起源于中国，起源于聪明智慧的中华祖先！

"是故，易有太极，是生两仪，两仪生四象，四象生八卦，八卦定吉凶，吉凶生大业。是故，法象莫大乎天地，变通莫大乎四时，悬象著明莫大乎日月，崇高莫大乎富贵，备物致用，立成器以为天下利，莫大乎圣人。"

因此，《周易》的产生是先有太极，太极是阴阳未分的原始混沌状态。太极分化出两仪，两仪即阴阳。阴阳两仪又分化出太阳、太阴、少阳、少阴四象，四象对应时间的春夏秋冬和空间的东南西北。四象分化出乾、兑、离、震、巽、坎、艮、坤八卦。八卦决定事情的吉祥或凶险，对吉凶趋势的准确判断，从而趋吉避凶，造就伟大的事业。

因此，最高的法则没有什么比天地更伟大的；最奇妙的变通没有什么比四季更伟大的；形象高悬而明了没有什么比日月更伟大的；崇高的事业没有什么比富贵更伟大的；能够为百姓准备物质器械，而能使人们应用，从而给人们带来利益，没有谁能够比圣人更伟大的。

这一段是在讲圣人的历史功绩，通过感悟自然的法则，"立成器以为天下利"，为百姓造福。

"子曰：'书不尽言，言不尽意；然则圣人之意，其不可见乎？'子曰：'圣人立象以尽意，设卦以尽情伪，系辞焉以尽其言，变而通之以尽利，鼓之舞之以尽神。'"

孔子说： 书写出来的文字不能完全表达要说的话，语言也不能完全表达心意；这样的话，圣人的心意，难道就不能让我们知道了吗？

孔子说： 圣人设立卦象，用象征来表达无法用语言表达的深意；设立六十四卦，将万事万物复杂变化的真伪尽情显示；又附加卦爻辞，用来完美地表达所要说的意思；通过变化的形式和贯通的道理来尽力为人求得利益，用其道理鼓舞百姓，全部发挥其神奇功能。

"书不尽言，言不尽意"，"只可意会，不可言传"，这是中国文化的特点。然而，不可言传，如何才能让人懂呢？这就是先人画八卦、演《周易》的初衷。把八卦用文字翻译了，加入了个人的理解，就不是原汁原味的东西了。所以，研究《周易》一定要从根源上——符号易进行研究。宋代易学大家邵康节曾言： "知易者不必引用讲解，是为知易。"

由此我们又可以想象，《周易》被翻译成了外文会是什么情况，那一定是偏离得更多，因《周易》的每一个字，都有着无穷的内涵，都是"其大无外，其小无内"，翻译、解释得越多，就会越不全面，因此用外文字表达根本就无法全面。

二十年前，听说曾有日本《周易》学者狂言："二十年后，《周易》将不属于中国，而属于日本！"现在已经二十年过去了，《周易》还是中国的《周易》，而且近二十年，《周易》在中国得到了快速发展，日本要继续向中国人学习《周易》，而非世人到日本去学习《周易》。因为，中国人的骨髓里流淌的都是阴阳符号，通过翻译是很难掌握其精髓的。

"是故，形而上者谓之道，形而下者谓之器，化而裁之谓之变，推而行之谓之通，举而错之天下之民，谓之事业。"

因此，超越具体形象之上的叫做道，具有固定形体的叫做器。将形而上的道理和形而下的器具变化裁剪用以应用，叫做变。推演而实行，用来指导做事叫做贯通；把这种道理应用到天下民众身上叫做事业。

"道"重于"器"，相对来说，精神高于物质，精神重于物质。一个人可以没有钱，但不能没有精神。经济多么困难都可以生存，但人的意志垮了，便无法生存。有些物质极大丰富的名人自杀，究其根源是丧失了精神！没有了精神支柱，没有了追求！而老百姓所说的穷欢乐，是一种境界！现在，经常听上了一些年纪的人说，现在经济条件好了，吃的、住的、穿的、用的都好了，但却没有六七十年代快乐，为什么呢？精神原因。

《论语》中有"君子不器"，当有两种解释：其一为君子应该重道而不重器，器，即具体的本领。应该以道御术，劳心而不劳力，劳心者为道，劳力者为器。其二为君子不应该局限于某一技能，而应该是通才，相当于当代的领导者，要什么都知道一些。而掌握某一技能的人则为"器"，是形而下者。

2005年5月，台湾亲民党主席宋楚瑜访问大陆，在与胡锦涛总书记会谈时就引用了《系辞传》的这段话，他说：

　　刚刚胡总书记谈到了两个字,说我们今天是一次重要的举措,由于您邀请中国国民党的连主席来访问,也邀请亲民党和我们今天的访问团来访问。在过去这一个月来,真是一个天翻地覆的大变化。这个举措不仅一笑泯恩仇,化解了国共内战过去的这些恩恩怨怨。但是更重要的,如果我能用《易经》上所说的一句话,《易经》说,什么叫做变? 什么叫通? 它说,"化而裁之谓之变",而更重要的就是您刚刚所说的,"推而行之谓之通"。有所变,有所不变,化而裁之,这是《易经》上所说的。我们怎么样去化解,同时把过去那些不必要的恩恩怨怨裁掉,这是变。

　　但是"有所变,有所不变",不变的是两岸应该是炎黄子孙,大家应该手牵手的,那个是不能变的。但是我们也有通,推而行之,然后就是举而施之,"天下之明,谓之是也"……

很遗憾,这段话的最后被我们的新闻工作者给"译"错了,把"天下之民,谓之事业"搞成了"天下之明,谓之是也"。到目前为止,也没有一个媒体搞对或予以纠正,不能不说是中华民族文化的悲哀!

"天地之大德曰生,圣人之大宝曰位。何以守位曰仁。何以聚人曰财。理财正辞,禁民为非曰义。"

天地的伟大品德是使万物生生不息,圣人最宝贵的是崇高的地位。用什么来守护这种地位呢? 是仁爱之心。用什么来凝聚人心呢？是财物。管理财物，而端正人们的言辞，禁止民众为非作歹，叫做道义。

这一段讲的是当领导的两大要素：第一是要有仁德之心；第二是要用经济手段，财可聚人。如果你是一个老板，千万不能太吝啬了，否则难以养住人才。有的老板就"擅长"在员工身上省钱，找理由便克扣员工的工资。但殊不知，这里省了一点钱，在其他地方一定会损失更大的。靠在员工身上省钱，事业是不会做大的。

"小成靠智，大成靠德"。对于一个企业也好，对于一个个体的人也好，都是这样。自古成大业而能长久者，多是有大德者。对于一个人来说，未做事，先做人，做不好人，不会做好事。

"古者包牺氏之王天下也，仰则观象于天，俯则观法于地，观鸟兽之文，与地之宜，近取诸身，远取诸物，于是始作八卦，以通神明之德，以类万物之情。"

上古伏羲称王天下的时候，抬头观察天上的星象，低头观察思考大地的法则，又观察研究鸟兽的纹理和大地上一切事物所反映出来的道理，就近取法人体的形象，远处又取法各种事物，在这种情况下画出了八卦，用来与神明的德性相贯通，把万物的情状相类比。

这一段讲的是八卦产生的背景。即八卦来自于自然，是圣贤观天察地的结果。

"易穷则变,变则通,通则久。"

《周易》所体现的思想是,事物一旦到了极限就要变化,改变了才能通达,通达了才能保持得长久。

这一"变",当有两种含义:其一为自然要发生变化,故不要怕变;其二为人为求变,只有变了,才有更好的前景。成语"穷则思变"就出自此处。事业、人生不要怕变,当事情发展到了一定阶段的时候,一定要变,也只有变了,才有更大的前途,"变则通",通才会久。

"是故,易者象也。象也者,像也。彖者,材也。爻也者,效天下之动也。是故,吉凶生,而悔吝著也。"

因此,《周易》通过卦象来表达事理。所谓卦象就是对万事万物形象的模拟。卦辞就是表现事理的材料。所谓爻,是效法天下万事万物变化形式和规律的标志。因此,吉祥与凶险就表现了出来,而且悔恨与羞辱也就明显体现了出来。

这一段是在说明象、彖辞、爻等概念。

"尺蠖之屈,以求信也。龙蛇之蛰,以存身也。精义入神,以致用也。利用安身,以崇德也。"

尺蠖(huò)是一种靠身体一屈一伸来前行的昆虫。所以,尺蠖的屈曲,是为了伸展前行。信,伸展之意。龙蛇的冬眠,是为了保存自己的生命。感悟天地的大道而进入到神妙的境界,是为了应用到实际生活与工作之中。利用《周易》智慧趋利避害，使生命得到安适，是为了崇尚更高的品德。

民间所说的能屈能伸就是此意。在现实中，屈比伸要难，也更重要——弓不弯曲，箭难以射远。两强相争，让一下很不容易。生活中的很多事情都是双方不肯让步使小事变大，直至不可收拾。历史上有大成者，都是能屈能伸的典范：周文王食子之肉，越王勾践卧薪尝胆，韩信受胯下之辱，毛泽东的重庆谈判，无不显现着屈伸的大智慧。

退比进要难——生活中，只知进不知退是最蠢的表现了。在夫妻关系中，掌握进退之道是夫妻关系和美的关键。在同事关系中，进退之道是维系良好同事关系的良方。在战争中，适度的退有时比进还重要，没有红军当年的退，就没有后来的新中国。

结束比开始要难——一个产业开始做不容易，但当经营不佳，不得不关门大吉的时候，结束比开始要难。两个人相好走到一起不容易，但当之间出现了问题不得不分手的时候，则圆满结束更难。婚姻更是这样，离婚比结婚不知要难多少倍。

死比生更要难——不管多大年纪，死都是很不情愿的，健康时的老年人常说，"死了得了"，但当真的要离开的时候，就会说，"我真要死了？"

上述种种，一理而贯之。

"善不积，不足以成名；恶不积，不足以灭身。小人以小善为无益，而弗为也，故恶积而不可掩，罪大而不可解。《易》曰：'何

校灭耳,凶。'"

这段是在解说"火雷噬嗑"卦上爻辞"何校灭耳,凶"。

善行不积累,就不能成就美名;恶行不积累,就不足以使自己灭亡。小人认为,小的善行没有什么用处,因而就不去做,所以恶行积累起来,以致无法掩盖,罪积到一定程度就无法解救。《周易》说:"肩上戴着刑具而遮住了耳朵,这是凶险的象征。"

善恶都有个积累的过程。作为一个个体的人,成功也有一个积累的过程。股市上有"横有多长,竖有多高"的论述,即横盘的时间越长,一旦涨起来就越高。这即体现了时空转化的思想,又体现了能量积累的重要。一个青年学生新到一个单位,不能急于求成,工作了一段时间就想被提升,看到同伴被提拔了就不平衡,须知,没有升起来,说明你积累得还不够。还要继续积累才是上策,才是大智慧。

"子曰:'德薄而位尊,知小而谋大,力小而任重,鲜不及矣'。易曰:'鼎折足,覆公𫗧,其形渥,凶。'言不胜任也。"

这一段是在解说"火风鼎"卦第四爻爻辞"鼎折足,覆公𫗧,其形渥,凶"。

孔子说:品德不够深厚却地位尊贵,智慧不足却谋求的目标过大,力量不够却担当过重的责任,很少不遭遇灾祸的。《周易》说:"鼎足折断了,王公的美食被倾洒了出来,被弄得很脏,必有凶险。"这里所说的就是不能胜任的意思。

一个单位用人，要量才使用；一个个体的人，更要根据自己的能力与才干做自己能够胜任的事。否则将"其形渥"，结局很惨。马谡失街亭正是违背了这一原则，马谡被问斩，其实诸葛亮也该受罚才是，因其用人失当。

好高骛远可以成为这一段的代名词，现实中，好高骛远的人不少，年轻人就更易犯这毛病。在一个单位工作，老认为自己能力很强，动不动就要跳槽，不安于眼下的工作，这是很可怕的现象。对于一个中层的求职者，未必正职就比副职好，这要看你的能力和特点，有时，做副职会更稳定，更持久，若做了正职，反而会"其形渥"。

子曰："君子安其身而后动，易其心而后语，定其交而后求。君子修此三者，故全也。危以动，则民不与也；惧以语，则民不应也；无交而求，则民不与也。"

孔子说：君子要使自己立身安定然后才能行动，要先使自己内心平和然后才能发表言论，使彼此交情稳固了才能向对方有所求。君子能够在这三个方面加强修养，才能完美无缺。

自身尚处于危险不安的状态却要行动，则民众不会拥戴你；内心处于惊恐不安的状态却要发表言论，那么民众不会响应；没有交情却求助对方，那么民众不会支持。

在民间经常有违背上述论断的现象，结果可想而知。与人初次相交，便开口相求，会弄得很尴尬，对方很难允诺您，而且阻断了交往下去的后路。所以，当您有事相求于人的时候，一定要掂量一下和对方的关系怎样了？若感觉没底千万不要开口，以免"民不与也"。

会下围棋的朋友一定懂得，在自己的实地还不稳定的时候，一定不能过分执著地攻击对方，否则，在相互鏖战中不但攻不克对方地盘，反而会失掉自己的阵地，成了典型的"危以动"。在当今的商场上也是一样，在争夺市场之前，一定要练好内功：抓好产品质量，搞好内部管理，否则也是"危以动"，会后院起火。

"是故，履，德之基也；谦，德之柄也；复，德之本也；恒，德之固也；损，德之修也；益，德之裕也；困，德之辨也；井，德之地也；巽，德之制也。"

因此，履卦，教导礼仪，是德行的基础；谦卦，教诲谦逊做人做事，是德行的关键；复卦，教导回归本性，是德行的根本；恒卦，教导做事有定力，德行要稳固；损卦，教导克制欲望，以修养德行；益卦，教导向善，使德行更加充盈；困卦，教导在困境中如何明辨德行；井卦，教导修德要像井一样不出其位；巽卦，教导因时利导，将德行控制在一定范围内。

由此段可知，先人是多么看重德行，《周易》是多么重德！学《周易》一定要修德！

"易之为书也，不可远；为道也，屡迁。变动不居，周流六虚。上下无常，刚柔相易，不可为典要，唯变所适。"

《易经》作为一部书，是人们时刻不能远离的；而作为《周易》阐释的天地之道，却是经常改变的。这种变动又不居于固定的位置，在每卦的六爻上周而复始地流转；或上或下，不断变动，没有常规，阳刚与阴柔相互变化，不能看作固定不变的法则，只能追求适应变化的规律。

这段文字中心是在讲变易，变化是《周易》的灵魂。

"易之为书也，广大悉备，有天道焉，有人道焉，有地道焉。"

《易经》作为一部书，所论范围广大而无所不包，其中有天的规律，有人世的规律，有地的规律。既然《周易》无所不包，研易者真的要像北宋易学大家张载所言："为天地立心，为生民立命，为往圣继绝学，为万世开太平！"

天道又表示时间，地道又表示空间；天道主圆，地道主方；天道主男，地道主女；天道主刚，地道主柔。而人道，若效法天地之道行事，依照自然规律行事，则可无往不胜。

"将叛者其辞惭，中心疑者其辞枝，吉人之辞寡，躁人之辞多，诬善之人其辞游，失其守者其辞屈。"

将要背叛的人，说话就会有羞惭的表情；内心有疑惑的人，他的言辞就不清而杂乱；吉祥的人少言寡语；性情浮躁的人说话就多；诬陷善良的人，说话会浮游多变；有失操守的人，说话就含混而不直截了当。

这一段讲的是察言观色的功夫。掌握了这些，就可洞悉人表里不一的种种表象，早察反叛之先机。

《系辞传》到此结束了，系辞最后教给我们如何看人。

二、《说卦传》导读

"昔者圣人之作《易》也，幽赞于神明而生蓍"。《说卦传》开篇便阐明圣人作易的原因，即为占卜之用。又阐明从立卦开始，至推演成六十四卦的原理，先、后天八卦产生机理，并全方位阐释八卦卦象，是《易传》中与数术关系最紧密的。可以说，该传基本是为象数应用而作，哲学味道不像《系辞传》那么足。《说卦传》全文仅 1 100 多字，简明易读，要研究八卦类象，则必读该传。

下面仅摘录其中三段作以阐释，关于八卦类象内容可参阅本书八卦基础部分。

"是以，立天之道曰阴与阳，立地之道曰柔与刚，立人之道曰仁与义。"

因此，天的法则是阴和阳。地的法则是柔和刚，柔为阴，刚为阳。做人的法则是仁和义，仁为柔为阴，义为刚为阳。可见，天、地、人同法同则，人当遵循天地的法则行事。口语批评某人，常用"不仁不义"，就是不阴不阳，违背天地大道。

"天地定位，山泽通气，雷风相薄，水火不相射，八卦相错。数往者顺，知来者逆，是故易逆数也。"

乾卦的天在上，坤卦的地在下，阴阳相对，位置要先确定；艮卦的山与兑卦的泽又气息相通，山水下流，泽中水气上行，交互感应；震卦的雷与巽卦的风相互激荡；坎卦的水和离卦的火互相为用，互不厌恶。八卦之间两两相错，形成四对，相互感应。即乾坤相错，艮兑相错，震巽相错，坎离相错。此段讲的是先天八卦图。

追忆往事，是往后顺推；了解预知未来，是往前逆推。过去的人人皆可知晓，未来的却难以预料，只有通过《周易》的预测功能方可达到效果。所以，《周易》是逆推的预测学。

还是讲《周易》是预测学。

站在现在看过去，是总结，比较简单，绝大多数人都会。总结既要总结成功，也要总结失败，在总结中要有所"悟"，要站在哲学的高度去"悟"，这就不是所有人都能做到的了，这样，总结才能有利于现在所为和未来的发展。

站在现在看现在，是分析，难度增大了一点，但手中的素材越多，经验越丰富，分析判断得也越准确。

站在现在看未来，是展望或预测，要依据目前的基础，发展的趋势，周围的环境，他人的经验，事情的规律等做出，这是常规预测。还有一种方法可以达到预测的效果，即《周易》预测的方法。

站在未来看现在，纯属哲学概念，是建立在从过去到现在发展过程之后得出的一种思维方式。每个人都有过过去的经历，一定阅历的人大概都要经历成功与失败，满足与伤心，喜悦与懊丧。当过去深陷痛苦的时候，多会有天塌地陷的感觉，不知天何时会亮；当过去处于快乐的时候，也容易出现一切都是美好的感觉，"天都蓝了！"意志相对薄弱的人感觉会更甚。其实时过境迁之后，痛苦与快乐的感觉程度都会不一样了，痛也没有那么痛，喜也没有那么喜了。那么，在现在，如果又出现了痛或喜，你又会是什么感觉呢？能泰然处之吗？这就需要一种思维的支撑，站在未来看现在的思维方式。因为，不管局面有多么严重，都要过去的，过去了之后，就变成了回忆，那时，也一定是痛而不痛，喜而不喜了。这不就是站在未来看现在了吗？

笔者这一"站在未来看现在"思想，给一些人讲过，特别是置身于某种痛苦之中的人，多有豁然开朗之感。

读者朋友，当您再遇到或喜或悲的时候，不妨使用一下这一思维方式，看看是否管用，我想一定会泰然处之了。

"帝出乎震,齐乎巽,相见乎离,致役乎坤,说言乎兑,战乎乾,劳乎坎,成言乎艮。"

此段讲的是生命从生到死的全过程。造物主创造万物从震位的东方开始，东方又对应早晨和春季；到东南的巽位就长齐了，相当于一天太阳已经升起和春夏之交；到了离卦的南方，太阳当空，万物鲜明，相当于夏季。大地可养育万物，大地为坤卦，为西南方，相当于一天的过午，季节的夏秋之间。"说"为"悦"的通假字，喜悦之意，兑为西方，相当于一天的黄昏，季节的秋季收获时节，所以喜悦。乾卦为西北，为一天的白天黑夜交替时机，阴阳相战，为秋冬时节，秋收也易起纷争。坎卦为北方，每天的半夜时分，季节的冬季，是犒劳、修养时节。艮卦为东北方，一天的黎明时分，季节的冬春之交，过去的一轮循环到此完成，将开始新的生命，新的一天，新的一年。

这一生命过程正是后天八卦图的顺序。

三、《序卦传》导读

《序卦传》顾名思义，就是讲解六十四卦卦序的传。这个卦序为《周易》文王卦序，该传按照自然生物发生、发展的规律进行排列讲解，从"有天地，然后万物生焉"开始，至六爻阴阳最完整状态的水火既济止。上经三十卦，下经三十四卦。上经主要讲自然，下经主要讲人伦。

仔细观察就会发现，其中大部分卦都是两两按综卦的顺序排列的，其中部分是错卦关系。如乾与坤、坎与离、中孚与小过、既济与未济等都是错卦关系；临与观、咸与恒、丰与旅等都是综卦关系。《序卦传》也仅 1 000 字，现将其列于下；

"有天地，然后万物生焉。盈天地之间者唯万物，故受之以屯。屯者，盈也。屯者，物之始生也。物生必蒙，故受之以蒙。蒙者，蒙也，物之稚也。物稚不可不养也，故受之以需。需者，饮食之道也。饮食必有讼，故受之以讼。讼必有众起，故受之以师。

师者，众也。众必有所比，故受之以比。比者，比也。比必有所
畜，故受之以小畜。物畜然后有礼，故受之以履。履者，礼也。履
而泰然后安，故受之以泰，泰者，通也。物不可以终通，故受之以
否。物不可以终否，故受之以同人。与人同者，物必归焉，故受之
以大有。有大者不可以盈，故受之以谦。有大而能谦必豫，故受
之以豫。豫必有随，故受之以随。以喜随人者必有事，故受之以
蛊。蛊者，事也。有事而后可大，故受之以临。临者，大也。物大
然后可观，故受之以观。可观而后有所合，故受之以噬嗑。嗑者，
合也。物不可苟合而已，故受之以贲。贲者，饰也。致饰然后亨
则尽矣，故受之以剥。剥者，剥也。物不可以终尽剥，穷上反下，
故受之以复。复则不妄矣，故受之以无妄。有无妄，物然后可畜，
故受之以大畜。物畜然后可养，故受之以颐。颐者，养也。不养
则不可动，故受之以大过。物不可以终过，故受之以坎。坎者，陷
入。陷必有所丽，故受之以离。离者，丽也。有天地然后有万物，
有万物然后有男女。有男女然后有夫妇。有夫妇然后有父子。
有父子然后有君臣，有君臣然后有上下。有上下然后礼义有所
错。夫妇之道不可不久也，故受之以恒。恒者，久也。物不可以
久居其所，故受之以遯。遯者，退也。物不可以终遯，故受之以大
壮。物不可以终壮，故受之以晋。晋者，进也。进必有所伤，故受
之以明夷。夷者，伤也。伤于外者必反于家，故受之以家人。家
道穷必乖，故受之以睽。睽者，乖也。乖必有难，故受之以蹇。蹇
者，难也。物不可以终难。故受之以解。解者，缓也。缓必有所
失，故受之以损。损而不已必益，故受之以益。益而不已必决，故

受之以夬。夬者，决也。决必有遇，故受之以姤。姤者，遇也。物相遇而后聚，故受之以萃。萃者，聚也。聚而上者谓之升，故受之以升。升而不已必困，故受之以困。困乎上者必反下，故受之以井。井道不可不革，故受之以革。革物者莫若鼎，故受之以鼎。主器者莫若长子，故受之以震。震者，动也。物不可以终动，止之，故受之以艮。艮进，止也。物不可以终止，故受之以渐。渐者，进也。进必有所归，故受之以归妹。得其所归者必大，故受之以丰。丰者，大也。穷大者必失其居，故受之以旅。旅而无所容，故受之以巽。巽者，入也。入而后说之，故受之以兑。兑者，说也。说而后散之，故受之以涣。涣者，离也。物不可以终离，故受之以节。节而信之，故受之以中孚。有其信者必行之，故受之以小过。有过物者必济，故受之以既济。物不可穷也，故受之以未济。终焉。"

因《序卦传》相对较通俗，诸多注释无争议，故笔者不再予以逐句解释。下面是孙振声先生的《易经入门》中对《序卦传》的解释，通俗简捷，现录于此：

乾卦象征天，坤卦象征地；有天地，然后产生万物。充满天地之间的，惟有万物，所以接着是屯卦；也是充满、万物创始的意思。万物刚创始时，必然蒙昧，所以接着是蒙卦；蒙是蒙昧、幼稚的意思。万物幼稚，就不能不养育，所以接着是需卦；需是饮食的道理。饮食必然会有争讼，所以接着是讼卦。争讼必然成群结队而来，所以接着是师卦；师是众的意思。众多必然就相互亲近，所以接着是比卦，比是亲近的意思。亲爱互助，必然就会有蓄积，所以接着是小畜卦。畜与蓄同。万物资有了积蓄，然后就要以礼义节制，所以接着是履卦。履与礼音义相同。有了礼义，然后就会安泰，所以接着是泰卦；泰是通畅的意思。但万物不可以始终通畅，所以接着是否卦。否是坏、阻塞的意思。万物不可以始终阻塞，所以接着是同人卦。能够与人和谐共处，万物必然来归顺，所以接着是大有卦。有大事业的人，不可以自满，所以接着是谦卦。有大事业而且谦逊的人，就不会过与不及，必然安乐，所以接着是豫卦。能够使人民安乐，必然都来追随，所以接着是随卦。喜悦的追随他人，就会沉溺于安乐，必然发生事端，所以接着是蛊卦；蛊是腐败发生事端的意思。发生事端，然后才能创造大事业，所以接着是临卦；临是君临，以大统治小，是大的意思。大了以后，就具备观摩的条件，所以接着是观卦。具备观摩的条件，就会使人仰慕，然后合同，所以接着是噬嗑卦；嗑是合的意思。但万物不可以苟且的合同，所以接着是贲卦；贲是文饰的意思。但过分文饰，就失去真实，产生弊端，亨通就到了尽头，所以接着是剥卦；剥是剥落的意思。万物不可以始终剥落，剥落到极点，又由上返回到下，所以接着是履卦。重新回复到真实，就不会虚妄，所以接着是无妄卦。有了不虚妄的觉悟，然后就可以大量积蓄，所以接着是大畜卦。物资蓄积以后，就可以养育，所以接着是颐卦，颐是养的意思。不养育就不能行动，可以养育过度，所以接着是大过卦。万物不可以始终过度，所以接着是坎卦；坎是陷的意思。物陷落，必然就要

攀附，所以接着是离卦；离是丽，亦即附丽、攀附的意思。有
了天地，然后才有万物，有了万物，然后分出雌雄，在人称作
男女；有了男女，然后才有夫妻，咸卦象征夫妻。有了夫妻，
然后才有父子；有了父子，然后人类社会才仿效父子关系，建
立了君臣的体制；有了君臣的体制，然后才分出上下的等级名
分，有了上下的等级名分，然后才能建立并实施礼义。夫妇的
关系，不可以不长久，所以在咸卦之后，接着是恒卦；恒是久
的意思。但万物不可能长久保持原状，不发生变化，所以接着
是遁卦；遁，是退避的意思。但物不可以始终退避，所以接着
是大壮卦；壮是兴盛，大壮即大的兴盛，壮大的意思。但物不
可以始终壮大，所以接着是晋卦；晋是前进的意思。但前进必
然会受到伤害，所以接着是明夷卦；夷即痍，创伤的意思。在
外面受到创伤，必然返回家中，所以接着是家人卦。当家走到
穷途末路时，行为必然会发生乖违现象，所以接着是睽卦；睽
是乖违的意思。乖违，必然会有灾难，所以接着是蹇卦；蹇是
灾难的意思。万物不可以始终有灾难，所以接着是解卦；解是
解除、缓和的意思。缓和必然有损失，所以接着是损卦。不停
的损失，到不能再损失时，必然就会增益，所以接着是益卦。
不停的增益，必然会决溃，所以接着是夬卦；夬是溃决的意
思。溃决之后，必然会有遭遇，所以接着是姤卦，姤即近、邂
逅、不期而遇的意思。万物相遇之后，就会聚集，所以接着是
萃卦；萃是发生、聚集的意思。聚集，就会逐渐升高，称作
升，所以接着是升卦。不停的上升，必然就会遭遇进退不得的

困境，所以接着是困卦。遭遇上升的困难，必然返回下方，所以接着是井卦。井的使用原则，不经常淘清就会混浊，需要革新，所以接着是革卦。使物革新，莫过于鼎，鼎用来煮食物，可以完全改变食物的风味，所以接着是鼎卦。鼎是祭器，祭祀祖先是长子的责任，所以接着是震卦，震卦象征长子，震是动的意思。万物不可以始终在动，必须使其止息，所以接着是艮卦；艮是止的意思。但万物不可能始终止息，所以接着是渐卦；渐是渐进的意思。前进必然就有归宿，所以接着是归妹卦。得到良好的归宿，必然强大，所以接着丰卦；丰是盛大的意思。盛大到极点，必然不安于原来的位置，所以接着是旅卦。旅行找不到容身的地方，就要设法进入，所以接着是巽卦；巽是进入的意思。进入之后，就会喜悦，所以接着是兑卦；兑是喜悦的意思。喜悦，就会使人的闷气涣散，所以接着是涣卦；涣是离散的意思。万物不可以始终离散，所以接着是节卦。节制就能使人相信，所以接着是中孚卦，孚即信。有信用的人，必定能名实行，所以接着是小过卦，过即超越。能超越常情，才足以成大事，所以接着是既济卦。但万物不可能有穷尽，所以接着是未济卦，《易经》也到此终止，以象征天道的循环不已，人事的无穷无尽。

四、《杂卦传》导读

《杂卦传》打乱了文王序卦的顺序，基本按照正反对应的综卦关系排列，把六十四卦分成三十二对，从两卦相反相成的角度进行解读，便于理解各卦。对每一卦都用一两个字高度概括，且都准确地抓住了该卦的灵魂。《杂卦传》极短，只有300多字。

杂卦辞也可直接应用于《周易》预测。杂卦辞可谓通俗易懂，故本书不再另作解释，现附于下，供读者研读。

"乾刚坤柔。比乐师忧。临观之义，或与或求。屯见而不失其居。蒙杂而著。震，起也。艮，止也。损益，盛衰之始也。大畜，时也。无妄，灾也。萃聚而升不来也。谦轻而豫怠也。噬嗑，食也。贲，无色也。兑见而巽伏也。随，无故也。蛊则饬也。剥，烂也。复，反也。晋，昼也。明夷，诛也。井通而困相遇也。咸，速也。恒，久也。涣，离也。节，止也。解，缓也。蹇，难也。睽，外也。家人，内也。否泰，反其类也。大壮则止，遁则退也。大有，众也。同人，亲也。革，去故也。鼎，取新也。小过，过也。中孚，信也。丰，多故也。亲寡旅也。离上而坎下也。小畜，寡也。履，不处也。需，不进也。讼，不亲也。大过，颠也。姤，遇也，柔遇刚也。渐，女归待男行也。颐，养正也。既济，定也。归妹，女之终也。未济，男之穷也。夬，决也，刚决柔也，君子道长，小人道忧也。"

五、《象传》导读

象（tuàn），是一种兽名，该兽牙齿锋利，可以咬断金属，故象引申为断的意思，断一卦之吉凶。

《彖传》是从六爻爻位及整体性的角度来说明全卦，是对每卦卦辞的解说，其不解释爻辞，所以每卦一辞。现将"乾"卦彖辞列于下，并进行解说，作为解读六十四卦彖辞之一例。

"大哉乾元，万物资始，乃统天。云行雨施，品物流形。大明始终，六位时成，时乘六龙以御天。乾道变化，各正性命，保合太和，乃利贞。首出庶物，万国咸宁。"

乾卦之辞为：元亨利贞。

彖辞的解释为：天的功能好伟大啊，是宇宙的开端，万物始生的根源，从而统帅宇宙万物。天的功能使云行雨施，惠泽万物，使各类形体的万物，畅达亨通。天的功能使宇宙从始至终光明通透，随着时间，使事物完成由发生、发展、兴盛到灭绝，即潜伏、显现、成长、跃动、飞腾到满盈六个阶段。时间的作用，就像驾着六条龙，遨游苍穹。天道时刻在变化，生育万物、赋予生命，并使万物成就其品性。保持自然的大和谐，使万物各得其宜而纯正。君王首领效天之道于百姓万物，则天下太平。

六、《象传》导读

《象传》分大象和小象。所谓大象，是指对一卦卦辞的解说，故每卦一辞；小象，是指对一卦爻辞的解说，故每爻一辞。大象是从上下两卦的象征解说卦辞、说明全卦，小象是从各爻位置的角度解说爻辞，揭示的是这一爻的哲学道理。象辞的最大特点就是哲理性强，开启智慧，具有极强的指导性。所以，研易者，《象传》不可不读。

最著名的乾坤两卦的象辞代代深入国人之心，即"天行健，君子以自强不息"、"地势坤，君子以厚德载物"，启迪智慧、意味深远，而"自强不息"、"厚德载物"更是成了清华大学的校训，深深地影响着一代代的清华学子。

其他很多象辞也都意味深长，如"风火家人"象辞："风自火出，家人，君子以言有物，而行有恒"；"风雷益"象辞："风雷，益，君子以见善则迁，有过则改"，不一而足，都具有极强的警示性。

小象是对爻辞的进一步解说，是爻辞的补充。象辞也可直接用于预测，如"风天小畜"象辞："风行天上，小畜，君子以懿文德"，可依此断出相关人员文才出众。再如"屯"卦初九象辞为："虽盘桓，志行正也。以贵下贱，大得民也"，测民间收藏品真伪，则定为真品。其爻辞为："盘恒，利居贞，利建侯"，从爻辞就不好下此结论。所以，从应用的角度，象辞也不可不读。

七、《文言传》导读

《文言传》是对六十四卦中最重要的乾坤两卦的单独解说。按照每一爻来颂扬乾坤两卦的伟大德行，研究乾坤两卦不可不读。《文言传》也较短，只有1 200多字。

现摘录《乾卦·文言》的两部分，与读者分享：

"'潜龙勿用',下也;'见龙在田',时舍也;'终日乾乾',行事也;'或跃在渊',自试也;'飞龙在天',上治也;'亢龙有悔',穷之灾也;乾元'用九',天下治也。"

这一段是在从一个角度解说爻辞。"'潜龙勿用',下也",因地位低下,还不能发挥作用。"'见龙在田',时舍也",时机尚未完全成熟,仍需等待。"'终日乾乾',行事也",奋发努力,坚持不懈,可以做事。"'或跃在渊',自试也",虽可做事,但仍是自我试验的阶段。"'飞龙在天',上治也",已经得到地位,可以施展抱负了。"'亢龙有悔',穷之灾也",黄金期已过,防不急流勇退而生灾。"乾元'用九',天下治也",把握阳刚的变化原则,方可天下大治。

下一段是从另一个角度来阐释的:

"'潜龙勿用',阳气潜藏;'见龙在田',天下文明;'终日乾乾',与时偕行;'或跃在渊',乾道乃革;'飞龙在天',乃位乎天德;'亢龙有悔',与时偕极,乾元'用九',乃现天则。"

"'潜龙勿用',阳气潜藏"是说阳刚之气仍在潜藏阶段。"'见龙在田',天下文明"是说天下已见到欣欣向荣的文明景象。"'终日乾乾',与时偕行"是说每天勤奋不已,随着时间同步而进。"'或跃在渊',乾道乃革"是说时而升起,天道在此时已开始革新。"'飞龙在天',乃位乎天德"是说已位居天德的位置了。"'亢龙有悔',与时偕极"是说已随着时间的流转到了一个极限。"乾元'用九',乃见天则"是说把握阳刚的变化原则，就可以实现天的法则了。

其中，"与时偕行"在《易传》中多处提到，中央提出的"与时俱进"便出自此句，虽表述略有不同，但其意相同。我们不论是国家还是个人，只有"与时偕行"，才能在国际国内社会的变迁中，不断发展，立于不败。

第二节 《周易》二十大哲学思想

《周易》最重要的是哲学，其哲学思想深邃而宽广。这些思想对做人、持家、交友、经营、理政都有重要的启迪作用。易学的思维模式，与智慧、豁达、有序，乃至成功是紧紧连在一起的。《周易》的哲学思想为人生之大道，孔子云："朝闻道，夕死可矣！"让我们在《周易》的大道上不断感悟，不断探索，"与天地合其德，与日月合其明，与四时合其序，与鬼神合其吉凶"。

一位著名企业家曾说过：要想做好一个企业家，要先成为一名哲学家。意思就是说，一个企业家的哲学思维对企业发展是至关重要的。邵康节曾言："人能用易，是为知易。"企业家把《周易》的哲学思想应用到企业经营管理中，"是为知易"。

下面笔者根据多年研易感悟，选择二十个重要的《周易》哲学思想作以简要阐释，以达抛砖引玉之目的。其实《周易》哲学思想决不仅仅这二十个，《周易》六十四卦卦卦都蕴含着丰富的思想，每卦都包含着一个乃至多个重要思想在里面，都可以引以为用。

一、天人合一思想

"天人合一"的概念最早是由庄子阐述的，后被汉代易学家、思想家、儒家代表董仲舒发展为"天人合一"的哲学思想体系。

所谓天人合一，是指天、地和人一体化，遵循同样的原则，相互依存，密不可分。人具备天的全部信息，天的信息亦可在人身上得以体现，"我心即宇宙"。"天人合一"中的"天"，是广义的天，包括"天"，也包括"地"，是指整个自然。所以，"天人合一"严格讲应该叫天地人合一。

一个经卦（三画卦）中，上爻为天，下爻为地，中爻为人；一个复卦（六画卦）中，上两爻为天，下两爻为地，中间两爻为人。"立天之道曰阴与阳，立地之道曰柔与刚，立人之道曰仁与义"，可见天地人之道是一脉相承的。天之道在于"始万物"；地之道在于"生万物"；人之道在于"成万物"。天地之道是生成原则，人之道则是实现原则。人依照天地的大道行事，依照天地的大道管理人，社会就会稳定，就会和谐。

由上可见，易学中的"天人合一"思想意思是人和自然是相互联系、密不可分的。人应该效法天地，效法自然，顺应自然。"圣人则天，贤者法地，智者则古"。

其实，《周易》的产生就是天人合一思想的结果。《系辞传》中"古者包羲氏之王天下也，仰则观象于天，俯则观法于地，观鸟兽之文，与地之宜，近取诸身，远取诸物，于是始作八卦，以通神明之德，以类万物之情"讲的就是易来自于自然，而作用于人类社会的道理。

"天人合一"思想要求人类要善待自然，要与自然和谐相处，人类善待了自然，自然才能善待人类。随着人类由农业社会过渡到工业社会，及现代科技的飞速发展，人与自然开始分离并不断深化，人类开始不尊重自然，甚至妄想能够征服自然、做自然的主人。在西方文明思维主导下，出现了几十年的三 P 危机（Poverty〔资源枯竭〕、Pollution〔环境污染〕、Population〔人口爆炸〕），生态破坏、环境恶化、资源匮乏、灾难不断。近二三十年凸现的气候变化，冰山融化，海水上升，正越来越严重地威胁着人类的安全，更直接威胁着某些岛国，对太平洋和加勒比地区的小岛国而言，已经是一个直接威胁到国家存亡的重大问题。上述种种，其重要原因就是现代工业文明以及人类依托工业文明的生活方式，严重忽视了人与自然的关系，违背了"天人合一"思想。值得庆幸的是，人类在觉醒，近些年，提出了低碳经济的概念，几乎所有国家都认为保护地球的生态环境已经刻不容缓。联合国还于 1992 年制定了《联合国气候变化框架公约》（英文缩写 UNFCCC），并专门召开了 15 次会议，公约的缔约国达到 192 个。因此，支撑现代工业文明的天人分离的哲学观开始面临严峻挑战。重新找回中国古老的"天人合一"思想，成了世人的共识。在我国，党中央对"天人合一"正给予高度关注，胡锦涛总书记关于构建和谐社会的理论中，重点阐述了人与自然和谐相处的问题。中国越来越重视人与自然的和谐，世界也越来越关注中华文化的和谐理念，和谐世界必将唱响整个世界。

中医的一个重要原理也是天人合一，中医把人体视为一个小宇宙。自然分阴阳，人体也分阴阳；自然分五行，人体也分五行；自然有八卦，人体也有八卦。甚至更进一步得出"人天同构"、"人天同类"、"人天同象"、"人天同数"的结论。最早的中医理论著作《灵枢》中说："天圆地方，人头圆足方以应之；天有日月，人有两目；地有九州，人有九窍；天有风雨，人有喜怒；天有雷电，人有音声；天有四时，人有四肢；天有五音，人有五脏；天有六律，人有六腑；天有冬夏，人有寒热；天有十日，人有十指；辰有十二，人有足十指、茎、垂以应之；女子不足二节，以抱人形；天有阴阳，人有夫妻；岁有三百六十五日，人有三百六十节；地有高山，人有肩膝；地有深谷，人有腋腘；地有十二经水，人有十二经脉；地有泉脉，人有卫气；地有草蓂，人有毫毛；天有昼夜，人有卧起；天有列星，人有牙齿；地有小山，人有小节；地有山石，人有高骨；地有林木，人有募筋；地有聚邑，人有蜠肉；岁有十二月，人有十二节；地有四时不生草，人有无子。此人与天地相应者也。"可见，人与自然达到了高度的协调统一。既然如此，人类就要效法自然，以达养生之目的。

练功的最佳境界也是天人合一，使人体小天地与宇宙大天地相融合，与周围环境达到合而为一。做学生时学习写作文，记叙文的三要素为时间、地点、人物，时间就是天，地点就是地，人物就是人，一篇好的记叙文一定要时间、地点、人物相和谐统一，这也是天人合一。

可以说，"天人合一"作为一种思想，涵盖万有，影响深远。依此思想，可以得出普遍联系的思维，即看似没有关系的两个事物，之间却存在着某种必然联系。这种思维渗透到了国人生活的方方面面，在华人百姓中可以说是根深蒂固的。"出行时，天突然下起雨来，他会想到要反映什么呀？"开车出行经常遇红灯，他会想，今天出行不顺啊！除了考虑自身因素外，还要考虑自身之外的事情。其实这就是"天人合一"思维最朴素的体现！在管理中，在合适的时间，到合适的地点，做合适的事，是最佳行事原则。其中，时间是天道，地点是地道，所做之事为人道。既遵从了天道，又遵从地道，再遵从人道，便达到了天地人的和谐统一，则无往而不胜。

二、变易、不易、简易的思想

易学，说白了是研究万事万物变化规律的学问，围绕"易"的变化就有了三易之说——变易、不易和简易。

变易，是指世界上万事万物都处于不断的变化之中，变化是永恒的，要用变化的眼光看问题；不易，是指变化又都遵从宇宙的基本规律，而万事万物的本质规律是不变的，自然的法则是不变的。道法自然，"天地定位，不可相易"（郑玄《易论》）。比如，一年春夏秋冬是不断变化的，但春夏秋冬流转的顺序与规律是不变的；一天从日出到日落是在不断变化的，但这一规律也是不变的。民语中的"以不变应万变"，"万变不离其宗"，讲的就是变易与不易的道理。

简易，是指纷繁复杂的事情都可以简单化，要对事物把握本质，一针见血，探究出简捷处理事情的方法。事物都可以纳入八卦、五行、阴阳、太极，故为简易。别人需要很久才能处理好的事情，你到场三下五除二便解决了，就是简易。所以在群体中，能够把复杂的事情简单化的就是人才。

有规律，就有其本质性和必然性。世界上有的事情可变，有的事情不可变。外在的表象可变，但内在的本质规律是不变的。

中国人容易知命、顺命，《系辞传》中"乐天知命故不忧"，实际上就是认识规律，顺应规律，而得到快乐。按照《周易》的这一思维，吉凶荣辱便不更多地挂在心上了。"宠辱不惊，看庭前花开花落；去留无意，任天上云卷云舒"成了人们皆向往的境界。懂得了这一道理，人们生活得就会更幸福，生活质量就会更高。有时"穷欢乐"是一种境界！

对企业来说，市场也是变化的，当你企业的产品市场浓缩到了个别几个大客户的时候，就很危险了。因为随着时间的流转，万事都有变化的可能，客户同样存在变化风险，或者因为对方产品市场的变化，或者因为对方人事的变迁，都可能带来变故。所以，假如你有三个大客户托着，其中一个市场丢掉了，就等于丢掉了三分之一，就会危及整个企业的生命。懂得了此理，企业经营得就会更有前瞻性，更有条理，更有生命力。

人际关系是不断变化的，没有永久的朋友，也没有永久的敌人。国家之间关系的核心是国家利益，企业之间关系的核心是企业利益，个人之间关系的核心是各自利益，当然，个人之间关系中还存在亲情、友情，这不是以利益做铺垫的。以纯利益做铺垫的关系，当期间利益发生变化时，两者的关系就会随之发生变化。以仁义做铺垫的个人关系会相对长久，以利益做铺垫的个人关系则多半短暂。您了解了这些，当遇到对手之间纯利益的联盟时，就不必惊慌了，因为"鸡鸣狗盗"的结盟，一定不会长久，您就静观其变便可，不久的将来，他们一定还要分化。《三国演义》开篇词的"分久必合，合久必分"也正是基于此点。

作为一个个体的人，也要把握不易、变易与简易的思想。做人，首先要把握不易之根本，那就是道德的底线，"未做事，先做人"，一个道德低下的人，做事"不讲究"的人，是难以在社会立足的，也是难以成就大事的，即便暂时得以成功，也很难持久。然而，做事的目标、所做之事的范畴乃至手段等，又当是不断变化的。世界是在不断变化的，当今的中国，可谓瞬息万变，城市的发展速度，生活条件的变化是超乎人们想象的。随着自身的发展，要不断确立新的发展目标，也要不断修正发展方向，这样才能步步"高升"，实现最大的人生价值。五十年代人们的生活目标是"楼上楼下、电灯电话"，新人结婚"要"的"四大件"竟是什么手表、收音机、缝纫机、自行车；七八十年代很多人的目标是彩电、冰箱、录放机、相机等；现在人们的目标显然发生了天翻地覆的变化，应该是汽车、住房之类，甚至是什么品牌的汽车，是普遍住宅，还是详房、别墅。记得八十年代末，笔者曾预测何时会有手机，九十年代末，曾预测何时会有自己的汽车……不知不觉间，都轻而易举地实现了，中国发展之快，令人振奋，十年、二十年后又会是什么样子，无法想象！目标不变能行吗？

至于简易更是重要，如何把握自身"简易"的发展道路，也是人生成败之关键。简易有方法的简易，也有过程的简易。"智者当借力而行"，是简易的一种表现，但世人未必都能借好力。有的人周围条件很好，但却不知借力；有的人周围条件很好，也知道借力，但却不会借力。年轻人要学会借长者之力，后来者要学会借前人之力，学生要学会借老师之力，下级要学会借上级之力。借力不是抄袭，借力也不是奉迎，是你人格力量的光辉在起作用，借力是被借者对你心甘情愿的扶持。学会了借力，人生通向成功的道路就大大缩短了，这是人生发展的简易。

三、物质和精神统一的思想

辩证唯物主义认为，物质第一性，精神第二性，物质决定精神，精神对物质有能动的反作用。也就是说，物质在先，精神在后，先有物质，才有精神。《周易》理论则认为：物质和精神具有统一性，物质和精神同时产生，无先无后，同时存在，谁也离不开谁，更不存在谁决定谁。不论是易理，还是《周易》的应用体系，都是将物质和精神捆在一起进行论述的，这也是中国文化的最大特色之一。物质和精神统一性是《周易》的基本思想。

《系辞传》中有"一阴一阳之谓道"，阳可定为物质，阴可定为精神，就是说物质和精神合到一起才成道。道是什么？道才是宇宙的全部。《说卦传》中有"是以立天之道曰阴与阳，立地之道曰柔与刚，立人之道曰仁与义"。阴与阳一个为精神，一个为物质，阳为物质，阴为精神；柔与刚也是一个为物质，一个为精神，刚为物质，柔为精神。所以，天地之道都是物质和精神的统一。东方文化讲究内求之法，注重物质和精神的统一性；西方文化讲究外求之法，只注重物质性。所以，辩证唯物主义是西方式思维。

在易学体系中，其实就没有物质与精神的本质区别，也更不存在唯物与唯心的鸿沟。物质具有能量，精神同样具有能量，只不过呈一种看不见、摸不着的状态。所以，精神不过是一种特殊的物质而已。人类很多的科学发明创造都是精神的力量，很多科学理论产生之初都是假说，也就是还没有得到事实的认证，但后来便逐渐被认证，这是先有精神，后有物质。一个人在特定的精神状况下，比如极度恐惧，可能胜任超负荷的重量，但正常情况下是无论如何也不可能背负的，这也是精神的力量。人体的气，通过修炼后可以产生能量，功夫高的人的气可使激光束变弯曲，显然其具有能量。在金融危机时，我们国家领导人号召全国人民和企业要有信心，声称信心比黄金和金钱更重要，这是强调精神的力量。而抵御金融危机的现实中，信心的确很重要，人们有了信心，就敢消费；企业有了信心，就敢生产，市场就转了起来，就会产生良性循环。反之，若个人失去了信心，就不敢消费；企业失去了信心，就不敢生产，必然会产生恶性循环。所以，世界是物质的，也是精神的；宇宙空间中既有物质，又有精神。

"易者，象也。象也者，像也"，《周易》的象说就更加体现了物质和精神的统一性。《周易》中八卦有八卦之象，五行有五行之象，十天干有十天干之象，十二地支有十二地支之象。比如八卦的巽卦，可表示物质的风、木材、树木、绿色、酸味、管道、贸易、人物的教师、人体的肝胆、肢臂等等，还表示精神的温柔、优柔寡断、顺从、认真、聪明、虚伪、灵性……再如十二地支中的"酉"，按西方的理论很单一。但从我们中国易学文化的视角，在易学工作者的眼中，却可以看出无穷的内涵：时间为鸡年，阴历八月，日落西山；方位为西方；颜色为白色；材质为金属；人物为少女；内脏为肺；味道为辛辣；器物为坛子、西洋乐器；性情为开朗、为喜悦……

这一思想启示我们行事都要把物质和精神统筹考虑，没有离开精神的物质，也没有离开物质的精神。在改革开放初期，党中央提出物质文明和精神文明要两手抓，两手都要硬，就是物质和精神统一性的原理。作为一个个体的人，物质和精神皆富有才称得上富有。一个只有钱的人不能说幸福，一个只有知识而经济窘困的人也不能说幸福。所以，有一些企业家很有钱，但缺乏知识，后来便开始充电，学什么 MBA；大学教授知识很富有，便开始抓自身的经济建设。这一现象，既是阴阳之道，又是物质和精神统一性思维的结果。

四、时空统一思想

《系辞传》云："易之为书也，广大悉备，有天道焉，有人道焉，有地道焉。"天道表示时间，地道表示空间，《周易》即论述时间，又论述空间。时空统一思想，就是时间和空间有联系，密不可分，又可相互转化。见时空统一图：

时空统一图

时间包括一年的十二个月，也包括二十四节气，还可包括一天的十二个时辰；空间即四面八方。而时空的统一性是由十二地支和八卦体现的，即十二地支和八卦既表示时间，又表示空间，所以，其间必有着固定的对应关系。比如，地支卯，即表示时间的春分、二月，又表示空间的东方。换一种说法，二月和东方的气场是一样的。

宇宙，就是时空，"古往来今谓之宙，四方上下谓之宇"，是天地万物的总称。时空包含了"天地人"，天为时间，地为空间，至于人，则是天地时空派生出来的，所以八卦中，乾为天为父，坤为地为母，其余六卦则为乾坤天地演生出来的子女，也可以说为万物。

速度可以改变时间，时间可以改变空间，空间也可以改变时间。时间本是地球这个太极的概念，离开了地球这个太极空间，时间的概念及单位都要发生变化。神五、神六、神七载人遨游太空，时间的概念就发生了变化，神六离开地球五昼夜，而在神六上的费俊龙、聂海胜他们绕地球却运行了七十六圈，也就是经历了七十六个日出日落，即七十六个日夜，不就是七十六天吗！这是速度的作用，也是空间的作用。根据相对论的理论，如果实现了超光速，就可以追溯过去的时光，时光倒流就成为了现实。

时空不但是统一的，时空还可影响价值，这是易学对价值的认识。同一种物质，在此地和彼地的价值是不一样的，有的甚至天壤之别。古董之所以值钱，重要一点是时间的作用；外国的东西在中国值钱，是空间的作用。但因现代文明提升了速度，速度又可反作用于时空而改变价值。如改革开放之前，热带水果在北方是价格极高的，现在却不同了。

几千年前的中华祖先就知道时间和空间是有联系的、密不可分的。而西方可以说直到 20 世纪相对论产生，才真正将时空统一起来认识和研究。所以，不能不说时空统一思维是中国的思维。在这一思维引领下，产生了很多的文明成果。股市上有时间换空间、空间换时间理论，就是这一思想的应用。意思就是股市长期横盘就可避免大幅下跌，这叫以时间换空间；股市短期剧跌，就缩短了大盘调整的时间，这叫以空间换时间。

按照这一思维，一个有能力但在单位却迟迟得不到提拔的人，就不要着急了，是金子迟早会发光，有一天时间会换来空间的，或许会得到连续提拔的机会。比如姜子牙，年轻时干过卖肉的屠夫，也开过酒店卖过酒，卖面遇风吹，半生寒微，择主不遇，漂游不定，简直背到了极点。然前半生坎坷多难，七十岁以后渭水垂钓，遇周文王姬昌，从此开始了轰轰烈烈的后半生，辅佐周朝四世，成了中国历史上不可多得的贤臣名相，活了一百多岁。

人生活在世界上，人与人之间要发生各种关系，也难免发生各种矛盾，出现了矛盾不要紧，关键在怎样去处理。有时需要马上处理，有时需要搁置一下更好，这也是时空关系原理，马上处理，是体现空间的作用；搁置一下，就是体现时间的作用。时间可以换空间，经过了一段时间，矛盾便自然消退了，而马上处理，很可能反使矛盾激化。

关于学习，笔者多年前曾提出一个搁置理论，即当你学习某一门知识的时候，学到一定的阶段，需要搁置一下，否则，便很难提升。而一旦搁置一段时间，再拣起来学习、参悟，很快就会产生一个新的飞跃。这也是时间和空间统一性原理的应用。

时间和空间的统一性还可以体现在《周易》的应用体系中，一个五行喜水的人，可以在水年去做事，比如壬、癸、亥、子等年。但若等不到水年，则可在方位上趋利避害，比如到北方去发展，开辟市场等，因为北方也属水，这是空间的作用代替了时间。

在有利的时间，到有利的方位，办有利的事，是最佳选择，这一思维成了很多国人的思维模式！

五、太极思想

太极思想是易学的最重要思想，是易学文化的根，也是道家思想、儒家思想的根。甚至可以说是整个中华文化的根。太极作为一种思想，我们应该从下列方面予以认识：

（一）无极生太极

"无极生太极"，太极是由无极而来。这一思想对企业领导者具有启迪作用。一个公司的董事长当为无极，其最高境界应该是"无"；总经理则为太极，其功能应该是"有"。董事长只要选出了总经理，定出了大政方针，便可无为了。无中生有，无为而无不为，这个企业才会更有生机，才会各尽其才，才会有更大的前途。在现实中，我国有些企业家在一定程度上的确做到了这一点。他们广泛涉猎艺术，他们登山滑雪，他们研究易经，他们很少参与企业的具体管理，但企业却管理得井井有条，企业发展蒸蒸日上。当然，这是就具有相当规模的大型企业而言，对于中小型企业则全然不同，有很多私企，董事长与总经理一人担，他们很难做到"无为"。或者说，做到了无为，企业就乱了，那绝不是我们这里说的"无为"与"无极"。不过，无极与无为的境界当是企业领导者永远追求的目标，因为无为是一个相对的概念，越多的"无为"，越接近无极。

顺便多说几句，日本的天皇、英国的女王、加拿大总督、泰国的国王等相当于无极，日本与英国的首相、加拿大与泰国的总理则为太极。虽不同国度有着微妙的差别，但更多的方面是一致的，即均不管理国家的日常具体事务，但有时也是很厉害的，比如泰国的普密蓬国王，在政治集团斗争的关键时刻往往起着决定性的作用，真是无为而无不为呀！

（二）中心

中心是太极思想的第一层内涵。太极有中心，无极无中心，笔者认为这是太极和无极的本质区别之一。中心又可称为核心，一个区域一定有中心，一个团体一定有核心。这个中心，这个核心一定是唯一。这一思想在各个群体中都很重要，一个群体不能有两个中心，但可以有"两个基本点"。所以，作为群体中的一员，该怎么处理这一关系就显得尤为重要。不管你是一把手，还是一名普通成员，该怎么做就清楚了。在一个单位，一把手就是太极，也是这个单位的中心，这个中心也只能有一个，这个单位才能稳定。如果一把手威望与能力不足，使副手抢戏，这个团体不会好。如果副手太锋芒毕露，不能处理好与"太极"的关系，这个副手的位置不会太久，除非这个"太极"能力不足。锋芒毕露与能力强不是一回事，一个能力真正强的人，在什么位置上都能做好，在中层，能处理好与高层的关系，能得上级的赏识；在副职的位置，能辅佐好一把手，得到"太极"的信任；在太极的最高位置上，也能驾驭全局，调度有余，使事业蒸蒸日上。

在我国，中国共产党是太极，中央人民政府是太极，也是国家的中心，这个中心一定是唯一，出现了两个，国家就要分裂。香港、澳门虽然与大陆制度不同，但也只能是一卦，不能成为太极，必须叫中国香港、中国澳门。台湾也必须叫中国台湾、中国台北或中华台北，而不能去掉中国、中华二字，去掉了就是两个太极，两个中国了。

方位本是一个相对的概念，只有太极这个中心确定之后才存在东西南北。八卦也是相对的概念，只有太极这个中心确定了，才有每个具体八卦的位置。

（三）无限

太极具有无限的特性，思维是无限的，空间是无限的，发展是无限的，东南西北都是无限的。人类要遵从这种无限的思想去发展，人类的未来才会更光明。伴着农业科技的发展，农作物的产量是不断增长的，水稻的产量由过去的每亩 100 公斤、200 公斤已经达到 600 多公斤，水稻专家袁隆平的目标是到他 90 岁时亩产要达一吨。国民经济也是不断增长的，没有尽头，翻了一番再翻一番，永无止境，这就是无限的思维。

国家是这样，每个人也是一样，永远都追求新的目标，永不满足。然而，无限与贪婪却是两回事，对于一个人来说，无限的思维是好的品质；贪婪的欲望却是很危险的思想。"人心不足蛇吞象"，该满足时不满足，就变成了贪婪，就没有幸福可言。所以，也要辩证地理解无限的思维。

（四）太极含阴阳

太极生两仪，太极内包含阴阳。但阴阳绝不是太极之外的阴阳，和太极不在一个层面，太极之外的阴阳其实就是另一个太极了。拿人事比拟，太极之外的阴阳叫"失控"。"人民内部矛盾"，符合太极阴阳观，因为它是为了使局面更好才出现不同的观点；"敌我矛盾"就不符合太极观，因为它是希望局面更坏。

《论语》中的"君子和而不同"、"君子周而不比"的意思是君子做事在同心协力的前提下，可以有不同的观点；君子以公正之心对待他人，不徇私护短，不结党营私。就是太极阴阳观的形象体现。而"小人同而不和"、"小人比而不周"则恰恰相反了，是违背太极阴阳观的。《论语》中的很多论述，只要掌握了《周易》的思想，便可迎刃而解。

"不和于国，不可以出军；不和于军，不可以出阵；不和于阵，不可以进战。"吴子的这一论述，也是这一思想的延伸——一个同而不和的团队是很难打胜仗的。

我国的政治体制就是太极阴阳观的体现。一党制即为太极，人大、政协的政治协商和民主监督就是阴阳的体现，在一党制的框架内，可以就国家的建设和发展提出不同的意见和建议，也就是"合而不同"，只要是对国家有利的都可以讲，都可以提。

对于一个企业来说，太极的权威极其重要，如果出现了超乎太极之外的阴阳，其实就是出现了另一个太极，企业就要分裂，思想的分裂和形式的分裂是一样的。当然，太极之下的阴阳对于民主的发挥似乎不利，然而，太极思维的高效带来的益处要远远大于所谓的民主。须知，效率与民主相比，效率更重要。民主是手段，不是目的，效率才是目的。

（五）层次

太极又有层次之分。大太极中会包含若干个小太极，小太极又包含更小的太极，其大无外，其小无内，以致无穷。比如中国是个太极，辽宁省也是个太极，沈阳市还是个太极，和平区又是个太极，……而和平区这个太极要服从于沈阳市这个太极；沈阳市这个太极也要服从于辽宁省这个太极；辽宁省这个太极当然更要服从于中国这个总太极了。如果某个太极不服从上一级的太极了，就不是太极内包含的阴阳了，就会乱。

服从是学问，是一件并不容易做到、做好的事情。八卦不服从太极，下级不服从上级，整个局面就会受到影响，有时下级即便有理，也未必对全局有利。下级毫无道理地不服从上级，迟早要吃苦头。你要知道，他能做你的上级自有做上级的道理；他能当老板，自有当老板的高明之处。笔者常说，一个成功者一定有成功的道理；一个一事无成的人，也必有无成的原因。有时刚接触看不出来，但只要一深入，一切就会了然。"不畏浮云遮望眼，只缘身在最高层"，未到最高层，难免眼线被遮。

管理，一般指上级对下级，其实，下级对上级也有管理之说。一般上级要调动下级的积极性，其实，下级也要学会调动上级的积极性。你能调动上级的积极性，成功离你就不远了。

每一个层面的人都是在为自己做事，这是一个重要的理念。谁也不要想是在为别人做事，为上级做事，为老板做事。一旦你的思想中有为他人做事的想法，心态就会出问题，就很难摆正上下级的关系，当然也很难把工作做好。不管你在什么行业，什么工作性质，哪一阶层，难道不是在为自己做事吗？你的工作好了，有成绩了，领导会看在眼里，记在心上，会为你加官，会给你晋级，会给你加薪。暂时没有体现不要急，只要你继续努力，回报就在眼前。

（六）可以有多个并行的太极

中国是个太极，美国也是个太极，并行存在，互不包容。一个太极不要企图吞并另一个太极。我国的外交政策中就有着鲜明的太极观，主张国家不分大小、强弱，一律平等，就是尊重多太极并存；"和平共处五项原则"中的不干涉他国内政的思想也是太极观的体现。美国就不懂这个道理，其思维是把他国的太极作为美国这个太极内的小太极，所以屡次发动对外战争，并屡陷泥潭而不能如愿。

六、阴阳辩证思想

纯阴不生，独阳不长，阴阳相合方为"道"。阴阳和谐统一，方可"保合太和，乃利贞"。只有掌握了阴阳消长的理论，方可使人生、使事业立于不败。

阴阳是世界的基本特征，阴阳之间又存在多种相互关系，作为一种辩证思想主要表现在如下方面：

（一）阴阳泛存观

即万事万物均分阴阳。阴阳普遍存在于宇宙的物质世界和精神世界中，"纯阴不生，独阳不长"，无一例外。有男必有女，有白天必有黑夜，有积极必有消极，有正确必有错误。就人体来说，肝脏为阴，必有属木的阳物胆与之伴。命理学中也有"纯阴纯阳孤寡象，……"之论。

在数学中，有理数分正数和负数，正数为阳，负数为阴；在复数（$z = a + bi$）中，有实数和虚数，实数 a 为阳，虚数 bi 为阴。在 16 世纪意大利米兰学者卡当首次提出虚数的时候，还有很多的数学家不能接受，德国数学家莱布尼兹（1646—1716）在 1702 年就不解地说："虚数是神灵遁迹的精微而奇异的隐避所，它大概是存在和虚妄两界中的两栖物。"笔者认为，莱布尼兹的这段话恰恰说出了虚数的本质，在未来生命科学研究中，虚数定会有所作为，成为揭开太极图另一半阴性世界的理论基础。

太极图含阴阳两部分，"其大无外，其小无内"。从最宏观的角度认识它，我们目前只触及到了阳性的这一半，阴性的这部分从理论角度干脆没有触及到。从宏观角度论之，这个世界为阳性物质世界。然而，依据阴阳之理，有阳必有阴与之相随，这个阴当为反物质世界，关于反物质目前科技工作者正在深入探求中，但还不能完全说清楚，但从阴阳机理来说，一定有反物质存在才对。1932 年美国物理学家卡尔·安德森在实验中发现并证实了正电子的存在。随后又发现了负质子和自旋方向相反的反中子。2010 年 11 月，欧洲研究人员在科学史上首次成功"抓住"微量反物质。2011 年 5 月，中国科学技术大学与美国科学家合作发现迄今最重反物质粒子——反氦 4。所有这些，对传统科技理论均产生了很大冲击，并证明了中国阴阳理论的普适性。

（二）阴阳统一观

阴阳是太极内的阴阳，是一体的两个方面。拿一个人来说，都有优点，有缺点；有善良的一面，也有邪恶的一面。区别在于有的人优点多于缺点，有的人缺点多于优点。优点多的人，就受欢迎，易成功；缺点多的人，就被人弃之，当然不易成功。善良多于邪恶的人，就更多表现为善；邪恶多于善良的人，就更多表现为恶。一个最善的人，也有私心一闪念的时候；一个罪大恶极的人，有时也会呈现一点慈悲之心。了解了这些，就不要苛求别人成为"纯阳"之身，也不要苛求自己成为"圣人"，须知，纯阴独阳都是不存在的。

就人才观来说，就有德与才统一的问题。德为阴，才为阳，只有德才兼备才是可用之才。从古至今，社会上更多的是有才无德，或有德无才。更确切地说，应该是德不足而才有余，或德有余而才不足，更或是德与才均不足者。司马光在《资治通鉴》里指出："夫聪察强毅之谓才，正直中和之谓德。才者，德之资也；德者，才之帅也。……是故才德全尽谓之圣人，才德兼亡谓之愚人，德胜才谓之君子，才胜德谓之小人。凡取人之术，苟不得圣人、君子而与之，与其得小人，不若得愚人。何则？君子挟才以为善，小人挟才以为恶。挟才以为善者，善无不至矣；挟才以为恶者，恶亦无不至矣。……自古昔以来，国之乱臣，家之败子，才有余而德不足，以至于颠覆者多矣，岂特智伯哉！"笔者在中国国际易经应用科学院及沈阳市《周易》研究会倡导的德易双修，其理为一。

（三）阴阳对立观

阴阳具有对立的属性，白天和黑夜不能同时存在，正确与错误必相对立，一个人为男性了，就不能再为女人。既然阴阳普遍存在，而且阴阳是对立的，在一个群体中就要允许对立观点的存在，也许这种对立会开发出新的智慧。这一思想深深地影响着国人的思想与行为，包容也就成了一大美德。

（四）阴阳互根观

有阳就有阴，阴阳又互为其根。阳消则阴长，阴退阳则进，白天过去就是黑夜，阳的出现恰恰是建立在阴退的基础之上。"吃一堑，长一智"、"失败是成功之母"，失败为阴，成功为阳，成功的阳是建立在失败的阴的基础之上。有了这一思想，就不要怕失败了，因为"失败是成功之母"。在矛盾的双方要爆发之前，往往要有一段沉寂，沉默到一定程度才会爆发，静极生阳，阳主动。反之，"乐极生悲"，"骄兵必败"，也多有应验。

（五）阴阳互包观

任何事物内部不但分阴阳，而且阳中有阴，阴中也包阳。如解放战争时期，共产党内部有叛徒，国民党内部也有革命者，就是这个道理。各团体的特工工作就是建立在这一思想之下。掌握了这一思想，在处理群体中的人际关系时，就不要更多地树立对立面，不要主动把中间势力推向对方，要相信阴中必有阳。中国共产党统一战线理论与实践就是这一思想的具体体现。

（六）阴阳平衡观

阴阳不但普遍存在于各种事物中，两者还要相对平衡。世界上任何事情的发展都是阴阳平衡的结果。阴阳失去了平衡就会不稳定，直至产生新的平衡。中医的一个基本原理就是阴阳平衡原理，阴阳失衡人体就要生病。我国的物质文明和精神文明一起抓的思想，也是阴阳平衡观在治国理政中的体现。

（七）阴阳转化观

此时为阳、彼时可能为阴；此地为阳、彼地可能为阴。比如一场战争，发起者为阳，应战者为阴，但当进行了一段时间，发起者处于劣势，应战者处于优势时，阴阳便发生了变化。比如中国历史上的楚汉之争，早期项羽力量强大，为阳；刘邦力量弱小，为阴。但当楚汉之争进行了一段时间之后，双方的势力发生了很大的变化，阴阳逆转，楚霸王由阳转阴，落了个乌江自刎的结局。

七、五行生克思想

五行之间存在着相生相克关系，这种关系遍布于整个自然和人类社会中。自然界的生物链理论，就是五行生克思想的体现。比如黄鼠狼吃家鸡为害，但其也有有利的一面，因其可捕食田鼠，若把黄鼠狼灭绝，田鼠必然泛滥，危害农田。

把五行的生克关系引入社会系统，就形成了五行生克思想。在各种社会关系中遍布着五行生克关系，五行之间是一种动态平衡关系，哪一种五行都不能过旺，也不能过衰，否则，平衡就会被打破，局面就会混乱。

一个企业是一个相生相克的链条，各职能之间，各部门之间，存在着相生相克的关系。最佳状态是各种力量均衡，以达顺序相生和顺序相克，链条无阻断，方可良性循环。所以，在人事配备上要协调、平衡。

先看五行相生关系：比如，水木火土金中，若木过弱，不受生，则生木之水有余力，必克下游的火，火受克生土之力便不足，则土源不足。见下图：

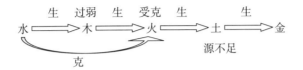

　　这一五行相生关系，对应人体便是肾、肝、心、脾、肺的相生关系，若其中某个器官出了问题，便会影响到其他器官的功能。比如属木的肝功能出了问题，则肾水必克心火，心脏随之而来便会出现病变，同时，属土的脾源不足，脾脏也会出故障，继而属金的肺也难免受殃，最后回过头来又会影响到属水的肾。因此我们便不难理解，为什么有些老年人临终前各器官皆已衰竭。

　　在企业管理中，一个企业设有多个部门，各部门之间有着相生的关系，各部门的力量需要均衡，若某个部门力量过弱，则同样会产生上面的连锁反应，从而影响到整个企业的健康运转。

　　五行相克体系也是一样，若其中某个五行过弱，或过强，都会打破系统的平衡。比如水过弱，则火无制过旺，同时金必受重克，木又无制而旺，土又必受重克……如此往复，平衡打乱。再如，水过强，火必被克死，金又泛滥无制，木受重克又过弱，土又无制……平衡同样打乱。见下图：

　　在一个企业中，各部门之间也存在相互克制的关系，所以，各部门人事安排要均衡，若某部门力量过弱或过旺，都会造成其他部门无制无监督，从而影响整个企业的运转。

```
         过弱    无制过旺  受重克过弱 无制而旺  受重克而弱
         水 ══════➤ 火 ══════➤ 金 ══════➤ 木 ══════➤ 土
              克         克        克        克
         过强    被克死   无制泛滥  受重克过弱 无制泛滥
         水 ══════➤ 火 ══════➤ 金 ══════➤ 木 ══════➤ 土
              克         克        克        克
```

五行生克思想在社会历史发展进程中应用得最普遍，比如清朝为什么叫清？其中蕴含着五行生克之理，因明朝五行属火，相对身处关外的后金来说，为南部，南部也属火，所以，要想灭明，必须用水，故后金取名为清，清五行显然属水。

北方属水，南方属火，一般情况水可克火，火却不能克水。所以，历史上政权的更迭多是北灭南，很少南灭北。比如，元朝的建立，大清的问鼎，"大辽"的屡犯中原，都是从北向南的结果。相反，无数次"北伐"多以失败而告终，诸葛亮的五次北伐、晋朝祖逖的北伐、太平军的北伐、孙中山的北伐等等，都不例外。唯有朱元璋的北伐得以成功，且建立了大明江山，这里也有着五行的道理：元朝五行属金，大明五行属火，火可克金，这是其一；其二，朱元璋的朱，五行也属火，加重了大明的火气。火重可对水产生反克之力，正常情况是水克火，但当火旺水衰之时，火却可克水，好比在烈焰之火上浇一点水，水瞬间便会消失，火反而会更烈，这里涉及了五行生克的辩证关系。

五行生克本为辩证，生不一定就好，克不一定不好。比如，有的孩子没有成材，很重要的原因是父母对孩子太溺爱造成的。父母爱孩子，即为生，但生过了便成为克，起反作用了。在自然现象中更是一样，一堆柴草引火时，当火不太大时，如果把太多的柴草都放上，则火反会熄灭。正好比下文的"土多金埋"，"水多木漂"，下面的论述需深入玩味，其中蕴涵着深刻的哲学道理。

金旺得火,方成器皿。火旺得水,方成相济。水旺得土,方成池沼。土旺得木,方能疏通。木旺得金,方成栋梁。

金赖土生,土多金埋。土赖火生,火多土焦。火赖木生,木多火炽。木赖水生,水多木漂。水赖金生,金多水浊。

金能生水,水多金沉。水能生木,木盛水缩。木能生火,火多木焚。火能生土,土多为晦。土能生金,金多土变。

金能克木,木坚金缺。木能克土,土重木折。土能克水,水多土流。水能克火,火炎水热。火能克金,金多火熄。

金衰遇火,必见销熔。火弱逢水,必为熄灭。水弱逢土,必为淤塞。土衰遇木,必遭倾陷。木弱逢金,必为砍折。

强金得水,方铧其锋。强水得木,方泄其势。强木得火,方化其顽。强火得土,方止其焰。强土得金,方制其重。

五行生克的辩证关系还体现在五行生克的救应上，如某种五行受克，但主克的五行受其他五行之制，则为救应，受克的五行被克的程度减弱。如：木本克土，但有金来克木，如果旺衰适度，则木便无能力克土了。历史上"围魏救赵"的故事应用的就是这一原理。战国时魏国攻打赵国，围攻赵国都城邯郸，赵向齐国求救，齐国派田忌为将，孙膑为军师，率兵八万救赵。起初，田忌准备直趋邯郸。孙膑认为，魏国精锐部队都集中在赵国，内部空虚，如攻打魏国的国都大梁，则魏军必放下赵国回师自救，而齐军乘其疲惫击之，魏军必败。后依孙膑之计，魏军果大败，赵国之围立解。见示意图：

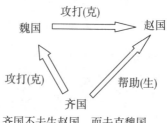

齐国不去生赵国，而去克魏国。

八、爻位原理

在重卦六爻中有当位与不当位之说，初、三、五爻为阳位，二、四、六爻为阴位。阳爻居阳位、阴爻居阴位为得位，或称当位，反之，阳爻居阴位，阴爻居阳位为不得位。爻位除了当位不当位之外，还有相应之说，内卦与外卦的同位爻阴阳相反为相应，或称有应；阴阳相同，则为不相应，或称无应、敌应。还有承乘之说，即对相邻两爻来说，阳在上，阴在下，为乘；阴在上，阳在下，为承。阴承阳为吉，阳乘阴为吉；阴乘阳为凶，阳承阴为凶。

上述爻位原理在各种社会关系中有重要应用，是易学的重要思想之一。阳为强，阴为弱，强弱搭配为上，强强搭配、弱弱搭配均非上等。

具体表现在：

1. 在社会管理中，把能力强的人安排在重要的、较高的岗位上，能力弱的人安排在次要的、较低的岗位上，叫强人配强位，弱人配弱位。须知，能力强与能力弱都有可用之处，人才不论大小，大有大的用处，小有小的用处。小材大用，难以胜任，正如《系辞传》："德薄而位尊，知小而谋大，力小而任重，鲜不及矣。"大材小用，也非至善选择。曾国藩在《冰鉴》中言："有才者成事，躬身亲历；无才者也成事，以用人为能。才无优劣之别，而分大小，大者栋梁，小者砖瓦，二者皆不可缺。"通俗地说就是能力大的人担任重要职务，能力小的人让其从事基础工作。由于什么工作都要有人做，把能力小的人安排在高位，超出其承载范围，固然不妥；把能力大的人安排在低位，也是不可行的——他同样干不好或干脆不干。萧何向刘邦举荐韩信时，刘邦先欲封韩信为将军，萧何言韩信一定要走，后刘邦封了韩信为大将军，且"择良日，斋戒，设坛场，具礼，乃可耳"，才把韩信留住，在成就大汉基业的过程中，韩信立下了汗马功劳。螺丝钉可谓小材，但缺 不可，且用大材无法替代。

2. 领导强，你要弱一点；领导弱，你要强一点。这强与弱是指在具体岗位上或具体事情上的处理方式，不是你有无能力，有多大能力。比如，领导很强，包括头脑、智慧、办法、魄力等，你就要少下结论，多提建议，把下结论的机会和环节留给上司，因为你的视野不如领导广博，智慧也不比领导高，所以你的结论未必能得到领导的全面认可，结论你下了可能会尴尬，领导不同意你，你没面子，高明的领导一般不愿卷下属的面子，同意你的结论，领导又心有不甘，因为这不是最佳方案。所以，等于把领导置于进退两难的境地。

相反，若领导较弱，你就要表现强一点，要给领导拿出最后的结论，但切忌不可妄自尊大，结论还是以征求意见的方式抛给领导，这样，领导会很高兴，即便他知道你是在说假话，也愿意这样。领导弱，作为下级切忌盛气凌人，切忌不把领导放在眼里，切忌越俎代庖，代行领导职责。反之，即便在一定时期领导离不开你，他心里也不舒服，一有机会，他便会收拾你，最后便落个挨累不讨好的下场。明代重臣张居正的仕途具有极强的警示性：辅佐年仅 10 岁的幼主明神宗万历皇帝至 20 岁，十年间，以其非凡的魄力和智慧，整饬朝纲，巩固国防，可谓大权独揽，为大明江山做出了巨大贡献。但其对幼小的上司万历皇帝有些暴戾，据传，一日万历读书，念到"色勃如也"时，误将"勃"读成了"背"，张居正听到一声大吼："这个字应该读'勃'！"皇帝虽未发作，但从此在他幼小的心灵深处却结下了仇。张居正当国十年，效忠国事，独握大权，在神宗的心里便有一种被蔑视的感觉。所以，张居正去世不久，神宗便下令对张居正抄家，并削尽其宫秩，追夺生前所赐玺书、四代诰命，以罪状示天下，几近开棺戮尸，其家眷的结局也可想而知。一代名相的结局真是发人深省！

3. 群体中的每个人都要当位，就是在岗执政。不管是哪一层面的人，不当位，能力再强也是枉然。什么是人才？人才不论能力大小，能够为我所用的人，才是人才。人才要为我所用，绝非为我所有。为我所有的不是人才，因为我所有的未必当位，当位了，才变成为我所用。过去老国企有很多为我所有的人才，但因机制等原因，才能得不到发挥，人才不能当位，所以，仅限于为我所有，而非为我所用。改革开放之后，这些人才如鱼得水，投入到了转制后的企业中，充分体现出了社会价值、企业价值和个人价值。

4. "越位"是任何单位都要尽力避免的。领导不能抢员工的活，员工也不能定领导的事，这是大原则。现实中，有的领导却时常犯此忌，一天忙得很，但仔细想来，他所做的工作很多都是可以由其员工来完成的。领导不能太细，心太细就要受累，受累并不重要，关键是给员工养成了不好的习惯——不去想事，更不去主动做事。即便你做得比员工好，这也不是长久之计，长期来看，也是弊大于利。所以，领导要适度的无为，守其位而不过其位。

九、错综的思维

成语有"错综复杂"，是指事情复杂纷乱而没有头绪。该成语出自《周易》的错卦和综卦。

所谓错卦，是指把一个卦的阴阳爻均变化，阳爻变阴，阴爻变阳，而得到一个新的卦，这一新卦，就叫原卦的错卦。如"地天泰"卦与"天地否"卦就互为错卦，意即安泰的背后，会蕴含着覆否，见图：

地天泰　　　　　　　天地否

所谓综卦，是指从一卦相反的方向看卦爻形成的卦，即从上往下看形成的新卦，这一卦就叫原卦的综卦。如"风雷益"卦，倒过来便为"山泽损"，意即你受益了对方就要受损，见图：

风雷益　　　　　　　山泽损

错卦的哲学思想是指观察事物不仅要看事物本身和表象，还要从事物深层次去看问题，挖掘其内在蕴含的、隐藏的因素，用相反的思维看问题。而综卦理论反映了看问题的角度问题，提示我们要学会多角度看问题，换位思考。因此，错卦与综卦都在揭示看问题的思想方法，综卦是反映看问题角度变化，结果会不同；错卦是反映看问题层次变化及方式变化，结果也会不同。

古语有"塞翁失马，焉知非福"。这个故事讲的是：有位懂《周易》的人，叫塞翁，有一天他丢了一匹马，周围的人也都觉得不幸而来宽慰他，但塞翁却能从反面看待这件事，说："这怎么就不是一件好事呢？"后来那匹马不但回来了，还带回了另一匹好马，果然应了塞翁的想法。这时周围人自然又觉得是一件幸事，纷纷来祝贺他，可他又说："这怎么就不能是一件坏事呢？"果然，没多久塞翁的儿子因去玩那匹好马而摔折了腿。周围的人又认为是不幸的事，纷纷来安慰，可他又说："这怎么就不是一件好事呢？"后来，塞翁的儿子又因腿折没被征去当兵，而当兵的人大部分都殒身战场，所以，腿折又成了好事。这一系列的一反一正，正是错卦思维的反映。正所谓"祸兮，福之所倚；福兮，祸之所伏"（《道德经》），祸与福本是互相依存，互相转化的。坏事可以引出好的结果，好事也可以酿成坏的结局。朋友在一起喝酒是件好事，但喝过了耍酒疯，影响团结，显然就不是好事了。有人损失了钱财，本是件坏事，但可"破财免灾"，如果不破财，说不定会生一场大病，所以，还是破点财更好，这都是错卦的思维。

综卦思维在现实中更是多有益处。在现实中出现冲突的一个重要原因便是双方不能站在对方的角度上看问题，只站在自己的角度上未免偏颇。矛盾的双方只站在自己的角度上看矛盾，便都会认为自己对，错误都在对方，结果是冲突会越发加剧。其实是不可能的，所谓"一个巴掌拍不响"，如果站在对方的角度上考虑一下，便都会让三分，出现了矛盾也不会激化。一个人，学会了多角度看问题，和谐就会与你相伴，快乐也会与你相随，成功就愿与你亲近。

在商场上更是这样。甲乙双方谈生意的时候，委托方往往压价，受托方则希望加价。但无论压价还是加价都要掌握尺度，站在自己的角度思考后，还要站在对方的角度上想一想。委托方要使对方有钱赚，受托方也不要赚得太多了。有时，委托方为了节省一些开销，过分地压价，使对方处于无利的边缘，但对方为了成交，不得不同意委托方的苛刻条件。不过，一旦签订合同，开始执行的时候，他就要研究对策了，即如何才能赚到钱。于是，偷工减料、购买劣质材料便开始上演，最后，出现了劣质工程，劣质项目，显而易见，受害的还是委托方。

在处理企业、团体内部关系时，企业老板和员工之间也需要这一思维。老板多想一想员工的艰辛，不妨作个假设，假如你是员工该如何；员工也要多想一想老板的不易，不妨也作个假设，假如你是老板该怎样。这样就会减少许多的互相抱怨：老板怎么这么不解人情？员工怎么这么不负责任？当然，个别黑心、苛刻的老板是有的，个别心地不良的员工也是存在的，这就涉及了老板选什么样员工的问题，也涉及了员工找什么样老板的问题，"良禽择木而栖，良臣择主而侍"，不在这一思维范畴了。

在处理家庭关系、夫妻关系时也是一样。有的夫妻常因为处理双方父母的关系出现不妥而产生矛盾，有时甚至发生严重冲突。比如，丈夫给婆家花钱多了，妻子就可能不快；妻子对娘家关心多了，丈夫也"吃醋"。殊不知，丈夫或妻子对各自父母尽孝，是一种责任，"乌鸦反哺"、"羊羔跪乳"乃动物之天性，何况人乎？同时，他（她）能这样做，正是他（她）的可敬、可爱之处，反映了他（她）善良、关爱别人的天性，他能这样对待他的家人，还愁将来不能好好对待风雨同舟、同甘共苦的你吗？

如果夫妻双方都能用综卦的这一反向思维思考、处理双方的关系，夫妻就会更和美，家庭就会更幸福。同时，小家庭的建设也决不会由此而受到影响，只能更好。过去有过这种不良现象的朋友不妨试一试，妻子对公公婆婆、姑嫂叔侄好些，丈夫会很开心，他定会加倍地爱你；丈夫对泰山丈母、姨舅比肩多关心些，妻子也会很高兴，她定会加倍地疼你。同时，双方的长辈也会更开心，对你们的小家庭也会更加倾注爱心，这岂不是多赢吗？这些岂是舍出去的那点金钱能够买得来的！

用好错综思维，人人都会更成功，人人都会更幸福！

十、遵从生命规律的思想

（一）乾卦开悟

八卦以乾为头，六十四卦也以乾为首，天生万物，万物以乾为头，"有天地然后万物生焉"。《彖》曰："大哉乾元，万物资始，乃统天。"作为万物之始，其辞深刻地阐述了生命从衍生、发展到消亡的全过程。而这一过程，既是生命的过程，也是万事万物发展的过程，值得仔细玩味，见下图：

用九：见群龙无首，吉。

上九：亢龙有悔。

外卦（上卦）　九五：飞龙在天，利见大人。

九四：或跃在渊，无咎。

九三：君子终日干干，夕惕若，厉无咎。

内卦（下卦）　九二：见龙在田，利见大人。

初九：潜龙，勿用。

乾卦爻象爻辞图

乾为大气有成之象，被誉为龙。龙为神秘的三栖动物，可潜在深渊，可行走陆地，也可飞腾天空，具有变幻莫测、功大无比的特性。《彖》曰："……大明始终，六位时成，时乘六龙以御天"，明言每个阳爻均为龙。每个爻的爻辞根据其所处的位置阐明了龙的六个不同状态，从而预示生命及事物发展的六个不同阶段，即由潜龙、现龙、惕龙、跃龙、飞龙到亢龙。为了说明问题，现以一个人为社会工作的各个阶段对六爻之辞及六个阶段进行解说：

初爻"潜龙，勿用"，是说你虽是一条龙，但尚处于初爻的初始位置，羽翼未丰，经验欠缺，时机未到，只能处于潜伏状态，隐忍待机，不可张扬行事。相当于一个刚刚大学毕业、走上社会的大学生。

二爻"见龙（xiàn，同现）在田，利见大人"，是说这条龙已经出现在田野之上，开始初露锋芒，因居于内卦中位，有中正之德，但终为内卦之位，还需更高位之人的提携，故"利见大人"。相当于大学生在社会上已经积累了一定经验，可以寻求贵人相助，并小试锋芒。

三爻"君子终日乾乾，夕惕若，厉无咎"，是说这条龙已经到了内卦的边沿，即将进入外卦（外面的世界）的阶段。这时因刚健有为，行事易过，易引起妒心，故需小心谨慎，戒慎恐惧，努力不懈，方保无虞。相当于一个人开始担当起重要社会工作，但因能力过强，引人注目，需小心谨慎，方可平安，避免灾祸。

四爻"或跃在渊，无咎"，是说这条龙刚刚进入外卦，进入外面的世界，但因阳居阴位，位置还不稳，故只能升腾潜伏试探进行，才不致有灾祸。相当于一个人已经担当重要工作，要进进退退，方可无咎。

五爻"飞龙在天，利见大人"，是说这条龙已经到了外卦的中位，到了施展才能抱负的阶段，应以伟大的德行恩施天下。相当于一个人已经到了事业的黄金阶段，开始大展宏图。

上爻"亢龙有悔"，是说这条龙已经飞到了顶点，再无空间，动则有悔了。相当于一个人的黄金阶段已过，需要让位于人，不可再争强好胜，该做顾问为上。

这六个阶段也相当于一个人从出生到衰老的全景图，按年龄分大致为：

初爻：0～22 岁；二爻：22～30 岁；三爻：30～35 岁；四爻：35～45 岁；五爻：45～60 岁；上爻：60 岁以后。

我们在社会上生存、发展，如果能遵循、把握好乾卦的这六个阶段，便会无往而不胜。由上可知，惟有五爻是最佳的阶段，所以，怎么缩短其他五个阶段，延长五爻的阶段便成了我们需要研究的重要课题。

知道了这一道理，就要当进则进，当退则退，当止则止，急躁冒进便不该出现了，裹足不前也非所宜。在现实社会中，进不容易，但止往往比进还难，退则更难。能把握好这个时机的人，便是"大人"了。历史上一个春秋末期的范蠡、一个明朝初年的刘伯温可谓典范。在历史上，也有很多英雄豪杰进时所向披靡，但却不知止，更不知退，最后结局往往悲惨。

还要特别说一下用九，这是六十四卦中惟乾坤两卦才有的爻——用爻。是指乾卦的六个爻皆变的情况，即六爻皆变时查用九爻辞。"群龙无首"，不是没有头，而是不需要头，达到了自觉自为的程度，可见是一个很高的境界。一个群体如果达到了这一状态，一定是一个很理想的群体，很有战斗力的群体。一个领导者，以一种冷静、客观、不逞强、通权达变的心态就会无为而无不为，达到领导的最高境界。该辞的"见"，应为现的通字，即出现、显现的意思，同二爻"见龙在田"的见。

这一爻应该是物质极大丰富，各取所需，人们达到了无欲无求境界的共产主义阶段，也相当于道家所讲的无为阶段。

（二）物质十二种状态的启示

任何生命都存在从生到死的十二种状态，或经历十二个过程。广而言之，任何物质都具有十二种不同的状态或都要经历十二个过程。按照五行的原理，把物质分成五种，即木、火、土、金、水。这五种物质在不同的时间或地域，就会呈现不同的过程或呈不同的状态。这十二种状态或过程是：胎、养、长生、沐浴、冠带、临官、帝旺、衰、病、死、墓、绝。现以人的一生举例说明：

"胎"，相当于人阴阳交合后做胎产生的原始生命体；

"养"，相当于原始生命胎体在母腹中得营养而生的状态；

"长生"，相当于胎儿得母体滋养现已出生为婴儿；

"沐浴"，相当于婴儿出生后沐浴洗澡；

"冠带"，相当于婴儿长大，至"弱冠"之年；

"临官"，相当于人生到了最佳年龄，开始在社会上"执政"了；

"帝旺"，到了人生的最高峰，相当于太阳正当午，马上就要往下走了；

"衰"，相当于人开始走向衰老；

"病"，相当于人开始生病；

"死"，相当于人结束了一生，走向死亡；

"墓"，相当于人死后进入了坟墓；

"绝"，相当于人骨灰都没有了的状态，然后便是新的开始。

通常的排序往往是将"长生"放在首位，即长生、沐浴、冠带、临官、帝旺、衰、病、死、墓、绝、胎、养。主要是从人出生才能算是生命的开始这一角度认定的。这十二个过程中，从长生到死是人生的显现阶段，其他状态是非显现阶段。由上述的意象可知，临官、帝旺是最旺的状态，长生也是很有发展的阶段；死、墓、绝当然是最衰的状态；胎、养、沐浴、冠带、衰、病则处于中间状态。

那不同的五行在十二地支各处于什么状态呢？见下表便一目了然：

五行＼状态	长生	沐浴	冠带	临官	帝旺	衰	病	死	墓	绝	胎	养
木	亥	子	丑	寅	卯	辰	巳	午	未	申	酉	戌
火	寅	卯	辰	巳	午	未	申	酉	戌	亥	子	丑
金	巳	午	未	申	酉	戌	亥	子	丑	寅	卯	辰
水土	申	酉	戌	亥	子	丑	寅	卯	辰	巳	午	未

由上表可知，木见亥为长生，也就是说，木在亥时（年、月、日、时）为长生的过程，木在亥地（西北）为长生之地；火见午为帝旺，即火在午时（年、月、日、时）处于帝旺的过程，在午地（南方）为帝旺之地，其他依此类推。

物质的这一发展过程具有哲学内涵，是一种哲学思想，我们要掌握这一规律，按照这一规律处理相应的阶段和相应区域的事情。还要知道任何事情没有常胜不败，十二个过程是都要经历的。知道了这些，就会以一个良好的心态面对各种风云变幻。当你辉煌时，不要趾高气扬，得意不过是一个过程，为官者便不至于昏、庸、奢、靡了；当你落寞时，也不要灰心丧气，因为这也不过是一个阶段而已。《红楼梦》的这首诗或许会警示大家：

陋室空堂，当年笏满床；

衰草枯杨，曾为歌舞场。

蛛丝儿结满雕梁，绿纱今又糊在蓬窗上。

说什么脂正浓、粉正香，如何两鬓又成霜？

昨日黄土垄头送白骨，今宵红绡帐底卧鸳鸯。

金满箱，银满箱，转眼乞丐人皆谤。

正叹他人命不长，那知自己归来丧！

训有方，保不定日后做强梁；

择膏粱，谁承望流落在烟花巷！

因嫌纱帽小，致使锁枷扛；

昨怜破袄寒，今嫌紫蟒长。

乱哄哄你方唱罢我登场，反认他乡是故乡。

甚荒唐，到头来都是为他人作嫁衣裳。

人的生与死很相似，儿童与老人很相似。人生来不懂事，处于蒙昧时期，老人到了一定的年龄也会神志不清，不通事理；人在儿童阶段很幼稚，贪玩，老人也一样，即成了所谓的老小孩儿；人生来从不会走路到蹒跚学步，老人到了一定年龄也会走路不稳，蹒跚而行；人生来没有牙齿，很多老人到了一定的年龄牙齿也会脱落；人生来要吃细食，否则会影响消化，人老了也要吃细食……这就是生命的规律。每个人都要经历从生到死这一过程，长生不老只是神话，因为它违背规律，违背生命乃至物质的基本规律。懂得了这一规律，我们就要善待老人，就要像侍候孩子一样的侍候老人，不要和老人较劲，不要和老人过不去，因为，迟早你也要成为蒙昧的老人！

十一、居安思危的思想

居安思危的思想在《周易》的经传中随处体现，也许是由于文王及周公当年作卦爻辞是处于十分危厉的局面中。乾卦的九三"君子终日乾乾，夕惕若，厉无咎"，说的是当取得了一定的成绩后要戒慎恐惧的道理。坤卦初六"履霜，坚冰至"，象辞进一步说："履霜坚冰，阴始凝也。驯致其道，至坚冰也。"讲的也是见微知著、防微杜渐的道理。《象传》也言："君子以思患而预防之"，讲的是"水火既济"卦的状态，当六爻皆最完美时，恰恰隐藏着危机，需"思患而预防之"。

《系辞传》中对"天地否"卦九五有这么一段阐释："危者，安其位者也；亡者，保其存者也；乱者，有其治者也。是故，君子安而不忘危，存而不忘亡，治而不忘乱；是以身安而国家可保也。《易》曰：'其亡其亡，系于包桑。'"就是说，危险的出现，是因为只知道安享于自己已经拥有的而缺乏警惕；消亡的出现，是因为只知道保护自己已经拥有的而不思进取；乱局的出现，是因为只知道身处太平盛世而不思治理。因此，君子应该在安定的时候不要忘记了危险的存在，拥有的时候不要忘记丧失的可能，天下太平的时候却不要忘记混乱的萌芽。这样，才能保证安身并保全国家。《易经》说："要时刻警惕灭亡的危险，就像牲畜被拴在丛生的桑树上一样坚固。"这段话概括起来就是居安思危的道理。

"亡者，保其存者也"，用在围棋上很经典，在下围棋的时候，如果一味地保存实地，不知扩张，这实地反而无法保全。所以，攻守兼备当是下围棋的重要思想。在治国方面，攻守兼备体现在稳定和发展的关系上，稳定和发展是两大要务，缺一不可。一味地为稳定而求稳定，很难达到理想的效果。只有一边谋发展，一边求稳定，才能实现真正的稳定。邓小平同志在改革开发初期便多次强调"发展是硬道理"，二十年后回头一看，我国确实在发展的过程中更加的稳定了，这的确是领袖的智慧、领袖的风范。

处危思危是很止常的，但居安思危、防患于未然的确不是一件容易的事。毛泽东在1949年的七届二中全会报告中便告诫全党同志，"因为胜利，党内的骄傲情绪，以功臣自居的情绪，停顿起来不求进步的情绪，贪图享乐不愿再过艰苦生活的情绪，可能生长……""夺取全国胜利，这只是万里长征走完了第一步"，"不拿枪的敌人依然存在"，不要"经不起敌人用糖衣裹着的炮弹的攻击"，并要求全党同志在建设社会主义新中国时，要做到"两个务必"——"务必继续地保持谦虚、谨慎、不骄、不躁的作风，务必继续地保持艰苦奋斗的作风"。为防止发生腐败现象，全会还特地作出了"不做寿、不送礼、少敬酒、少拍掌、不以人名作地名、不把中国同志与马恩列斯并列"等六条规定。从西柏坡向北平进发时还意味深长地说："我们进京赶考去，我们决不做李自成！"的确，李自成用了18年时间打下了天下，却只做了42天皇帝，究其原因，大概是未居安便不思危之故吧！

整个六十四卦爻辞都充满了危机感，做企业也要时刻保持这种意思，才能在商场立于不败。当产品旺销时，就要想到这种局面不会持久下去，迟早会有新的、更好的产品替代它。有了这种思路，就会科研、生产、销售一起抓，这样的企业才有生命力，"安而不忘危，存而不忘亡"。

2007年笔者为某房地产楼盘做风水策划，开盘当天销售效果很好，销售人员欢呼雀跃，兴奋异常。晚上，笔者与公司老板单独会面，笔者对老板讲："在销售火爆时，您要给团队熄火；在销售清淡时，您要给他们打气！"笔者之所以这么说，其一，是基于对项目后市的销售预测；其二，是基于居安思危的这一哲学思维。后来，随着国家对房地产市场的宏观调控，销售果然进入了一个阶段的相对萧条期，而公司老板果然按照这一思维不断地鼓励销售队伍，并较快地度过了艰难期。

十二、严于律己、宽以待人的思想

"严于律己、宽以待人"就是说要严格要求、约束自己,宽厚对待他人。这句话可以说小学生都知道,但这一思想出自何处呢?笔者认为,出自《周易》的思想,具体说出自《象传》中乾坤两卦的象辞。乾卦的象辞为:"天行健,君子以自强不息";坤卦的象辞为:"地势坤,君子以厚德载物"。严为乾,宽为坤。"天行健,君子以自强不息",讲的是天道,天刚健有为,循环不已,周而复始,生生不息。1973 年在湖南马王堆出土的帛书《周易》中,将乾卦定为"健",可见,乾具有健的基本意思。乾卦的卦辞为"元、亨、利、贞",元有大与起始的意思,四季主春;亨有畅通、生长之意,四季主夏;利有收获、祥和之意,四季主秋;贞有珍藏与正固的意思,四季主冬。可见,乾之德涵盖四时,克制自己,生生不息,用"自强不息"来比喻是最恰当的了。换一种说法,不就是"严于律己"吗?

"地势坤,君子以厚德载物"讲的是地道,承载万物,至柔至顺,无限包容,所以厚德载物。坤卦的象辞曰:"至哉坤元,万物资生,乃顺承天。坤厚载物,德合无疆。"世人应该效法大地的德行,宽厚包容,顺天应人。这不正是宽以待人吗?明代《增广贤文》中有这样一句话:"以责人之心责己,以恕己之心恕人",与"严于律己、宽以待人"同出一辙。

"自强不息"讲的是对己的精神,"厚德载物"讲的是对人的态度。试想一下,如果我们都做到了这一点,社会不就和谐了吗?我们自己也会宽心。"自强不息"、"厚德载物"被清华大学作为校训，引导着一代代清华学子"严于律己、宽以待人"。

自强不息，就要抓住人生的各个阶段的时间，做好各个阶段该做的事。明代画家、诗人文嘉的《明日歌》、《今日歌》、《昨日歌》道出了不知珍惜昨日与今日的芸芸众生的心态与懊悔，催人奋进。这三首诗不知激励了多少世人奋勇前行。笔者在大学时录得，并大受鼓舞，现录于下，再次与有缘的朋友共飨：

明日歌

明日复明日，明日何其多。

我生待明日，万事成蹉跎。

世人苦被明日累，春去秋来老将至。

朝看水东流，暮看日西坠。

百年明日能几何？请君听我明日歌！

今日歌

今日复今日，今日何其少！

今日若不为，此事何时了。

人生百年几今日，今日不为真可惜。

若言姑待明朝至，明朝又有明朝事。

为君聊赋《今日诗》，努力请从今日始。

昨日歌

昨日兮昨日，昨日何其好！

昨日过去了，今日徒烦恼。

世人但知悔昨日,不觉今日又过了。

水去日日流,花落日日少,

成事立业在今日,莫待明朝悔今朝。

"厚德载物",包容别人,做起来并不容易。包容,意味着要更多地包容别人的缺点,所谓人无完人。在各种人际关系中都是这样,上下级需要包容,同事之间需要包容,夫妻也需要包容,甚至与子女之间都要包容。上级要包容下级的缺点,阅历的局限,难免做起事来不尽如领导之意;下级也要包容上级,才能与上级更融洽,更有利于自己的发展。人与人性情有差别,有人健谈,有人沉默;有人心直口快,有人含蓄委婉;有人机警过人,有人呆若木鸡。对方的行为只要没有超越你心中的道德底线,就都要包容,要允许这些差异的存在。须知,在一个团体中,正是互补才会产生平衡,同事之间的互相包容,会产生一种和谐的氛围,会有利于彼此的发展甚至身心健康。夫妻之间的包容更为重要,当彼此看不到对方缺点的时候,一定是处于深爱之中;当彼此看到对方的缺点而视若不见的时候,就是包容;当彼此只能看到对方缺点的时候,这个婚姻便很危险了。第一种状态,一般不会太久;第三种状态因离解体不远了,故也不会持久;惟有第二种状态最有生命力,这就是包容。父母对子女也要包容,有的家长不能包容自己的孩子,把孩子当成了自己的私有产品,认为左右不了别人,自己的孩子一定要绝对服从自己,其实这是一种很不健康的思想。孩子有自己的思维,有独立的人格,有这个时代的深刻烙印,与家长之间存在代沟是正常的,不包容他（她）是不行的，当他玩起逆反，你是无能为力的。包容了之后，反而局面会好起来。

"乾坤者，阴阳之本始，万物之祖宗。"（《〈周易〉折中》）乾坤两卦给了我们不尽的启示，"严于律己、宽以待人"便是其中之一。

十三、和谐与平衡的理念

《周易》是平衡学，是和谐学。构成《周易》的基本要素都讲平衡与和谐。阴阳讲究平衡与和谐，五行讲究平衡与和谐，八卦同样将平衡与和谐。

阴阳的平衡思想上文已述，不复多言。五行的平衡，要求木火土金水力量均衡，相生相克达到一种相对的平衡，在五行生克思想中也已论述。这里主要谈谈八卦与六十四卦的平衡与和谐。

首先看先天八卦图：

"天地定位，山泽通气，雷风相薄，水火不相射"，正好形成

四组，两两相对，成为一种平衡状态。而且相对的两个卦均为阴阳相反，也是阴阳平衡的，比如乾为三阳，坤一定是三阴；兑为阴卦，二阳一阴，相对的艮一定是阳卦，二阴一阳；离为阴卦，二阳一阴，相对的坎卦也一定是阳卦，二阴一阳；震为阳卦，一阳二阴，相对的巽卦一定是阴卦，且为二阳一阴。而这种关系正反映了自然界天地、山泽、雷风、水火之间的和谐关系。我们再把八卦任意分成均等的两部分，两边的阴阳爻也一定是均等的，比如在兑和离、坎和艮中间分开，上面的阳爻为八个、阴爻为四个，则下面的阳爻一定是四个，阴爻一定是八个，显然呈平衡和谐状态。

再看先天八卦数：南方的乾一与北方的坤八之和为九，东南的兑二与西北的艮七之和为九，东方的离三与西方的坎六之和也为九，东北的震四与西南的巽五之和还为九，又呈平衡和谐状态。

下面我们来分析后天八卦图：

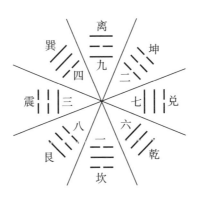

后天八卦图也形成两两相对的四组，成为一种平衡状态。相对的卦也是阴阳相反，即阴离对阳坎，阴巽对阳乾，阳震对阴兑，阳

艮对阴坤，呈现一种阴阳平衡状态。我们再把八卦任意分成均等的两部分，两边的阴阳爻也一定是均等的，比如在艮和震、兑和坤之间分开，上边为五阳、七阴，那下面一定是五阴七阳与之平衡。

再看后天八卦数：南方的离九与北方的坎一之和为十，西南的坤二与东北的艮八之和为十，东南的巽四与西北的乾六之和为十，东方的震三与西方的兑七之和为十，显然是一种平衡和谐状态。风水学上称为合十，是一种好的风水格局。

八卦是平衡与和谐的，六十四卦仍然是平衡与和谐的。我们看一下六十四卦方圆图：

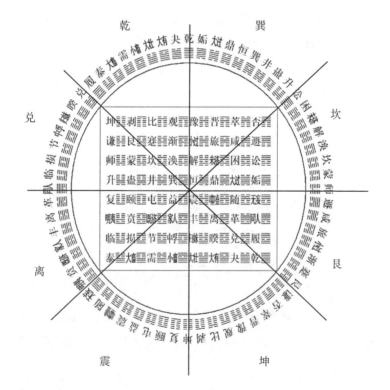

圆图乾宫的阳爻与对宫坤宫的阴爻是相等的，巽宫的阳爻与对宫震宫的阴爻也是一样的，其他依此类推，也体现了阴阳的总体平衡。方图中左上部的十六卦与右下部的十六卦的阴阳爻数量也是对应的，即左上阳爻为 32 个，则右下阴爻一定也是 32 个。

八卦、六十四卦属易学的符号体系，《易传》更是赞赏和谐理念。

《易传》告诫人们要"与天地合其德，与日月合其明，与四时合其序，与鬼神合其凶"，都是围绕一个合字。且看谦卦的象辞："君子以裒多益寡，称物平施"，益卦的象辞曰："益，损上益下，民说无疆，自上下下，其道大光"，讲的都是社会生活中的平衡与和谐。对于社会分配不均的现象，就要加以调节，对于社会财富过分集中的现象，就要予以改变，这样，就可防范社会的矛盾冲突。

《周易·序卦传》说："有天地然后有万物，有万物然后有男女，有男女然后有夫妇，有夫妇然后有父子，有父子然后有君臣，有君臣然后有上下，有上下然后礼仪有所错。"意思就是社会、人事当效法天地自然而为，将代表宇宙秩序的天道转化为家庭秩序和社会秩序的人道。按照天道行事，社会、家庭就会稳定和谐。

党中央提出的构建和谐社会的思想是完全符合易理的理念，胡锦涛总书记在党的十七大报告中关于和谐社会的论述："我们所要建设的社会主义和谐社会，应该是民主法治、公平正义、诚信友爱、充满活力、安定有序、人与自然和谐相处的社会。"其中公平、友爱、安定有序、人与自然和谐相处的灵魂皆可追溯至远古的《周易》。在当今中国迅速崛起的时代，全面建设小康社会的进程中，我们应该应用《周易》的和谐理念为社会造福，最终为营造和谐世界显现出中华文化的持久魅力。

十四、物极必反的思想

所谓物极必反，是指事物发展到极点，便会向相反的方向转化。这个成语国人都知道，都会用，但其出自《周易》思想知道的人未必很多。

《周易》卦爻有阴阳之分，阴阳变化、阴阳消长，反映了事物乃至宇宙的发展演化。表示阴阳消长最具代表性的是十二辟卦，又称十二消息卦，见下表：

卦名	乾	姤	遁	否	观	剥
卦象						
农历月份	四月	五月	六月	七月	八月	九月
节气	立夏 小满	芒种 夏至	小暑 大暑	立秋 处暑	白露 秋分	寒露 霜降
时辰	巳	午	未	申	酉	戌

卦名	坤	复	临	泰	大壮	夬
卦象						
农历月份	十月	十一月	十二月	一月	二月	三月
节气	立冬 小雪	大雪 冬至	小寒 大寒	立春 雨水	惊蛰 春分	清明 谷雨
时辰	亥	子	丑	寅	卯	辰

由表可知，乾卦是六爻均阳的纯阳之卦，为四月卦。阳气到了极点便开始转阴，阴气开始出现，由一阴开始，于是出现了一阴五阳的姤卦，为五月卦。一阴之后便是二阴，即六月的遁卦，阴长则阳消，故遁卦为二阴四阳。阴气继续上升，二阴四阳之后便是三阴三阳代表七月的否卦，再后便是四阴二阳代表八月的观卦，五阴一阳代表九月的剥卦。剥，即为群阴剥一阳，阳为君子，阴为小人，小人得势当道，局面岌岌可危。到了十月，便是纯阴的坤卦了。

坤卦的纯阴之后，阳气开始出现，便是代表十一月的复卦。从阴阳消长的角度，古人甚至将复卦的冬至作为新一年的开始，因为是阳气始生之时。阳气继续上升，便出现了二阳四阴的十二月地泽临卦。再往后发展便是一月三阳三阴的地天泰卦，三阳开泰一词便出自此处。接下来是二月四阳二阴的大壮卦，三月五阳一阴的夬卦，这时阳气已经到了一个极限，君子逐小人也到了极限，过了这个阶段便又回到了纯阳的乾卦。纯阴不生，独阳不长。所以，小人完全绝迹未必是好事。乾隆皇帝之所以养和珅在身边，大概就出于此种考虑吧。

从乾到姤，便是阳极阴生；从坤到复，便是阴极阳生，反映了物极必反的哲学道理。

往一个容器里注水，水不满不会流，满了则要往外流，这就是物极必反的道理。在现实中，物极必反的情况很多，千百年来，自觉不自觉地影响着国人的思维。

记得小时候就听老人说，名字不能叫太大、太满、太全，否则不吉。当时，小学同学中恰有两个叫"双全"的，一个叫顾双全，一个叫彭双全，奇怪的是，这两个同学都是很小就失去了双亲中的一个，顾双全没了妈，彭双全没了爹，即很小便不全了。后来研究《周易》、姓名学，果然有这一原则，那就是物极必反。民间还有老人到了一百岁，别人问他多大岁数了，他却从不说一百岁，因为一百为一个极数，物极必反，说一百不吉利，民间的"百年之后"也是这个意思。记得小时候家里还有一个现象，就是不照标准的全家福，什么是标准的全家福呢？即全家人都参加，一个不多，一个不少。但照相时又希望都参加，于是，经常出现要邀请一两个外人参加进来的情况，所以，那时的全家福多有外人参加。那时不知何故，了解了《周易》物极必反的思维以后，才恍然大悟，原来全了接下来便会不全！

我们待人处事，不主张把话说满，要留有三分余地为佳；替别人办事，在未成之前不要打保票，须知，《道德经》的"夫轻诺必寡信"的道理，也是物极必反。

世界带点儿杂质最好，没有杂质不好，但多了也不行。老子"水至清则无鱼"的思想，就是物极必反的道理。当老板、当上司要学会睁个眼、闭个眼，这样才有可能养住人，特别在中国社会大转型的历史时期。旧的机制已经打破，新的机制还没有完全建立起来，老板和员工人人自危，人才机制极不健全，正所谓"为君难，为臣不易"。这种背景下，如果老板对员工精明剔透，就难有鱼了。目前，当老板的"精明"的多，"糊涂"的少，而过于精明缺乏"糊涂"，往往适得其反。正所谓"聪明难，糊涂难，由聪明而转入糊涂更难"，所以，笔者倒呼吁精明的老板们糊涂一点，对自己的企业会更有利。

从六十四卦阴阳得位的角度，阴爻居阴位、阳爻居阳位是最佳状态，所以，阴居阴位、阳居阳位的爻辞吉利的多。然而，当六爻过分的当位和过分的不当位又都有特殊的意象了，这又是物极必反。

《周易》六十四卦中有"水火既济"与"火水未济"两卦，分别列于六十四卦的倒数第二和倒数第一位。"水火既济"是六爻皆当位，最完整，所以称既济——完成之象；"火水未济"则是六爻皆不当位，最不完整的状态，所以称未济——未完成之象。最不完整，才可继续向前发展。最完整了，就要变化，物极必反。所以，当事情最完美时，未必是好现象。所以，凡事都要留有余地，适可而止，尽量做到见好就收。"美酒饮到微醉处，好花看到半开时"，"福兮，祸之所伏；祸兮，福之所倚"。一个聪明的女人应懂得适度地打扮自己，一个成熟的男子也应该知道恰当地表现方为智者。中国文化真是相通的，只要掌握了《周易》的思想，国学的问题便可迎刃而解。见下图：

阴爻阴位 ▆▆ ▆ 当位	阳爻阴位 ▆▆▆▆ 不当位
阳爻阳位 ▆▆▆▆ 当位	阴爻阳位 ▆▆ ▆ 不当位
阴爻阴位 ▆▆ ▆ 当位	阳爻阴位 ▆▆▆▆ 不当位
阳爻阳位 ▆▆▆▆ 当位	阴爻阳位 ▆▆ ▆ 不当位
阴爻阴位 ▆▆ ▆ 当位	阳爻阴位 ▆▆▆▆ 不当位
阳爻阳位 ▆▆▆▆ 当位	阴爻阳位 ▆▆ ▆ 不当位

按理六十四卦从代表天与起始的乾卦开始，到"水火既济"六爻阴阳最完整的状态恰恰完成了一轮循环，应该结束了。所以，既济的象辞才说："君子以思患而预防之。"但事情永远没有穷尽，又要开始新的一轮循环，于是六爻便进入了阴阳最不完整的状态——"火水未济"状态。所以，六十四卦以"火水未济"结束，预示新的一轮循环又开始了！

在一个群体创业时，群体中的成员都能同甘共苦，大家没有斤斤计较，没有钩心斗角，不计较得与失。然而，一旦事业成功了，位次的争夺，利益的分配，荣誉的多少，都会凸显出来，这就是未济与既济的道理。

人的一生非一个循环所能包容，也要创造多个循环。有时，某项产业经过了初始、发展、鼎盛到衰退，是正常的事，进入了衰退期离结束就不远了。这时，就要积极酝酿新的一轮循环，而不要恋旧，不肯放弃。很多时候，放弃是智者所为，舍往往比取要难，退往往比进要难。须知，"易穷则变，变则通，通则久"。

十五、刚柔相济的思想

刚为阳，柔为阴，刚柔相济的思想是由阴阳辩证思想派生而来。因刚柔相济在人生、事业中极其重要，故笔者将其作为一种思想单独列出。所谓刚柔相济，就是在处理各种社会关系时，要刚柔相间，亦刚亦柔，方为最上乘之法，独刚与纯柔皆为下策。

　　一般来说，刚者为强，刚是力量的象征，但柔绝非没有力量，《道德经》中数次赞美柔，赞美柔可克刚，柔可胜刚："天下之至柔，驰骋天下之至坚"，"天下莫柔弱于水，而攻坚强者莫之能胜"，"柔弱胜刚强"，"强大处下，柔弱处上"，"反者道之动，弱者道之用"，"弱之胜强，柔之胜刚，天下莫不知，莫能行"等等，所以，《道德经》中充满了用柔之术。这里需要强调的是，《道德经》中所说的柔弱，绝非真正的软弱，而是方式的柔弱，是"示弱"之术。

　　而现实中，很多人不注重用柔。比如有些女性，女本为阴柔，但在家里却表现得极其刚强，结果整个家庭形成了阳阳相碰的战争状态。殊不知，很多时候女人的眼泪是解决家庭问题的良药，女人的含情脉脉可以解决家庭的很多难题。家长对孩子有时也是用柔要胜过用刚，拳脚相向很少能解决孩子的根本问题，特别青春期的孩子，往往刚性十足，所以作为家长，与其刚刚相战，不若以柔克刚。

　　在人际关系中，人们追求的最佳方式往往是刚柔相济。国人最推崇的性格是外柔内刚，外圆内方，这便是刚柔之道的最佳体现。所谓柔与圆，是指对他人要以诚相待，善待他人，圆滑处事；刚与方，是指对待他人在柔和的背后要讲求原则，把握不易之根本。莎士比亚最负盛名的悲剧《哈姆雷特》中御前大臣波洛涅斯的教子训词很受启发："对人要和气，可是不要过分狎昵（狎昵，指过于亲近而态度不庄重），留心避免与人争吵，可是万一争端已起，就要让对方知道你不是可以轻侮的。"它充分地体现了刚柔之道。

在现实社会中，刚柔相济成功的案例与独刚纯柔失败的状况都可谓屡见不鲜。在商业谈判时需要刚柔相济，谈判就是围绕各自的利益展开，但一味地争取己方的利益，却未必能争取得到，一味的退让当然也是不行的。必须进进退退、虚虚实实，时而怒若雷霆，时而和风细雨，才能争取到最大的利益。在企业管理中，也要遵循刚柔相济之道。有的企业老板太霸道，对员工太苛刻，这是过刚；有的老板对员工太宽厚，没有威严，这是过柔，各级员工就会不重视老板，也必然会影响企业的经营与发展。假如您是一个长于柔性的老板，我建议您在适当的时候发一次火；假如您是一个刚暴的领导，我建议您择机"温柔"一下，您一定会尝到其中的美味！如果您是刚到一个新单位的领导，除了体现您的仁爱之外，经过一段时间一定要"杀一只鸡"，您的权威才能树立起来；如果您的单位新来了一位领导，您一定不要去冒犯这个新的"太极"，否则难免落个被杀之鸡的下场。

然而，我们这里所说的柔，绝非软弱。常言道："马善被人骑，人善被人欺。"在处理人际关系时，过分的柔，别人就容易不重视你；过分的善良，别人就会认为你可欺；过分的好说话，别人谁都敢动你了。

在夫妻关系中同样需要刚柔相济，有的家庭夫妻关系不美，妻子对丈夫百依百顺，但丈夫对妻子却不好；也有的丈夫对妻子唯唯诺诺，但妻子却不爱丈夫。究其实，都是没有掌握好刚与柔的关系。前些年有一个朋友和妻子离婚了，据知情人讲，他的妻子对他非常好，做饭洗衣等家务事从来不用他操心，像侍候孩子似的侍候他，结果，他却有了外心，找了一个很泼辣的女友，并且离婚后便和她结了婚。大家都看不明白为什么，其实，掌握了刚柔相济的思想后，就会了然了，原来，妻子是采取了纯柔独阴的策略，当然是走不通的。在现实中，与此相反的情况却屡见不鲜，有的丈夫对妻子使用家庭暴力，有的妻子对丈夫长期"河东狮吼"，最后导致走上了离婚的道路。这种情况，双方都是采取了独刚独阳的方式，其结局不会有第二个。

十六、韬光养晦的思想

在《周易》六十四卦中有一个很糟糕的卦，叫"地火明夷"。"夷"，受伤之意；明夷，即光明受伤。既然光明受了伤，可见情势之严峻，状况之恶劣。在这种情况下应该如何处之呢？就要有韬光养晦的思想，这也正是"地火明夷"卦对我们的启示。

明夷卦的卦辞为"利艰贞"，意即利于在艰难中坚守正道。言外之意，只要坚守正道，就没有凶。因此，虽光明受伤，但却没有言凶。

该卦象辞曰："明入地中，明夷。内文明而外柔顺，以蒙大难，文王以之。利艰贞，晦其明也，内难而能正其志，箕子以之。"意思是说，太阳入地之时，光明受伤。离卦在内，坤卦在外，离文明而坤柔顺，虽遭受大难，仍内文明而外柔顺，正是周文王被囚时的表现。"利艰贞"，把光明隐藏起来，在朝中有难，是非不明之时能端正心志，这是箕子的表现。

顺便多说几句箕子这个人，因在卦爻辞中提到了这个人。箕子是文丁的儿子，帝乙的弟弟，纣王的叔父。文丁，又称太丁，商朝第 28 任国王，其子帝乙继位成为第 29 任国王，其小子帝辛继位，成为第 30 任国王，帝辛即商朝最后一任国王，著名的商纣王。帝乙在卦爻辞中也几次提到。

据《史记·宋微子世家》、《尚书大传·洪范》中记载，因纣王无道，受到政治迫害的箕子率其族人带着商代的礼仪和制度到了朝鲜半岛北部，被那里的人民推举为国君，后又得到周朝的承认并加封，史称"箕子朝鲜"。箕子朝鲜延续了千余年，直到西汉被燕国人卫满所灭，建立了卫满朝鲜。箕子朝鲜可以说是朝鲜半岛文明开化之始，箕子入朝鲜半岛不仅带去了先进的文化，先进的农耕、养蚕、织作技术，还带入了大量青铜器，另外还制定了"犯禁八条"的法律条文，以致于箕子朝鲜被中原誉为"君子之国"。

言归正传，该卦的象辞又说："明入地中，明夷，君子以莅众，用晦而明。"意思是说，光明受伤之时，为明夷，君子当效法之，管理众人要懂得虽有聪明智慧但不张扬，懂得隐蔽锋芒。

由上面的卦辞、彖辞、象辞我们可得出如此下结论：

在局面昏暗不明之时，仍不要忘记坚守正道；在身陷困境时，要懂得积蓄能量、韬光养晦；在群体中与人相处，要懂得收敛锋芒。综合起来便可用四个字概括，即韬光养晦。然而，韬光养晦应该是存在于别人不知不觉中的行为中，当谁都把你看清楚的时候，就不叫韬光养晦，也很难再"韬光养晦"了。

在现实中，韬光养晦的思想是极其重要的。大到国家，小到个人，在特定的历史时期，只有韬光养晦，才能有未来的大发展。改革开放三十年来，中国处于发展阶段，最需要的是一个和平、稳定的国际环境，因此，邓小平在上世纪80年代末90年代初便提出了著名的四句话十六个字："善于守拙、决不当头、韬光养晦、有所作为"，其中"韬光养晦"主要表现为"坚持十个'不'"的特点，即：不扛旗、不当头、不称霸、不说过头话、不做过头事、不锋芒毕露、不引火烧身、不搞对抗、谁也不怕、谁也不得罪。二十年来，中国的确按照这一处理国际关系的方针行事，赢得了二十年的和平环境，也赢得了今天的巨大发展。今天经过国际风云剧变，中国已经进入了一个新的历史阶段，在国际舞台上正起着越来越大的作用，在"中国威胁论"的声浪中，不可能再悄悄地韬光养晦了，中国可以说"不"了，也必须说"不"了，所以，方针政策也当在不断地调整当中……

从古至今，很多成大事者均具有韬光养晦的智慧。比如南北朝时期北齐文宣帝高洋，幼时其貌不扬，沉默寡言，但大智若愚，聪慧过人，登基前处于装傻状态。他大哥高澄当着他面欺负他老婆，他竟还能隐藏；他弟弟当着众人面把他当傻子要，他也照样能忍。不过当他大哥高澄突然被刺，高家走到存亡的边缘时，他却能当机立断，力挽狂澜。不但避免了高家被灭的危险，还彻底完成了他父亲的遗愿，取代了傀儡东魏元氏，建立北齐的高家天下。登基后便锋芒毕露，整肃吏治，精简官员，发展工商，强化军事，数年内北齐便成为了同期内与陈、西魏鼎立的三个国家中最强盛富庶之国。

近些年，"低调"成为了一个时髦的词汇，其实，低调就是韬光养晦的代名词。一个人在群体中，当你实力不足的时候，当你说话无人认真倾听的时候，不管你有多大的才华，怎样的能力，都要敛其锋芒，积蓄力量，"低调"做事。然而，低调不等于矮人一头，低调更不是软弱可欺。近些年流行的"穷穿貂，富穿棉，大款穿休闲"，也算是韬光养晦的一种外在表现吧。

十七、弘扬谦道的思想

《周易》六十四卦中，唯一一个六爻皆吉的卦，是地山谦卦。我们不妨先看一下各爻的爻辞：

上六▆▆ ▆▆鸣谦，利用行师，征邑国。

六五▆▆ ▆▆不富，以其邻，利用侵伐，无不利。

九四▆▆ ▆▆无不利，㧑谦。

六三▆▆▆▆劳谦君子，有终吉。

六二▆▆ ▆▆鸣谦，贞吉。

初六▆▆ ▆▆谦谦君子，用涉大川，吉。

由爻辞可见，六爻中有三爻言"吉"，两爻言"无不利"，剩下一个六爻还说"利用行师"，即可以出兵征伐，所以，六爻的确全吉了。

为什么谦卦各爻皆吉呢？初爻为阴，且甘居于最下方，可谓谦谦；二爻阴居阴位，中而且正，故吉；三爻唯一一个阳爻，为坎卦主爻，可谓劳矣，上得君识，下得众服，劳而谦，必吉；四爻又阴居阴位而不逾越，无不利；五爻为阴虽"不富"有，但可与其邻，仍怀谦道，"侵伐"都"无不利"；六爻无位而不争位，柔顺之极，因谦而"利用行师"。

从谦卦我们可以得到启示，谦虚为政，谦虚做事，谦虚待人，是生存、为人、做事的制胜法宝。柔可克刚，谦非无能。在现实中，居下者，甘心做好最基础的工作，有才干而不抗上，正确对待与上级的关系，服从领导，是为谦；在中者，勇于挑重担，困难面前冲在前，敢于承担责任，对上不居功自傲，对下不盛气凌人，不夺领导光辉，是为谦；在上者，以德服人，不以权位压人，胸怀开阔，广大包容，广施惠泽，心怀万民，是为谦。古来成大业者多具此质，刘备与诸葛亮便为谦之典范：刘备是帝王中善履谦道的典型，为求诸葛亮出山辅佐其大业，竟三顾茅庐，传为佳话。在其留给了刘禅的信中言："惟贤惟德，能服于人。汝父德薄，勿效之"，更可见其谦。诸葛亮是为臣中善履谦道的典型，刘备在世时如此，刘备去世后，竭力辅佐刘禅仍然如此。刘备临终前曾言："君才十倍曹丕，必能安国，终定大事。若嗣子可辅，辅之；如其不才，君可自取"，诸葛亮则涕泣曰："臣敢不竭股肱之力，效忠贞之节，继之以死乎！"这一对白，足见二人之谦。在一个群体中，上下若有这样之谦，则事业必成，上下均可生达人生之妙境，去则可垂青流芳！

周恩来总理是当代善履谦道之典范。从 1935 年遵义会议开始，到 1976 年的人生尽头历时四十载，与毛泽东一起为中华民族作出了卓越贡献。与毛泽东在一起，他一直是配角，功劳卓著，但从不居功；受人爱戴，却从不掩毛泽东领袖的光辉；全局出现了失误，他率先承担，从不推责。大概也正因如此，才塑造出了两位旷世伟人，才成就了祖国大业。

然而，又不能过于狭义地理解谦道，谦不是一味的柔弱，过犹不及，人人可欺，人人可辱绝非谦之德、谦之道。只要不违谦道，对世上有违准则的事与人仍然要"利用侵伐"、"利用行师，征邑国！"五、六爻位高而谦之至，"替天行道"，"征不服也"，仍为谦。"文化大革命"期间，老一辈革命家与四人帮的斗争能说不谦吗？在一个单位，与腐败而不思进取的领导斗争能说不谦吗？作为领导，一个重要原则是仁财同用，恩威并施。恩者为谦，威者也不能说便不谦。一个有才干的领导者或普通员工，不能仅是好人，还要敢于承担责任，要有对待各阶层不懂谦道之人的能力和方法。所以，辩证地理解谦道，恰当地使用谦道尤其重要。

十八、三合成局的思想

在天干地支体系中，有三合局的概念，也就是十二地支中每三个固定的地支形成相合的状态。即申子辰合水局，亥卯未合木局，寅午戌合火局，巳酉丑合金局。为什么他们三个为合局呢？因为在相合的三个地支中均有同一五行的天干存在，称地支藏干。比如，申子辰中均含有水的成分，申中有壬水，子中有癸水，辰中也有癸水，所以，他们三个凑到一起便形成合局，且合为水。

相合的三个地支各有称呼：前面的称生支，中间的称旺支，后面的称库支，中间的旺支又称为中神。拿申子辰为例，申为生支，因申是中神水的长生之地；辰为库支，因辰是水之库地；子为旺支，因子为水的帝旺之地，当然也是中神。在三个地支中，中神最重要，是核心，是主心骨，生支是生他的，库支是储藏他的。

三合局的这一关系，可以推为人事，与多人合伙做事，建立股份制公司一理相承。多人合伙做事，一定要有主要发起人，也就是头儿，这个头儿，就相当于中神；生支相当于做市场、管业务的成员，在企业中可为营销副总；库支则相当于管内部的、管财的成员，在企业中可为财务副总。中神当然就是董事长或总经理了。有了这一构架，成员各得其位，企业就可运转了。

三合局成局有一些规则：在一个局中，没有生支，没有库支都可以成局，为待时而成，一旦时间出现了所缺的生支或库支，则合局便成了。但若缺少了中神，则合局永远不成。作为一个合股的企业也是一样，因中神一定是最大的股东，所以，只要有了中神——核心人物，其他成员就好办了，甲不干还有乙，乙不干还有丙。若没有了合伙的中神，相当于没有了主要资金，这企业怎能办起来呢！在破局时，也是一样，只要中神不倒，合局的力量就在，一旦中神受伤，全局皆溃。在合伙企业中也是一样，小股东撤资，不会影响大局，若大股东不想干了，则企业非黄不可——中神不能倒！

在打击犯罪团伙时也是一样，团伙的核心不打掉，只去其羽翼，则羽翼很快还会"长"起来，一旦把核心老大打掉了，则该团伙就彻底铲除了。俗称打蛇打七寸，擒贼先擒王。

三十六计中有"擒贼擒王"一计，其词为"摧其坚，夺其魁，以解其体。龙战于野，其道穷也"。意思为：摧毁对方最强的主力，抓住其首领，就可彻底瓦解对方。后面的"龙战于野，其道穷也"出自坤卦的《象传》，意思是阴柔已经到了六爻的极限，必阴阳相战，"其血玄黄"，情形惨烈。可见，"擒贼擒王"其原理出自坤卦，但与三合局之理也一脉相承，可见中国文化的相通性。

倒三合局中神之理——"擒贼擒王"之计在军事上应用最普遍。不但国人在用，西方军事家也用得十分纯熟。2003 年美英等国对伊拉克的战争中，开战的标志就是于 3 月 20 日启动的代号为"斩首行动"的大规模空袭。美国总统布什在战争打响后向全国发表电视讲话，宣布推翻萨达姆政权的战争开始，并且提出战争将"速战速决"。怎么才能速战速决呢？只有扳倒中神——伊拉克总统萨达姆，所以，"斩首行动"空袭的目标很多都是萨达姆可能藏身的地方。尽管没能如愿，但其手法的确是"擒贼擒王"之计与制服中神之法。

中国历史上这样的战例实在是不胜枚举，勿需再列。

十九、弱极从势的思想

弱极从势是《周易》应用体系中呈现出来的一种哲学思想。

作为命理学的基础大家都知道，命理是以日干为主，要求日干要旺衰平衡，即日干的旺衰要适当。旺了，要使其衰些会更好；衰了，要使其旺些才最佳，这个人生活得才会更幸福。所以，命理学是一种平衡学。然而，这只是一般原则，还有特殊规则，即专旺格和从格。

所谓从格，就是四柱中的干支都是克、泄、耗日干，没有生和帮日干的，即日干孤立无助，这种格局就入了从格。作为从格的日干，就不能得到相生、相助，得助了，反而会出坏事。如果继续得到相克、相泄，反倒无妨，而且为好运，这就是从格的机理。

这一机理联系到人事便是弱极从势的思想。即一个人在毫无能力的情况下，就要依附他人，依附他人，便会诸事顺遂，得小助而谋求独立，其祸必临。

由此我们还可以联想到一个人被武力强大的犯罪分子挟持

为人质，人质要想安全，唯一的办法是顺从，不能反抗，一直等到有力的解救到来。若反抗，则生命必危。

刘禅就"深谙此道"，为了保全性命，当魏国大军兵临城下之时，选择了负荆投降，结果，不但性命得保，还被封为了"安乐公"，当然，落得个无能的名声。不过，如果他不这样，兵败之后是必死无疑，要想求生，只有此路一条。

在现实社会中，有时弱极从势是一种智慧，不懂追随别人、随和别人的人不能为智者。当你诚心追随别人、肝脑涂地的时候，对方也会重视你、重用你；你若三心二意出现在别人面前的时候，别人也会游戏你，你很难结交到真诚的朋友，更很难得到领导的赏识与发展的机会，事业当然也很难成功。

在现实社会中，有很多人不知自己根基深浅，论德行、论能力、论财力，都不具备独立做事的条件，但却又不肯居于人下，不肯从人，结果等待他的只能是失败；还有的人，先从人做事，结果，羽翼未丰便另起炉灶，以为人人都可当老板，随时都可当老板，结果，老板当不好，与人合作的品质也受到了质疑。一个人在社会上生存，最重要的是要认识自己，认清自己的特点，找好自己的位置，尽早对自己有个准确的定位。如果你是自己做事的性格和材料，就尽早开辟属于自己的事业；如果你不是自己干事的材料，就要不失时机地从人而为，遇到"明主"千万不要放过，一定要甘于人下。笔者认为，自己独自或带领一班人开辟天地一定要具备如下特点：其一，要有足够的哲学与政治智慧；其二，要有不屈不挠的意志；其三，要是或有决心是所从事行业的内行；其四，要有一定的人格魅力。笔者经常对朋友说，做一个高级白领未必不如一个私营业主。

志气不可乱长，骨气不可乱壮！这是弱极从势的思想给我们的启示。

二十、合冲并见的思想

十二地支的应用体系中有合局与冲局之说，十二地支两两相合共成六组；十二地支又两两相冲，也成六组。现将其分列于下：

子丑合，寅亥合，卯戌合，辰酉合，巳申合，午未合；

子午冲，丑未冲，寅申冲，卯酉冲，辰戌冲，巳亥冲。

从《周易》干支学的角度，正因合与冲的存在，才出现了绚丽多彩的世界和纷繁复杂的人生，才出现了人际关系的好好坏坏与合合分分。

就人际关系来说，合，表示两者关系好，相处融洽，互相助益；冲，则表示两者关系不好，相互冲突，互相拆台。合冲相见有如下几种情况："合可解冲"、"合处逢冲"、"争合"等，现分述之。

"合可解冲"，就是说两个地支相冲，另外某个地支参与进来使原本相冲的两个地支不再冲，这就叫合可解冲。比如，子午冲，若丑加入进来，则丑与子合，使子不再冲午；同理，未加入进来，未与午合，也使午不冲子。

这一思想在人际关系处理中很有启示。多人在一起做事，难免有你、我、他之间的不和谐，但只要把合可解冲的思想应用好，就会出现整体和谐的局面，大家都可成功。比如，A 和 B 不合（相冲），中间心存芥蒂，或有过隔阂，但 C 和 A、B 都不错（相合），C 就可在中间斡旋，使 A 和 B 为了给 C 面子，也为了大局，不再相战，于是，全局便和谐了。

"合处逢冲"与合可解冲正相反，是指两个地支相合，另外一个地支参与了进来，而这个地支与其中之一是相冲的关系，原来两个地支的合受到冲击，产生松动，这就叫合处逢冲。比如，地支巳与申相合，中间出了个亥，亥和巳相冲，这时，巳与申的牢固关系受到冲击，产生裂痕。

在社会现实中，这种情况屡见不鲜。在中国古代智谋中很注重离间之法，《孙子兵法》十三篇专门有"用间"一篇，其实就是在专论如何合处行冲的问题。在百姓生活当中，不同程度地用间也时有发生，民间称其为"挑拨离间"，有时将其归类为道德范畴。而"挑拨离间"和"无中生有"往往联系起来，离间就不重事实，所以，对于这种无中生有就要在一定高度上来认识了。

"争合"是合冲理论中的另一种现象，不但冲可破合，合也可破合。相合是一对一的行为，增加了一个对相合的两支也会起到破坏作用。比如，卯与戌合，若再加进来一个卯，则为争合，即两个卯争一个戌；若再加进一个戌，也为争合，即两个戌争合一个卯。

在现实中，争合的现象时有所见。比如在一个群体里，A和 B 两个人原本很好，现在又来了一个 C，这个 C 开始和 A 好了，A 的情感势必要从 B 当中分离出来一些，从而不知不觉中影响到和 B 的关系。

在商场上也是一样，一个企业正常都有些稳定的客户，比如，企业 A 以 B 为客户，但出了个 C，而 C 争到了和 A 合作的机会，则 A 与 B 的业务必然要分出全部或一部分给 C，从而使 B 受损，这也属于争合。

争合最典型的应该为婚姻的争合。一个家庭夫妻相合，一夫一妻，这时若出现了另一个人，不管是男是女，都为争合，是女，则丈夫感情要分化；是男，则妻子感情要分化，则必难以和对方专一相待。

争合有时也是一种计谋，成为离间计的一种，即故意去争合一方，从而使另一方心生妒意，实则为虚。在古代的战争与王权争夺中经常使用，明清年代最典型的可谓明思宗崇祯皇帝中的大清针对袁崇焕的离间之计，将可挡半壁江山的重臣勇将袁崇焕凌迟处死，以致大明江山很快被攻破，紫禁城写上了清字。

袁崇焕被行刑前留下的诗句令人千古叹息：

> 一生事业总成空，
> 半世功名在梦中。
> 死后不愁无勇将，
> 忠魂依旧守辽东。

值得宽慰的是，袁崇焕被处死一百多年后，乾隆皇帝揭开了尘封档案，并下诏为其平了反。

因此，不管是哪一种争合，都会对原来的合起到破坏作用。

在现实中，我们要把握合冲并见的思想，处理好家庭、朋友、同事、伙伴的关系，以利于关系的和谐，事业的发展。

第四章 《周易》实用方法简介

第一节 《周易》与预测学简介

一、《周易》预测体系概说

《周易》具有预测功能，《说卦传》开篇就说："昔者圣人之作《易》也，幽赞于神明而生蓍。"就是说，过去圣人画八卦、作《易经》，是为了用幽深的方式辅助神明以指导人类，所以产生了用蓍草占卜的方法。可见，《周易》的产生就是用于卜筮的。

在《易传》的其他文章中也有多处谈到《周易》的预测功能，"夫易，彰往而察来，而微显阐幽，开而当名辨物，正言断辞则备矣"、"是故变化云为，吉事有祥，象事知器，占事知来"、"动则观其变而玩其占"、"以卜筮者尚其占"、"天地定位，山泽通气，雷风相薄，水火不相射，八卦相错。数往者顺，知来者逆，是故易逆数也"，等等，讲得都很清楚。至于预测功能的机理，是一个至今尚不能完全破解之谜。因此，笔者建议更多的人类学、自然科学、社会科学、医学等方面的专家学者对《周易》的预测现象进行机理性的研究。这一现象如果有所突破，可能会对科技和人类社会的发展产生重大的影响。

诚然，也要用实事求是的科学（指广义的科学）态度对待《周易》预测，把《周易》预测过分神化的做法是不可取的。通过《周易》预测的神秘性达到某种私利的做法是更应该被拒绝的。

百姓对《周易》预测的错误观念主要有四：

第一，坚决否定《周易》预测的功能。这主要是出于无知。第二，认为《周易》预测是概率，是心理学。这是本质的错误，《周易》预测不管有多高的准确率，和心理学、概率的方法都是不沾边的。第三，过分地依赖《周易》预测，逢事便问，出门都要看"黄历"，把《周易》预测的主体功能搞庸俗了，失去了自我。第四，对《周易》预测要求过高，认为《周易》预测就要绝对准确。这是一种很奇怪的现象，人们对现代科学都没有这么高的要求，如对医生的诊病与治病，看对也好，诊错也罢，治好也好，治不好也罢，都能理解；唯独对《周易》预测要求完美，把预测师打造成了"神"。

几年前，在《辽沈晚报》上看到一篇文章很受启发，这篇文章是根据全军解剖学组织胚胎专业委员会委员、全国抗癌协会淋巴瘤委员会委员、全国全军及北京市医疗事故鉴定委员会专家、主任医师、教授纪小龙在电视台做节目讲述的内容整理而成，题目是《医生永远是无奈的》。纪教授讲，目前中国医院经过各种仪器检查、专家会诊后，误诊率是30%，门诊普通看病误诊率是50%。而美国的前一种情况误诊率是40%，英国是 50% 。

对于误诊的原因，纪教授讲："误诊的原因是多方面的，太复杂，一时说不清。"

这篇文章我非常喜欢，因为他第一次敢于公开面对误诊，公布误诊的概率。文章最后，纪教授讲："作为医生，我给自己只能打 20 分，为什么? 有三分之一的病医生无能为力; 有三分之一的病是病人自己好的; 医学只解决三分之一的病，而这三分之一的病，我也不可能解决那么多，我能打 20 分就很不错了。作为医生这么多年，我有一种感慨: 医生永远是无奈的，因为他每天都面临着失败。"

面对《周易》预测，正确的做法可以借鉴一下箕子与武王的对话，据《尚书·洪范》记载: 殷人箕子对武王谈到:"汝则有大疑，谋及乃心，谋及卿士，谋及庶人，谋及卜筮。"其意为遇到疑难，首先要通过自己判断，然后要和大臣商议，还要征求百姓的意见，最后才通过卜筮方法作以认证。

《周易》预测的操作人的不健康的现象也有三:

第一，把《周易》预测过分神化，搞得神乎其神。第二，通过《周易》预测骗人骗财。第三，过分地夸大《周易》预测的准确率，说大话、夸海口。在现代文明昌盛、科技发达的今天，不管你的准确率有多少，《周易》预测只能作为决策的一种参考信息，保票是打不得的。

那么，《周易》预测是否就没有多少价值了呢? 当然也不是。

前两年，在飞机上的一本杂志中看到这样一篇文章:

2005 年 9 月 12 日上午，香港迪斯尼乐园开幕典礼，国家领导人出席庆典。关于 9 月 12 日的天气，几天前的天气预报说有雨，但某位"风水大师"却明确告诉政府说是晴天。在 12 日之前，政府还多次向关注这次庆典的市民表示，不会有雨，因为"心中有底"，这个底，是来自对"风水大师"的信任。实际情况港人都知道了，确实是晴天！文章最后不禁感叹：中国古老的《易经》文化与科技高度发达的现代文明还真有一拼，该信谁呢？

类似的情况笔者也经历过一些，真的是当今现代科技无法比拟的。

言归正传，《周易》预测体系庞杂，门类众多，主要包括如下门类：

（一）与《周易》关系最紧密的预测方法，包括辞象预测法、梅花易数预测法、六爻预测法。这些方法都是针对具体事情的预测方法。

（二）与《周易》非直接关系的预测方法，包括号称三式的奇门遁甲、大六壬、太乙神数，还有四柱命理学、紫微斗数、测字学等预测法。奇门遁甲、大六壬、太乙神数主要是用于具体事情的预测，三者专长不一，其中奇门广泛运用于军事、地理等领域，简称测地；六壬系统主要特长是用于人事，简称测人；太乙在古代主要用于推演国家重大政治事件、天灾人祸、气数命运以及历史发展变化规律等，简称测天。四柱命理学是以人的出生时间为信息源，按照太极、阴阳、五行、天干地支的原理进行逻辑推演，最后得出人一生的生命轨迹的方法。紫微斗数是中国传统命理学中的一种，是以人出生时的星相来研究人一生的生命轨迹，与四柱命理为同源而分流，故并称为中国传统命理学的两大派别。测字学顾名思义，是以某人随机写的字作为信息源，结合太极、阴阳、五行、干支的原理来进行所关心之事的预测，方法简单易行。

二、起卦方法简述

经常会有朋友问，研究《周易》六十四卦，卦是怎么来的？要想说清这一问题，《周易》预测是不可回避的。如要预测某件事情，就得先起卦，再根据所起之卦来判断所问之事的结果。从《周易》产生到现在，起卦方法经历了三个阶段：

第一阶段，蓍草起卦阶段

即用五十根蓍草，经过数分钟的十八次"数"，才能起出卦来。

关于蓍草起卦，在《系辞上传》中有明确论述："大衍之数五十，其用四十有九。分而为二以象两，挂一以象三。揲（shé，数之意）之以四以象四时，归奇于扐（lè，夹在指间之意）以象闰。五岁再闰，故再扐而后挂。……乾之策，二百一十有六。坤之策，百四十有四。凡三百有六十，当期之日。二篇之策，万有一千五百二十，当万物之数也。是故四营而成易，十有八变而成卦，八卦而小成。……"

由上可知，起一卦要经过十八变，需要数分钟时间，所以极其复杂，而且意念难以集中，显然已不能适用快节奏的现代文明社会，目前已基本不用，故本书不做详细介绍。

第二阶段,铜钱起卦阶段

铜钱起卦是继蓍草起卦之后出现的又一起卦方法，据载由西汉京房发明，这种方法较蓍草法就简单多了，具体为：用三枚古铜钱（三枚硬币也可），合在手中，摇抛六次，一次一爻，六爻一卦便成了。

下面介绍摇卦起卦具体方法：

1. 以三枚相同的铜钱或硬币为工具。

2. 以铜钱或硬币带字的一面为阴，带花或国徽的一面为阳。

3. 把三枚铜钱放在手中或盒子里，心里默想所要问的事情，摇晃数次，撒于桌上或地上。如此共摇六次。

4. 三枚铜钱一阳两阴，为阳，表示为"—"或"、"；二阳一阴为阴，表示为"－－"，或"、、"；三个全阳为阳动，表示为"—○"或"○"；三个全阴为阴动，表示为"－－×"或"×"。

5. 记录每次摇钱的状态应从下往上记，即第一次摇出的为初爻，第二次为二爻……

现举例说明：

某人问事摇卦，第一次摇出为两字一背，即阳爻"—"；第二次为三字即阴动"－－×"；第三次摇出为二背一字，即阴爻"－－"；第四次为三个背，即阳动"—○"；第五次为两字一背，即阳爻"—"；第六次为两背一字，即阴爻"－－"。六次结果即组成了一个卦：

☲☳为"泽雷随"。

这种方法一直延续至今，大部分应用六爻预测法的人都在用。

第三阶段，随机起卦阶段

铜钱起卦比蓍草起卦快捷方便多了，但仍然不能满足人类快节奏发展的需要，目前可以采取时间、数字、物象等方法起卦，瞬间便起出一卦，快捷而准确。比如看太阳从地平线升起，便可起出"火地晋"卦，因太阳为离卦，大地为坤卦。看一中男高兴而来，便可起"水泽节"卦，因中男为坎卦，高兴为兑卦。

现把几类随机起卦方法介绍如下：

（一）时间起卦法

时间起卦法是梅花易数起卦法中较常用的一种起卦方法。具体方法是：

年按干支纪年法的地支数，如子为一，丑为二，寅为三……，月日按农历的月日使用，即正月为一，二月为二，三月为三……，初一为一，初二为二，十五为十五……

关于月数需特别说明的是，闰月时，仍以闰月的月数取数，如闰五月，仍用五；闰八月，仍用八。

还有一点需特殊加以说明的是，取月数与节令没有关系，一律以农历为准，但断卦时，月建的使用却是按照节令来定，即立春到惊蛰即为寅月，立秋到处暑即为申月，不管日时是在农历的何月，及是否闰月。

时辰的取数是按子时为一，丑时为二，寅时为三……

知道了年月日时如何取数，就可以起卦了。

（年数+月数+日数）÷8…余数＝上卦数

（年数+月数+日数+时数）÷8…余数＝下卦数

（年数+月数+日数+时数）÷6…余数＝动爻数

起卦时，上述卦数对应先天八卦数，即乾一，兑二，离三，震四，巽五，坎六，艮七，坤八。

动爻数为几，便为几爻动。

现举一例：

2006 年 9 月 1 日辰时预测，折算一下取用之数如下：

2006 为丙寅年，寅数为三数；

这一天农历为闰七月初九，则月为七数，日为九数；

辰时为五数。

所以，

上卦数（3+7+9）÷8…余数＝3

下卦数（3+7+9+5）÷8…余数＝8

动爻数（3+7+9+5）÷6…余数＝6

起出的卦就为："火地晋"六爻动变"雷地豫"。

把起出的卦装上干支、六亲、六神、世应等，便可以断事了。

（二）组数起卦法

组数起卦法就是通过一组数字起卦的方法。在这一方法中，可包括电话号码、车牌号码、门牌号码、证件号码、胸签号码等等。

组数起卦应用原则是：按照前少后多的原则，把组数中分成两部分。如果组数为偶数，就前后相同分开；如果为奇数，就按照前少后多的原则中分。前面的数字之和除八余数为上卦，后面的数字之和除八余数为下卦，全部数字之和除以六余数为动爻。

比如，数组为839405413，共九位，则前四位之和求上卦，后五位之和求下卦，总数之和求动爻，具体为：

（8+3+9+4）÷8…余数＝8

（0+5+4+1+3）÷8…余数＝5

（8+3+9+4+0+5+4+1+3）÷6…余数＝1

所起之卦就为："地风升"一爻动变"地天泰"。

1. 电话号码起卦法

电话号码包括固定电话和手机，起卦原理与上述方法一致。现举一例：

手机号码为：13604932345

共十一位，故取前五位与后六位求和，前五位之和为14，后六位之和为26，按照起卦原则，求卦除以八求余数，上卦为坎，下卦为兑；动爻除以六求余数，动爻为4爻。故所起之卦为："水泽节"变"兑为泽"。

起出卦后，就可以按照纳甲的原理来排卦、断卦了。

2. 车牌号码起卦法

车牌号码起卦可舍弃前面的汉字或英文字母，而直接用后面的数字，起卦原理与上述方法一致。

目前还有些城市因车辆太多，采取了把 26 个英文字母中的一个在数字中随意安插的方法，这时，在前面和最后的，可舍去不管，在中间的，不管其居于何位，皆以其把数字中分，再按照相应原则起卦，前面的和为上卦，后面的和为下卦。

现举一例：

车牌号码为"辽 A61133"

辽 A 舍去，数字部分前两位，后三位来求卦，由前两位得上卦为艮卦；由后三位得卦也为艮卦；由全部五位求动爻为二爻动。故所得卦为："艮为山"变"山风蛊"。

起出卦后，就可以按照纳甲的原理来排卦、断卦了。此卦为六冲卦，官鬼持世，故此车必易肇事。

3. 门牌号码起卦法

门牌号码包括独立的一栋楼、一个门面房，也包括写字间、宾馆的房间号。门牌号码也要舍弃前后的汉字、字母等，只用后面的数字。

现举一例：

宾馆房间号为：408

依据上述起卦原理，上卦为震，下卦为坤，故此房间就为

"雷地豫"卦。住这一房间必定愉悦!

4. 证件号码

证件号码包括身份证号、工作证号、会员证号、出席证号等等。

证件号码起卦原理同组数起卦,前位为零的,可不计位,也可按坤卦论。前面为英文字母的,略去不计。

现举一例:

工作证号码为: 336

按照起卦原则,该证号为"火天大有"卦六爻动,六爻之辞为"自天佑之,吉,无不利"▲按纳甲又是官动生世,持此证之人必为官。

5. 胸签号码

胸签号码包括各类胸签,如工作人员、管理员、服务员等号码。

胸签号码起卦原理同组数起卦,前位为零的,可不计位,也可按坤卦论。

现举一例:

胸签号码: 203

按照起卦原则,该证号为"泽火革"卦,变革之象,工作不久变动。

(三) 物数起卦法

所谓物数起卦法,就是根据物体、事物、声音等的数目起卦的方法。大致可有如下几种:

1. 物数起卦法

即按照可数之物的数量起卦的方法。具体有两种方法：

（1）把可数之物的数量中分，一半为上卦，一半为下卦，总数加时辰求动爻。如果总数为奇数，则少的数为上卦，多的数为下卦。具体求卦方法同上述组数起卦法。因方法一致，不再举例。

（2）以可数之物的数量为上卦，以可数之物的数量加时辰为下卦，可数之物的数量加时辰求动爻。

现举一例：

上午午时五人一起研究事情，则可起卦为：

五人为 5 数，则上卦可起为巽卦；午时为 7，则下卦数为（5+7）÷8…余数 = 4，为震卦，故所起之卦为"风雷益"。动爻数为（5+7）÷6…余数 = 6，则为六爻动。故变卦为"水雷屯"。

再按照纳甲理论装卦、断卦，结合会议的议题，即可得出这一会议的结果了。

2. 声音起卦法

声音起卦法就是按照各种声音的数量起卦的方法。这声音包括敲门声、脚步声、汽笛声、动物鸣叫声等。

具体也有两种方法：

（1）声音如果中间有间断，则多半从间断之处分开，把声音的前半部分作为上卦，声音的后半部分作为下卦，总数加时辰求动爻。具体求卦方法同上述组数起卦法。

现举一例：

有敲门声，先敲四下，后敲三下。四为震，三为离，则可起之卦为："雷火丰"卦。如为申时，则可求动爻：（4+3+10）÷6…余数＝5，即为五爻动，变卦则为"泽火革"。"来章，有庆誉吉"，纳甲法则为父母爻动而化进，综合起来则主文章之喜。

（2）如果声音不间断，又不是很多，则多半以声音数为上卦，以声音数加时辰为下卦，以声音数加时辰求动爻。

现举一例：

已时连续出现五声轰鸣，按照上述原则，可起上卦为巽；下卦数为（5+6）÷8…余数＝3，故下卦为离卦；动爻数为（5+6）÷6…余数＝5，即为五爻动。所起之卦为"风火家人"变"山火贲"。

卦象为家中喜庆之事。纳甲法为财爻持世，应动相生，利妻利财之象。

(四) 人物起卦法

所谓人物起卦法，就是将求问之人为上卦，与其相关的其他因素为下卦的方法。求问之人可按年龄，也可按职位、职业，还可按特征、肤色等来定人品的卦象。如老男为乾卦，中女为离卦；官员为乾卦，农民为坤卦；眼病之人为离卦象，黑人为坎卦等。起卦方法大致可分成如下几类：

1. 人物服饰起卦法

以人物为上卦，所穿服饰的颜色为下卦，两卦相加再加时辰求动爻。

如巳时一少女穿红色衣服问卦，则可起卦为"泽火革"，五爻动，变"雷火丰"。因少女为兑卦，为 2 数；红色为离卦，为 3 数；巳时为 6，动爻则为 (2+3+6)÷6…余数＝5，即五爻动。

2. 人物动作特征起卦法

以人物为上卦，其动作为下卦，两卦相加再加时辰求动爻。

如未时一老男经常眨眼问卦，则可起卦为"天火同人"变"泽火革"。因老男为乾卦，为 1 数；眨眼为离卦，为 3 数；未时为 8，动爻则为 (1+3+8)÷6…余数＝6，即六爻动。

3. 人物方位起卦法

以人物为上卦，其所在方位为下卦，两卦相加再加时辰求动爻。

如申时少男在正北问卦，则可起卦为"山水蒙"卦变"山风蛊"卦。因少男为艮卦，为 7 数；北方为坎卦，为 6 数；动爻则为 (7+6+9)÷6…余数＝4，即四爻动。

4. 人物物品起卦法

以人物为上卦，手拿之物等为下卦，两卦相加再加时辰求动爻。

如辰时一老妇手握拐杖问事，可起卦为"地山谦"变"地风升"卦。老妇为坤卦，为 8 数；拐杖为艮卦，为 7 数；辰时为 5 数，动爻则为 (8+7+5)÷6…余数＝2，即二爻动。

5. 人物事例起卦法

以人物为上卦，其所问之事类为下卦，两卦相加再加时辰求动爻。

如未时长女问做电脑生意，长女为巽卦，为 5 数；电脑为离卦，为 3 数；未时为 8 数，故动爻可为 (5+3+8)÷6···余数＝4，即四动。故可起卦为"风火家人"变"天火同人"。

由上述起卦方法可知，后天起卦法对卦象基本功的要求是比较高的，如果不熟练掌握万物类象，就难以起卦。如上例，如果不知道电脑为离卦，怎能起出"风火家人"呢？

（五）外应起卦法

所谓外应起卦法，就是在某人问卦时，周围突发某种看似与所问之事不相关的事情，这种现象就称为外应。抓取这一外应起卦，就称为外应起卦法。

具体有两种方法：

其一，以所发生的外应为上卦，以外应卦数加时辰数求下卦，以外应卦数加时辰数求动爻。

比如，巳时某人问卦时，突发雷鸣，则可依此外应起卦为"雷泽归妹"卦。因雷为震卦，为 4 数；巳时为 6 数，可求得下卦数为 (4+6)÷8···余数＝2，为兑卦；可求得动爻数为 (4+6)÷6···余数＝4，即四爻动。所以变卦为"地泽临"卦。

其二，以所发生的外应分取上下卦，加时辰求动爻。

如，申时问卦，问卦时周围木响三下，则可起卦为"雷火丰"变"地火明夷"卦。木声为震，为 4 数；三下为离，为 3

数；动爻则可依（4+3+9）÷6…余数＝4求得，即四爻动。

三、名辞象预测法

（一）名辞象预测概说

卦名、卦辞、卦象预测法是《周易》预测最本源的方法，从周文王起便已开始使用，周朝800年间盛行，代代传承，直至今日，仍可以用这种方法进行预测。

所谓名辞象预测法，包括用卦名直接预测、用卦辞预测和依象预测。而这三种方法往往融合使用，效果最佳。所谓用卦名预测，就是每一卦均有其基本内涵，这一最基本内涵往往体现在卦名上，故通过卦名往往可窥见一斑。比如起卦得"火雷噬嗑"，往往受口舌是非、官司牢狱所扰；起卦得"雷地豫"，往往有喜悦之事临身。

用辞预测就是根据所起之卦及所动之爻的卦辞、爻辞、象辞、杂卦辞等直接对所测之事结果的判断。看似直接读辞，再据辞的吉凶悔吝进行判断，从而得出所测事情的结果。但其实并非那么简单明了，《周易》预测要具有辩证的思维和方法才能做出准确的论断。比如在《论衡·卜筮》中记载了关于孔子及其弟子卜卦论筮的方法："鲁将伐越，筮之，得鼎折足。子贡占之，以为凶。何者？鼎而折足，行用足，故谓之凶。孔子占之，以为吉。曰：越人水居，行用舟，不用足，故谓之吉。鲁伐越，果克之。"这一事例足以证明用辞预测的辩证性。

依象预测往往和用辞预测结合起来使用，再把八卦类象及五行属性结合进去，把八卦的五行生克考虑起来，综合进行判断。比如测官司得"天水讼"五爻动变"火水未济"，其九五爻辞为"讼，元吉"，象辞为"讼元吉，以中正也"，外卦乾卦动生内卦坎，乾为官贵，"以中正也"，总体可反映此讼因有正义的官贵帮忙而胜出，大吉。

（二）易辞预测的种类

在预测中可应用的易辞包括卦辞、爻辞、彖辞、象辞、序卦辞、杂卦辞等，现分述如下：

1. 卦辞

卦辞是一卦的总纲领，一卦的吉凶悔吝全在其中，而且又准确地反映着该卦的卦意。一般来说，卦辞吉，所问之事吉；卦辞凶，所问之事则凶。卦辞对一卦之六爻均具有导引作用，如"风火家人"卦卦辞为"利女贞"，故不管测得哪一爻，均应考虑"利女贞"一辞。

2. 爻辞

爻辞是一卦的运行状态，更准确地反映了所测之事的性质。在预测中爻辞要重于卦辞。一般来说，爻辞吉，所问之事则吉；爻辞凶，所问之事则凶。有时，某一爻辞的内涵，可以反馈到全卦，以至影响到每一爻。如"风天小畜"卦第三爻爻辞为"舆说辐，夫妻反目"，则"风天小畜"卦每一爻均具有"夫妻反目"之象。

3. 象辞

象辞又分大象和小象，大象每卦一辞，由上下二卦的象征说明全卦，小象每爻一辞，从各爻位置的角度进一步说明爻辞。象辞在预测中也有重要的作用，象辞有时阐述得比卦辞、爻辞更清楚，有时又是卦辞、爻辞的补充。其中，大象也反映全卦的特性，甚至是卦辞、爻辞所没有反应的，如"水天需"卦象辞"云上于天，需，君子以饮食宴乐"，诱导着全卦，遇此卦多有吃喝之事发生。

4. 序卦辞与杂卦辞

熟练掌握了序卦辞与杂卦辞，也会使具体预测达到独特的效果。序卦辞是对六十四卦序的解说，但有时也可辅助断卦，比如"物畜然后有礼，故受之以履"。由此可推，"履"卦具有"礼"象。故在预测时，占"履"卦之人，往往有"礼"。

杂卦辞，是以综卦和错卦的关系来解释六十四卦，语言精炼，杂卦辞往往可引为具体预测之用。如"晋昼也，明夷诛也"，假如测失盗得"晋"卦，则必为白天所为。

5. 象辞

象辞是由六爻之间的整体配合阐述一卦的含义，有时象辞也可作为断卦的一种辅助手段，使卦断得更精确，更全面。

——易辞断卦中，有时直接应用易辞的字面含义。比如，测婚得"天风姤"卦，卦辞为"女壮，勿用娶女"，其意已不言自明；

——有时应用易辞的引申含义。比如，测事业得"天火同人"卦二爻动，其爻辞为"同人于宗，吝"，其引申含义可理解为干事业只用自己的亲信而造成不利；

——有时又需要把某些术数的知识融入易辞当中去破译该辞所反映的隐晦内涵。比如，测经济得"泽水困"卦三爻动，其爻辞为"困于石，据于蒺藜，入于其宫，不见其妻，凶"。其中"不见其妻"之"妻"，可理解为"妻财"，即经济效益，故此辞可理解为无经济效益可言，甚至破财。

正因为易辞具有不尽的引申内涵，因此，不过千余条的卦辞、爻辞、象辞、彖辞便可参断世界万事万物之先机。比如，"泽雷随"卦之二爻辞："系小子，失丈夫"，测行人为丈夫或大男人走失；测经济，因"小子"可解为"子孙"，即财源，故有利；测官运，可解为得到了"子孙"失掉了"官鬼"，故此官不得；测失物，小件可回，大件必失；测求谋，可解为贪小失大……因此，许多易辞在应用中，已经远远超出了其字面含义。

(三) 易辞在预测中的功能

由前所述，易辞当是断卦的主要手段之一，根据多年来的预测实践，我觉得在具体断卦中，易辞具有以下五方面的功能：

1. 决断事情的性质

一卦列出后，由易辞可以直接决断事情的性质。比如1998年5月16日，鹤岗市刘某问欲从事烧烤生意可否？得"雷水解"之"雷地豫"。卦辞为"解，利西南，无所往，其来复吉，有攸往，夙吉"；爻辞为"田获三狐，得黄矢，贞吉"；象辞为"九二贞吉，得中道也"。三辞已将事情的性质说得很清楚，即此次来沈，回去便大吉，既已决定，便越快越好。"田获三狐"，既有烧烤野味之象，又隐约告之，烤三个种类最好；"得黄矢"，可理解为得经济效益；"得中道也"，意为自己的最佳选择。于是，本人便告之，此生意很好，回去后马上就干，效益可观，应选三种东西去烤。半年后得到回音，刘某回鹤市后，便租房开张，效益可观，且其烤的六种东西中，有三种尤其受欢迎。

2. 作为辅助断卦手段参与断卦

易辞作为断卦的重要手段参与断卦，共同决断事情的吉凶成败，是易辞的又一项重要功能。比如，1998年6月17日（丁巳月，乙未日）某社团秘书长淮某家中钥匙丢失，电话问能否找到，在何处？起得"山水蒙"之"地水师"。

用纳甲法断卦，取初爻寅父为用，根据卦象及纳甲的原则，知此钥匙未丢失，当在厨厕等阴暗处的地板上的包中。从易辞的角度，上九象辞为"利用御寇，上下顺也"可理解为"可以用于防御盗贼"，明示此钥匙未丢室外。后此物果在厕所之垃圾袋中找到。

3. 易辞是一卦多断的重要手段之一

一卦在一定程度上的多断，是预测准确率的又一种体现，易辞在多断方面有着独特的作用。比如，1999年12月10日巳时（己卯年、丙子月、丙申日、癸巳时），韩国商人金东柱来公司预测生意，起得"火山旅"之"火地晋"，综合断得：此生意为技术类无竞争项目，可成，但仅此一次。其妻肤白、漂亮、健谈、厉害；兄子各一亡。又根据杂卦辞"亲寡旅也"，爻辞"旅焚其次，丧其童仆贞，厉"，断其手下助手养不住，常走人，当注意内部团结。以上预测，金老板均点头称是。日后又通过翻译反馈，其在韩国从没见过用如此简捷的方法，预测得又那么细微。

4. 易辞可以作为应期的一种确定方法

断应期是断卦的重要一环，应期的正确与否，决定着预测准确率的高低。"纳甲法"可以通过五行间的生克制化定应期，"梅花卦"可以通过卦数、卦气定应期。实践证明，易辞也可作为应期的一种确定方法。比如，1997 年 8 月 25 日巳时（戊申月己亥日己巳时）测"港澳实业"股票（时价7.08 元）近期何日抛最高？得"天地否"之"天雷无妄"。初爻象辞为"拔茅贞吉，志在君也"，此卦现处初爻，"志在君也"明现此股很强悍，目前为龙头股，且将达五爻君位之时为最高，即五天后，此股当最高。后此股果于第五天的8 月 29 日（癸卯日）达最高 9.13 元后滑落，且以后数月再未触及此位。又该爻爻辞为"拔茅茹以其汇"，表明测者还有一股也很好。实际测者果还有一股"湘中意"当日收市亦涨停。

又如，1997 年 9 月 12 日（己酉月丁巳日）铁岭某女士问夫病，得梅花卦"山雷颐"之"山火贲"。断为腰病，十年前被车碰伤，严重影响工作劳动。后经求测人证实，其夫果于1987年被四轮拖拉机轧伤，一直不能劳动至今。该爻辞为"拂颐，贞凶，十年勿用，无攸利"，"拂颐"，翻车之象，"十年勿用"，时间十年已明。

在应期方面，易辞中有多处谈到，比如："十年乃字"、"三岁不兴"、"不终日"、"先甲三日、后甲三日"、"至于八月有凶"、"七日来复"、"巳日乃孚"、"月几望"、"三年克之"等等。所有这些，都可作为应期判断的依据。

5. 用易辞指导决策，是《周易》应用的终极

应该说，预测是手段，指导是目的。品味易辞的哲学内涵，用于指导实践、指导决策，是易辞的又一独特功能。如得"进退，利武人之贞"，则行动当效仿武人一样英勇、果断；得"不出门庭，凶"，当走出家门，大利；得"系于金柅，贞吉。"行事当刹车为上……比如，1998年4月6日（丙辰月癸未日）外商曾某问生意，得"坤为地"之"山地剥"。六爻象辞为"龙战于野，其道穷也"，结合卦象、爻位，告之当谨慎收敛为上，不可再扩大经营，否则有破产之虞。半年后，此人又登门造访，言明因未信预测，反而盲目与人合伙扩大产业，导致前功尽弃，其产业已划归别的公司所有。

1997年5月30日（乙巳月壬申日）某易友妻子测单位分房，得"泽火革"之"天火同人"。根据卦象、六爻断此次分房竞争激烈，于己不利，得不偿失之象。然六爻象辞为"君子

豹变，其文蔚也，小人革面，顺以从君也"，"君子"、
"君"，可以理解为其丈夫，"豹变"、"顺以从君"已隐约
告之，其丈夫单位将会分房，且可得到满意之宅，时间又不长
了。故如辞告之：本单位的就不要去争了，等待丈夫单位的机
会会更好。神奇的是，当时还没有任何消息，7月份从其丈夫单
位果然得到一处非常满意的住房。

综上，易辞预测，绝不是拿来便用，而是要紧紧依靠我们
有知识、有经验的头脑去破译、去感应，方可得到准确、全面
的预测结果。

(四) 卦意、卦象的预测功能

具体说，六十四卦卦意、卦象主要有如下几项功用。

1. 断来意

一卦卦意，往往准确地反映了所问事情的类型。掌握了六
十四卦卦意，便可以破译问测之人所问之事的类型。比如：得
"火风鼎"卦、"雷火丰"卦，一般都与求名、求官、考试、
文书等有关。得"泽山咸"卦、"天风姤"卦，一般都与婚
姻、感情有关，等等。

2. 由卦意、卦象直接断事情的性质

如测婚姻得"离"卦，婚姻必不会和谐；测求财得"损"
卦，怎会赚钱？测事遇"坎"卦，必麻烦丛生；测双方关系，
得"泽火革"卦，关系必出问题；测某事成否得"风水涣"
卦，事情往往要散，等等。《易冒》下面的论述，就反映了这
一点。

是故筮晴雨者,得乾离则晴,得坎兑则雨;非此,然后察父母子孙以为晦霁也。筮坟茔者,遇巽风坎水,乃为大凶,以其犯风水而冲也;独秋后占地得坤,春前占山得艮,反为吉兆;蛊有虫蚁,井有水泉,明夷有伏尸;非此,然后索世爻福神以为凶吉也。

出师征伐,遇明夷有覆军之败,遇坎、蹇、困,防汔地之围,若此者,不复论子官也;求财遇萃曰亏本;出行遇节、艮、坎、明夷曰不吉;狱讼遇大壮与夬曰得理,遇坎、蹇、明夷,曰有囹圄;筮病,遇明夷、既济、丰、节而土鬼独发曰死。

筮婚姻,咸、恒、节、泰者吉,变冲不吉,暌、革、解、离者凶,化合亦凶。后嗣有无,昔筮大畜而得子,筮蒙而得子,筮涣而得孕,曰腹内怀人也,筮大有、同人,及乾与剥而有双胎,曰丙戊两胎于子也。

当然,在六爻实际预测中,有些卦并非这样简单,要结合动爻的爻位,还要结合六亲关系及卦象综合判断,方可得出正确的结论。

3. 是多断和断细节的重要手段

如测某事得"乾"卦,此事中必有官贵出现,办事时必为晴天,测卦人多具刚正之性,且易有宗教信仰,如有病多为头病等。得"天火同人"卦,一般所问之事多有相争。得"火山旅"卦,问卦之人必常出门或近期将出门。

4. 指导事情的发展

如测事得"火天大有"卦，大有有一阴居五爻而率众之象，即怀柔得众。故测事遇此，当注意以柔克刚，采取怀柔之策。

四、六爻预测法简介

西汉后期的京房（前77—前37）在其师焦延寿的基础上发明了另外一种《周易》预测方法——纳甲法，即依据一定的原则将六十四卦装上天干地支，再分析天干地支之间的生克制化关系，从而决定所测事情的性质。这种方法就是所谓的六爻预测法。六爻预测法自从创立以来就备受追捧，以致经过了几个朝代逐渐演变成了《周易》预测的大宗之法。

六爻预测法可以用铜钱摇卦法，也可以用随机起卦法。

六爻预测法不像名辞象预测法那样简单明了，本书只做简单原理性的介绍，供读者朋友了解。想深入了解研读的，请参看笔者拙著《还本归宗——六爻预测指南》。

（一）装卦法

起出卦之后，就要将天干、地支等装入卦中各爻。装卦共有五项内容：一．装地支，二、装天干；二、定卦宫；四、装（安）世应；五、装六亲；六、装（配）六神（兽）。所有这些步骤都有简单易记的方法，但因本书不是六爻专著，故不予介绍，只把六十四卦干支六亲世应表列于下，供读者直接使用。

纳甲六十四卦爻象表

乾为天（宫头）	天风姤（一世）	天山遁（二世）	天地否（三世）	风地观（四世）	山地剥（五世）	山地晋（游魂）	火天大有（归魂）
世—壬戌土父母	—壬戌土父母	—壬戌土父母	应—壬戌土父母	—辛卯木妻财	—丙寅木妻财	—己巳火官鬼	应—己巳火官鬼
—壬申金兄弟	—壬申金兄弟	应—壬申金兄弟	—壬申金兄弟	—辛巳火官鬼	——丙子水子孙	——己未土父母	—己未土父母
—壬午火官鬼	应—壬午火官鬼	—壬午火官鬼	—壬午火官鬼	世——辛未土父母	世——丙戌土父母	—己酉金兄弟	—己酉金兄弟
应—甲辰土父母	—辛酉金兄弟	—丙申金兄弟	世——乙卯木妻财	——乙卯木妻财	——乙卯木妻财	世——乙卯木妻财	世—甲辰土父母
—甲寅木妻财	—辛亥水子孙	世——丙午火官鬼	——乙巳火官鬼	——乙巳火官鬼	应——乙巳火官鬼	——乙巳火官鬼	—甲寅木妻财
—甲子水子孙	世——辛丑土父母	——丙辰土父母	——乙未土父母	应——乙未土父母	——乙未土父母	应——乙未土父母	—甲子水子孙

震为雷（宫头）	雷地豫（一世）	雷水解（二世）	雷风恒（三世）	地风升（四世）	水风井（五世）	泽风大过（游魂）	泽雷随（归魂）
世——庚戌土妻财	——庚戌土妻财	——庚戌土妻财	应——庚戌土妻财	——癸酉金官鬼	——戊子水父母	——丁未土妻财	应——丁未土妻财
——庚申金官鬼	——庚申金官鬼	应——庚申金官鬼	——庚申金官鬼	——癸亥水父母	—戊戌土妻财	—丁酉金官鬼	—丁酉金官鬼
—庚午火子孙	应—庚午火子孙	—庚午火子孙	—庚午火子孙	世——癸丑土妻财	世——戊申金官鬼	—丁亥水父母	—丁亥水父母
应——庚辰土妻财	——乙卯木兄弟	——戊午火子孙	世—辛酉金官鬼	—辛酉金官鬼	—辛酉金官鬼	世—辛酉金官鬼	世——庚辰土妻财
——庚寅木兄弟	——乙巳火子孙	世——戊辰土妻财	—辛亥水父母	—辛亥水父母	应—辛亥水父母	—辛亥水父母	——庚寅木兄弟
——庚子水父母	世——乙未土妻财	——戊寅木兄弟	——辛丑土妻财	应——辛丑土妻财	——辛丑土妻财	应——辛丑土妻财	——庚子水父母

坎为水（宫头）	水泽节（一世）	水雷屯（二世）	水火既济（三世）	泽火革（四世）	雷火丰（五世）	地火明夷（游魂）	地水师（归魂）
世—戊子水兄弟 —戊戌土官鬼 —戊申金父母 应—戊午火妻财 —戊辰土官鬼 —戊寅木子孙	—戊子水兄弟 —戊戌土官鬼 应—戊申金父母 —丁丑土官鬼 —丁卯木子孙 世—丁巳火妻财	—戊子水兄弟 应—戊戌土官鬼 —戊申金父母 —庚辰土官鬼 世—庚寅木子孙 —庚子水兄弟	应—戊子水兄弟 —戊戌土官鬼 —戊申金父母 世—己亥水兄弟 —己丑土官鬼 —己卯木子孙	—丁未土官鬼 —丁酉金父母 世—丁亥水兄弟 —己亥水兄弟 —己丑土官鬼 应—己卯木子孙	—庚戌土官鬼 —庚申金父母 世—庚午火妻财 —己亥水兄弟 —己丑土官鬼 应—己卯木子孙	—癸酉金父母 —癸亥水兄弟 —癸丑土官鬼 世—己亥水兄弟 —己丑土官鬼 应—己卯木子孙	应—癸酉金父母 —癸亥水兄弟 —癸丑土官鬼 世—戊午火妻财 —戊辰土官鬼 —戊寅木子孙

艮为山（宫头）	山火贲（一世）	山天大畜（二世）	山泽损（三世）	火泽睽（四世）	天泽履（五世）	风泽中孚（游魂）	风山渐（归魂）
世—丙寅木官鬼 —丙子水妻财 —丙戌土兄弟 应—丙申金子孙 —丙午火父母 —丙辰土兄弟	—丙寅木官鬼 —丙子水妻财 应—丙戌土兄弟 —己亥水妻财 —己丑土兄弟 世—己卯木官鬼	—丙寅木官鬼 应—丙子水妻财 —丙戌土兄弟 —甲辰土兄弟 世—甲寅木官鬼 —甲子水妻财	应—丙寅木官鬼 —丙子水妻财 —丙戌土兄弟 世—丁丑土兄弟 —丁卯木官鬼 —丁巳火父母	—己巳火父母 —己未土兄弟 世—己酉金子孙 —丁丑土兄弟 —丁卯木官鬼 应—丁巳火父母	—壬戌土兄弟 —壬申金子孙 世—壬午火父母 —丁丑土兄弟 —丁卯木官鬼 应—丁巳火父母	—辛卯木官鬼 —辛巳火父母 世—辛未土兄弟 —丁丑土兄弟 —丁卯木官鬼 应—丁巳火父母	应—辛卯木官鬼 —辛巳火父母 —辛未土兄弟 世—丙申金子孙 —丙午火父母 —丙辰土兄弟

坤为地（官头）	地雷复（一世）	地泽临（二世）	地天泰（三世）	雷天大壮（四世）	泽天夬（五世）	水天需（游魂）	水地比（归魂）
世 －癸酉金子孙	－癸酉金子孙	－癸酉金子孙	应 －癸酉金子孙	－庚戌土兄弟	－丁未土兄弟	－戊子水妻财	应 －戊子水妻财
－癸亥水妻财	－癸亥水妻财	应 －癸亥水妻财	－癸亥水妻财	－庚申金子孙	－丁酉金子孙	－戊戌土兄弟	－戊戌土兄弟
－癸丑土兄弟	应 －癸丑土兄弟	－癸丑土兄弟	－癸丑土兄弟	世 －庚午火子孙	世 －丁亥水妻财	－戊申金子孙	－戊申金子孙
应 －乙卯木官鬼	－庚辰土兄弟	－丁丑土兄弟	世 －甲辰土兄弟	－甲辰土兄弟	－甲辰土兄弟	世 －甲辰土兄弟	世 －乙卯木官鬼
－乙巳火父母	－庚寅木官鬼	世 －丁卯木官鬼	－甲寅木官鬼	－甲寅木官鬼	－甲寅木官鬼	－甲寅木官鬼	－乙巳火父母
－乙未土兄弟	世 －庚子水妻财	－丁巳火父母	－甲子水妻财	应 －甲子水妻财	应 －甲子水妻财	应 －甲子水妻财	－乙未土兄弟

巽为风（官头）	风天小畜（一世）	风火家人（二世）	风雷益（三世）	天雷无妄（四世）	火雷噬嗑（五世）	山雷颐（游魂）	山风蛊（归魂）
世 －辛卯木兄弟	－辛卯木兄弟	－辛卯木兄弟	应 －辛卯木兄弟	－壬戌土妻财	－己巳火子孙	－丙寅木兄弟	应 －丙寅木兄弟
－辛巳火子孙	－辛巳火子孙	应 －辛巳火子孙	－辛巳火子孙	－壬申金官鬼	世 －己未土妻财	－丙子水父母	－丙子水父母
－辛未土妻财	应 －辛未土妻财	－辛未土妻财	－辛未土妻财	世 －壬午火子孙	－己酉金官鬼	世 －丙戌土妻财	－丙戌土妻财
应 －辛酉金官鬼	－甲辰土妻财	－己亥水父母	世 －庚辰土妻财	－庚辰土妻财	－庚辰土妻财	－庚辰土妻财	世 －辛酉金官鬼
－辛亥水父母	－甲寅木兄弟	世 －己丑土妻财	－庚寅木兄弟	－庚寅木兄弟	－庚寅木兄弟	－庚寅木兄弟	－辛亥水父母
－辛丑土妻财	世 －甲子水父母	－己卯木兄弟	－庚子水父母	应 －庚子水父母	应 －庚子水父母	应 －庚子水父母	－辛丑土妻财

离为火(宫头)	火山旅(一世)	火风鼎(二世)	火水未济(三世)	山水蒙(四世)	风水涣(五世)	天水讼(游魂)	天火同人(归魂)
世—己巳火兄弟	—己巳火兄弟	—己巳火兄弟	应—己巳火兄弟	—丙寅木父母	—辛卯木父母	—壬戌土子孙	应—壬戌土子孙
—己未土子孙	—己未土子孙	应—己未土子孙	—己未土子孙	—丙子水官鬼	世—辛巳火兄弟	—壬申金妻财	—壬申金妻财
—己酉金妻财	应—己酉金妻财	—己酉金妻财	—己酉金妻财	世—丙戌土子孙	—辛未土子孙	世—壬午火兄弟	—壬午火兄弟
应—己亥水官鬼	—丙申金妻财	—辛酉金妻财	世—戊午火兄弟	—戊午火兄弟	—戊午火兄弟	—戊午火兄弟	世—己亥水官鬼
—己丑土子孙	—丙午火兄弟	世—辛亥水官鬼	—戊辰土子孙	—戊辰土子孙	—戊辰土子孙	—戊辰土子孙	—己丑土子孙
—己卯木父母	世—丙辰土子孙	—辛丑土子孙	—戊寅木父母	应—戊寅木父母	应—戊寅木父母	应—戊寅木父母	—己卯木父母

兑为泽(宫头)	泽水困(一世)	泽地萃(二世)	泽山咸(三世)	水山蹇(四世)	地山谦(五世)	雷山小过(游魂)	雷泽归妹(归魂)
世—丁未土父母	—丁未土父母	—丁未土父母	应—丁未土父母	—戊子水子孙	—癸酉金兄弟	—庚戌土父母	应—庚戌土父母
—丁酉金兄弟	—丁酉金兄弟	应—丁酉金兄弟	—丁酉金兄弟	—戊戌土父母	世—癸亥水子孙	—庚申金兄弟	—庚申金兄弟
—丁亥水子孙	应—丁亥水子孙	—丁亥水子孙	—丁亥水子孙	世—戊申金兄弟	—癸丑土父母	世—庚午火官鬼	—庚午火官鬼
应—丁丑土父母	—戊午火官鬼	—乙卯木妻财	世—丙申金兄弟	—丙申金兄弟	—丙申金兄弟	—丙申金兄弟	世—丁丑土父母
—丁卯木妻财	—戊辰土父母	世—乙巳火官鬼	—丙午火官鬼	—丙午火官鬼	—丙午火官鬼	—丙午火官鬼	—丁卯木妻财
—丁巳火官鬼	世—戊寅木妻财	—乙未土父母	—丙辰土父母	应—丙辰土父母	应—丙辰土父母	应—丙辰土父母	—丁巳火官鬼

上表装卦环节还差最后一项内容，即装六神。装六神与前五项装卦方法不同，前五项均为静态装卦法，而此项为动态方式，即随着测卦时间的不同而采取不同的装六神方式。所以装六神，必结合具体预测时间。

1. 六神名称

六神又称六兽，依次为：青龙、朱雀、勾陈、螣蛇、白虎、玄武。六神是古代传说中的六种兽，本人认为其前身应该是：青龙为龙，朱雀为凤，白虎为麒麟，玄武为龟。这四兽正是古代所说的四灵。

2. 六神五行属性

六神也具有五行属性，每种六神都可配一种五行，其对应关系如下：

青龙　朱雀　勾陈　螣蛇　白虎　玄武
　木　　火　　土　　土　　金　　水

3. 装六神的方法

六神装配依动态法，即以测卦之日的天干为依据。具体为，甲乙日初爻起青龙，以后依次为二爻为朱雀，三爻为勾陈，四爻为螣蛇，五爻为白虎，六爻为玄武。丙丁日初爻则起朱雀，以后依次为二爻为勾陈，三爻为螣蛇，四爻为白虎，五爻为玄武，六爻为青龙。其他日依此类推，详见下表：

日干 爻位	甲、乙	丙、丁	戊	己	庚、辛	壬、癸
六 爻	玄武	青龙	朱雀	勾陈	螣蛇	白虎
五 爻	白虎	玄武	青龙	朱雀	勾陈	螣蛇
四 爻	螣蛇	白虎	玄武	青龙	朱雀	勾陈
三 爻	勾陈	螣蛇	白虎	玄武	青龙	朱雀
二 爻	朱雀	勾陈	螣蛇	白虎	玄武	青龙
初 爻	青龙	朱雀	勾陈	螣蛇	白虎	玄武

（二）断卦法简述

1. 起卦时间的作用

时间在六爻预测法论断中必不可少，有时时间会起到颠覆预测结果的作用。今天测的卦和昨天测得同样的卦、同样的动爻，结果可能就是不同的。很显然，时间的加入大大增加了预测的变数。在没有考虑时间的情况下，一个卦从静卦、一个爻动、两个爻动、三个爻动，直至六个爻动，共产生 64 种情况，64 卦合起来则为 4096 种变化。把时间加入后，情况又复杂了很多，变化就呈几何级数增长。到底有多少变化，感兴趣的读者朋友不妨算一算。

预测的时间显然是以干支形式体现和应用的，在六爻预测法中主要应用月和日，一般俗称月建和日辰。至于年和时一般不用。所以，预测时，必须首先要搞清楚月建、日辰是什么。通过月建与日辰才能判断出卦中各爻的旺与衰，从而才能论断所测之事的性质是成还是败。

2. 断卦法简述

起出卦、装完卦后，就开始断卦了。断卦首先要取用神，即问什么事情要以相应的六亲为用神，比如，问父母之事，就以父母爻为用神；问经济之事，就以妻财爻为用神；问疾病之事，就以官鬼爻为用神，等等，以此类推。因世上事情纷繁复杂，所以，首先就要把各类事情与六亲相对应，现将常用事类与六亲关系列表如下：

父 母	兄 弟	子 孙	官 鬼	妻 财
父母、祖父母、叔伯、师长、房屋、车、衣服、家电、学业、考试、知识、技术、书籍、文件、合同、雨等	兄弟姐妹、亲朋好友、同学、战友、合作者、竞争者、破财、阻隔、口舌、门户、卫生间、四肢、刮风、云等	晚辈、下属、警察、僧道、医生、演员、顾客、财源、解忧之神、医药、寺庙、善良、快乐、六畜、晴天、彩虹等	领导、丈夫、盗贼、罪犯、官职、工作、职位、疾病、痛苦、险阻、暴风雨、爆炸、自然灾害、重云等	妻子、情人、风尘女子、仆人、秘书、钱财、珠宝、食物、饭店、银行、口、发、腰、血液、云等

确定了用神后，再结合用神及世爻的旺衰，便可断出所测之事的成败了。一般用神、世爻旺相，所测之事易成，反之事难成。决定世爻旺衰的因素有：测卦时的月建、日辰及动爻。月建、日辰五行与用神相同或生用神，用神为旺；反之，克、泄、耗用神，用神为衰。动爻五行生用神，用神有力，事易成；克用神，用神减力，事难成。

现举一例：

2000 年 4 月 18 日，沈阳宫女士经人介绍来求测在山东的水产养殖生意，得"山地剥"变"艮为山"卦：

庚辰月　　　丙午日

龙　寅财　—
玄　子孙　– –世

虎　戌父　– –

蛇　卯财　– –×　　申兄

勾　巳官　– –应　　午官

雀　未父　– –　　　辰父

搞水产养殖天气雨水很重要，她求测的目的也是担心今年的天气旱涝。旱，水量不足；涝，水产易被冲走。

水产养殖以子孙爻为用神，我们看看这一卦，子孙持世，被月克日冲，又没有动爻生，被冲破了。冲世爻的是什么呢？一者为官鬼，官鬼在这里必是灾害，所以，水产品是要生病的；二者为火爻，火鬼主旱灾，所以，当年必大旱。

再看财爻，休囚旬空又化申兄回头克，破财无疑。

再看应爻，临勾陈巳官，官司麻烦之象。

"山地剥"，剥落之象；艮为止，长久不了。

综上所述，一、今年要大旱，养殖雨水必不足；二、防所养水产品生病、闹灾；三、注意官非麻烦，口舌纠纷；四、一年效益不佳，赔钱难免。

对她讲了如上四条之后，女士要求再问些别的，特别关心自己的身体。于是，笔者根据这个卦对她讲，她身体不强，心脏有病，肾也弱，有耳鸣、浮肿等现象，腰也不好。她说："你说得都对，浑身没有好地方，但你讲的是主要症状。"

一年后，宫女士特意来汇报情况：一年赔得很惨。因大旱，政府为保农田，到她的养殖塘里抽水灌溉，宫女士与其理论也无法阻止，结果，就一个塘里还有点水。周围的地皮无赖还时常来偷鱼虾，仅能养的一点鱼虾还闹毛病，又死了不少。真是"屋破偏逢连夜雨"。

五、梅花易数预测法简介

梅花易数是在名辞象预测法基础上派生出的又一种预测法，也是和《周易》的关系最直接的方法。该法由宋代易学大家邵康节发明，该法因产生在六爻法之后，而较六爻法要快捷得多，因此，也得到了广泛流传，但因此法对"灵感"要求较高，故操作起来并非简单。梅花易数预测法的起卦方法上文已述，可谓简捷。论断方法主要分两个方面，现做以简要介绍：

（一）体用生克法

所谓体用生克法是建立在内外卦五行的基础上，通过内外卦之间的生克比和关系来论断事情的吉凶成败。这里引入了体用的概念，即有动爻的卦为用卦，没有动爻的卦为体卦。梅花易数起卦法只有一个动爻，一卦必有一体，也必有一用。用生体为吉，事易成；用克体为凶，事不可成；体用比和，诸事顺遂。体生用、体克用有耗损之患。分析完主卦还要分析变卦，动为始，变为终。分析变卦同样要分体用生克，同样是用生体、体用比和为吉，用克体为凶。比如得"地天泰"变"山天大畜"卦，主卦用卦为坤、为土，体卦为乾、为金，则用生体。变卦用卦为艮、也为土，故变卦也为用生体，故所测之事始终皆吉。

除了体用之外，还有互卦之说，在梅花易数预测中也是必须要考虑的。互卦为所测事情的中间过程。互卦也要看体用生克。

体用生克要结合季节，季节决定了体用互卦的旺衰。春季震卦、巽卦为最旺，坤卦、艮卦为最衰；夏季离卦为最旺，乾卦、兑卦为最衰；秋季乾卦、兑卦为最旺，震卦、巽卦为最衰；冬季坎卦为最旺，离卦为最衰。而体用互变之旺衰反映了所测之事的某种状态。

（二）外应预测法

外应预测是梅花易数预测体系中的重要部分。

所谓外应，又叫"机"或"天机"。是指在进行预测（起卦、断卦）的时刻，与测卦的内环境毫不相干的外部环境出现的一些现象。这些看似毫不相干的现象，其实和所测之事都有着千丝万缕的联系，往往反映所测之事的性质。外应的本质是天人合一理论。

外应概括来说，有如下几种：

1. 自然类

风、雨、雷、电，雾、雪、霾、砂等都可以作为外应之

"机"。在办一件事情的时候，比如庆典、开张、搬迁等，都期望有一个风和日丽的好天气，这就是外应思想的扩展应用。

2. 人物类

男、女、老、少，官、民、军、警等也可以作为外应之机。在进行预测时，突然有上述不同的人物到场，对卦理会产生不同的强化作用。

3. 事物类

如声音、气味、物品、动物等等的出现，也是外应的一种。在进行预测时，突然出现上述种种现象，对所测之卦会产生不同的效果。比如，预测间有香味出现，必是进财之兆；有噪音出现，事情必然纷乱无头。

现举一例：

2002 年，学员张女士的女儿怀孕待产，不知是男是女，在一次活动中张女士问笔者："王老师，看看我女儿怀的是男孩还是女孩啊？"问事时，她正背个包站立，恰在那一刻，她无意识地把包从侧面搂到了前面腹部，笔者抓住了这一外应，立刻告诉她，所生定是女孩儿。为什么呢？因为包为坤卦，腹部也为坤卦，坤为纯阴之卦，故定为女孩无疑。

六、四柱命理预测法简介

四柱命理预测法又称八字预测法，是依据人的出生时间进行一生预测的方法。具体为把出生年月日时依据一定的规则转换成天干地支，通过天干地支之间的生克制化关系来判断人的富贵贫贱、健康情感等。其基本原理是依据太极、阴阳、五行原理，也是应用易学的思维方式，因此，将其归类为《周易》应用体系中并不为过。

四柱命理预测法的科学机理也是全息论，出生时间是信息点，信息点变了，显现出来的信息就不同了。实践证明，人的出生时间确实能反映人的很多生命信息，甚至可以达到惊人的准确性。然而，把其过分地神化，过分地宣扬其准确率，也是不科学的。四柱命理学仍然有很多未解之谜，如同年、同月、同日、同时出生的人为何命运不同？双胞胎人生为何会产生差异？

命理学起源于唐代中期，由进士李虚中先生首创，当时用年月日三柱。到了五代末北宋初年，出了个徐子平，他在李虚中三柱的基础上，把命理理论发展成了四柱，即在原来年月日的基础上又增加了时辰。应该说，到了这时，八字命理理论才算完备。所以，后人又把四柱命理学称子平术。

（一）排四柱的基本方法

1. 排年柱

以出生的年为第一柱，也就是年柱。排年柱要注意是否在生年的头尾，如在头尾则当特别注意了，因生年以立春为准，立春前出生的，就以上一年干支算，立春后出生的，就以新的一年干支算，一般立春都在每年的公历2月4日或5日。所以，再强调一下，生年并非以农历正月初一为准。

至于每一年的干支是什么，查一下万年历便可知晓。其实，研究命理时间长了，每一年的干支自然会知道。

2. 排月柱

以出生的月为第二柱，也就是月柱。排月柱是以每月的"节"为准，出生日子如在节之后，就以下一个月的干支算，如在某一个节之前，则以上一个月的干支来考虑。所以，月的分法是以二十四节气的节为准的，而非农历。每月划分节气及对应地支见下表：

正月	二月	三月	四月	五月	六月	七月	八月	九月	十月	十一月	十二月
立春	惊蛰	清明	立夏	芒种	小暑	立秋	白露	寒露	立冬	大雪	小寒
寅	卯	辰	巳	午	未	申	酉	戌	亥	子	丑

月支是固定不变的，月干却是变化的，也就是说，固定某个月，月支不变，月干却是随着年的不同而不同。比如，1988 年与2004 年正月，月支都为寅，但月干却是不同的，1988 年正月天干为甲，干支合起来就为甲寅；而 2004 年正月天干却为丙，干支合起来即为丙寅。

推算月干的方法有一个歌诀，称为"五虎遁"：

> 甲己之年丙作首，
>
> 乙庚之岁戊为头，
>
> 丙辛必定从庚起，
>
> 丁壬壬位顺行流，

更有戊癸何方觅,

甲寅之上好追求。

这个歌诀是由年的天干推当年正月天干的方法,知道了正月,其他月份就可顺排出来了。如正月为丙寅,二月就为丁卯,三月则为戊辰,依此类推。

3. 定日柱

日柱为四柱的第三柱。定日柱最简单的方法就是查万年历。

民间也流传着所谓的"盲人钳子",推起来并不简单,如果读者愿意掌握,也可以参考其他资料。

4. 排时柱

时柱为四柱的第四柱。时支即是所谓的十二时辰,具体时间对应十二时辰见下表:

23点至1点	1点至3点	3点至5点	5点至7点	7点至9点	9点至11点	11点至13点	13点至15点	15点至17点	17点至19点	19点至21点	21点至23点
子时	丑时	寅时	卯时	辰时	巳时	午时	未时	申时	酉时	戌时	亥时

时支是固定不变的,时干却是随着日期的变化而变化的。

推算时干的方法有一个歌诀,称为"五鼠遁":

甲己还生甲,

乙庚丙作初，

丙辛从戊起，

丁壬庚子居，

戊癸何方发，

壬子是真途。

这个歌诀是以日干来定子时的时干。日干为甲己，子时的时干就为甲；日干为丁壬，子时的时干就为庚，依此类推。知道了子时的天干，就可顺排出其他时辰的天干了。比如求丙辰日午时的天干，"丙辛从戊起"，说明子时起于戊，排到午时一定是甲了。

（二）大运的排法

1. 大运的排法

一个八字起出后，可以大致看一下格局的高低，但要把一个人把握准确，还必须结合大运。所谓大运，就是指在八字之外，随着时间的流转对人的命运起左右作用的因素。十年一步大运。过去人的寿命短，一般排六步大运，现在人都长寿，大运也要跟着往后排，排到第七步、第八步直至第九步、第十步。现在，人们在谈双甲子，一个甲子 60 年，双甲子即 120 年，正反映了命理学的与时俱进。

八字是静态的，大运是动态的。八字影响人的一生，一步大运管十年。

八字命局相当于汽车，有档次高低之分；大运相当于道路，有好坏之别。车好，道路又好，为最上乘；车的档次低，但遇高速公路，车速仍然不会慢；车的档次高，但道路不好，不会开得太快；车不好，道路又差，为最下等了。由此来看，命好，还要运好，大运不比命局对一个人的作用小。

大运从月上起，分顺行与逆行。顺逆的规则是按照生年的阴阳及男女性别来定的，阳年生的男命与阴年生的女命皆从月上顺行，阴年生的男命及阳年生的女命皆从月上逆排。月后或月前的干支就是第一步大运，再依次排出第二步、第三步……依此类推。

比如，1968 戊申年三月丙辰月生的人，戊申为阳年，此年生的男命就要顺排大运，第一步大运即为丁巳，第二步即为戊午……依此类推。而此年生的女命就要逆排大运，第一步大运当为乙卯，第二步即为甲寅……依此类推。

再如，1973 癸丑年戊午五月生的人，癸丑为阴年，此年生的男命就要逆排大运，第一步大运为丁巳，第二步大运即为丙辰……依此类推。而此年生的女命大运就该顺行了，第一步为己未，第二步为庚申……依此类推。

2. 起大运的岁数

排出了大运之后，就要计算起运的岁数。

从生日那一天具体时刻起，男命阳年生顺数，阴年生逆数；女命阴年生顺数，阳年生逆数。数到上一个或下一个节止，看是多少天及多少小时，以三天折合一岁，一天折合四个月，一小时折合五天。算出的数字就是起运的岁数。

比如，1992 年 10 月 18 日辰时出生的男孩，1992 年为壬申年，为阳年，男孩要顺排大运。10 月 18 日为庚戌月、丁卯日，下一个节为立冬，为 11 月 7 日午时，从 18 日辰时数到 11 月 7 日午时，约为 19 天零 4 小时，按三天为一岁，一天折合四个月，一小时折合五天的原则，算一下不难得出为 6 岁零 4 个月 20 天。也就是该男孩 6 岁零 4 个月 20 天起大运。

现将该男孩的八字及大运、起运时间排列于下：

八字：　壬　　　庚　　　丁　　　甲
　　　　申　　　戌　　　卯　　　辰

大运：　辛　　　壬　　　癸　　　甲　　　乙　　　丙　　　丁
　　　　亥　　　子　　　丑　　　寅　　　卯　　　辰　　　巳
　　　　6~16　16~26　26~36　36~46　46~56　56~66　66~76

起大运的岁数存在一个争议的问题，即是按虚岁还是按周岁，笔者经大量的实践证明，按虚岁为正确。

(三) 十神的概念

日干代表命主本人，其他年、月、时干以及年支、月支、日支、时支都要与日干直接或间接发生关系，或帮、或生、或克、或泄、或耗，从而对日主的旺衰以及富贵贫贱产生影响。这帮、生、克、泄、耗五种情况的作用用特殊名词来代表就是十神。五种情况为什么称十神呢？因干支有阴阳之别，五种情况再分阴阳就是十种情况，这十种关系的身份就是十神。

十神又叫变通星。就是相互之间本为五行的生克泄耗关系，现在要用另外一个称呼来代表，所以称变通。

十神包括：比肩、劫财、正印、偏印、正官、偏官、正财、偏财、伤官、食神。

十神与日主的关系如下：

比肩、劫财：二者都是与日主同类的五行，有帮身的作用。同阴阳的为比肩，不同阴阳的为劫财。如甲见甲为比肩，见乙为劫财；丁见丁为比肩，见丙为劫财，依此类推。

正印、偏印：二者为生日主的五行，有生身的作用。不同阴阳的为正印，同阴阳的为偏印。如己见丙为正印，见丁为偏印；壬见庚为偏印，见辛为正印。依此类推。

正官、偏官：二者为克日主的五行，有使日主减弱的作用。不同阴阳的为正官，同阴阳的为偏官。如戊见甲为偏官，见乙为正官；辛见丙为正官，见丁为偏官。依此类推。

正财、偏财：二者为日主所克之五行，有使日主力量消耗的作用。不同阴阳的为正财，同阴阳的为偏财。如乙见戊为正财，见己为偏财；庚见甲为正财，见乙为偏财。依此类推。

伤官、食神：二者为日主所生之五行，有使日主力量泄耗的作用。不同阴阳的为伤官，同阴阳的为食神。如癸见甲为伤官，见乙为食神；丙见己为伤官，见戊为食神。依此类推。

以天干的形式直观体现十神与日主的关系可见下表：

日主\天干	甲	乙	丙	丁	戊	己	庚	辛	壬	癸
甲	比肩	劫财	偏印	正印	偏官	正官	偏财	正财	食神	伤官
乙	劫财	比肩	正印	偏印	正官	偏官	正财	偏财	伤官	食神
丙	食神	伤官	比肩	劫财	偏印	正印	偏官	正官	偏财	正财
丁	伤官	食神	劫财	比肩	正印	偏印	正官	偏官	正财	偏财
戊	偏财	正财	食神	伤官	比肩	劫财	偏印	正印	偏官	正官
己	正财	偏财	伤官	食神	劫财	比肩	正印	偏印	正官	偏官
庚	偏官	正官	偏财	正财	食神	伤官	比肩	劫财	偏印	正印
辛	正官	偏官	正财	偏财	伤官	食神	劫财	比肩	正印	偏印
壬	偏印	正印	偏官	正官	偏财	正财	食神	伤官	比肩	劫财
癸	正印	偏印	正官	偏官	正财	偏财	伤官	食神	劫财	比肩

十神代表着大千世界、纷繁复杂的人类社会及人体自身的多种现象，具有多种意象，现简列于下：

1. **正官**：正官又叫禄神。正官是与日主异性之克，有情之克，其基本含义为：约束力、规劝力和压制力，其性纯正，是人立身之本。代表领导、长辈、教师、公务员、管理人员、贵人等。女命代表丈夫，男命代表女儿。也代表正直、负责、端庄、严肃、规矩、理性、善良、细心、光明磊落、富正义感、责任感、循规蹈矩、墨守成规等。

2. **偏官**：偏官有时也叫七杀、七煞、煞。七杀是与日主同性之克，无情之克，其基本含义为：打击、压制、暴力、权威，其性刚猛，须制化方可为我所用。代表军警武职、法官、军人、警察、律师、医生、翻译、艺人、政治家、暴徒、流氓、盗贼、仇人、敌人、病人等。女命代表情人、年龄相差大的丈夫、不称意的丈夫，女儿，男命代表儿子。也代表豪爽、热情、威严、机敏、义气、聪慧、自强、严厉、欲望、有感召力、伶俐、有魄力、说服力、权力欲，有野心、有创业精神、有名声、独断、霸道、匪气、叛逆、冲动、偏激、武断等。

3. **正印**：正印又叫印绶、护禄神。正印是与日主异性之生，其基本含义为：能使我生长，且与我关系友善的。代表长辈、师长、公务员、贵人、文化人。男女命代表母亲，女命还代表祖父、女婿等。也代表善良、慈祥、宽容、温柔、涵养、文静、气质高雅、重情操、重名誉、重感情、讲信誉、要面子、有毅力、古怪、孤僻、依赖性、小富即安等。

4. **偏印**：偏印因克食神，有时又称枭印、枭神或倒食。偏印是与日主同性之生，是不情愿的生，如同继母似的关爱，使日主的心性必变得敏感多疑。代表长辈、保姆、律师、翻译、艺术家、思想家、宗教家、易学家、医生、记者、编辑、侦察员、设计师、技术人员。男女命之继母、后母、养母，男命之祖父、外孙。也代表精明干练、反应机敏、多才多艺、细腻、有心机、悟性高、有灵感、点子多、警戒性强、喜神秘、孤独、寡言、心疑、自私、内向、爱恨极端等。

5. **正财**：正财为日主异性所克者，其基本含义为：我所能控制或限制并与我关系亲密且能为我所享用之物或者人。凡是正当的，名正言顺地受我支配的金钱、财物或人都以正财来定位。代表商人、富翁，秘书、服务人员、佣人。男命代表妻子、兄嫂、弟媳，男女命代表父亲。也代表细腻、本分、现实、谨慎、守信、专一、执著、重情感、善理财、有责任感、勤劳节俭、踏实保守、任劳任怨，还代表欲望，包括男女的色欲、贪欲、吝啬、缺乏浪漫等。

6. **偏财**：偏财又称驿马。偏财为日主同性所克者，其基本含义为：我所能控制的任何具体之物或事件，但却不执著在这个事物上。偏财之财是一切非工薪所得，如股票、礼金、赠予、受贿、博彩、投机、借贷、中介、生意、谋营、非法之财、不义之财等。男命代表父亲、感情不佳的妻子、偏房、情人，女命代表父亲、婆婆。也代表风流、浪漫、多情、大方、善交际、爱出风头、喜冒险、刺激、轻财重义、手松、聪明机灵、乐观开朗，还代表欲望，包括男女的色欲、贪欲、虚浮、缺乏节制、好酒、浪费等。

7. **食神**：食神因可制七杀，有时又称爵星、寿星。食神为日主同性所生者，泄之使日主精华外露。其含义主要表示精神世界，凡是与我的精神与情感相关的东西都在食神的范畴，食神表现温和而平淡。代表晚辈、学生、部属，演员、艺术家、音乐家、宗教家、经济师、学者、老师、医生、咨询师、律师、记者、作家、美食家、演说家、主持人、音乐家、演艺人。女命代表女儿、祖母，男命代表女婿、孙子。也代表温文随和、宽宏大量、善良体贴、贤妻良母、礼貌、孝顺、有艺术细胞、气质高雅、有信仰、有爱心、有口才、善表现、喜浪漫、喜民主、善烹饪、好幻想、吃喝玩乐、缺乏是非等。

8. **伤官**： 伤官为日主异性所生者，其含义为自我的放任与骄纵，也为精神范畴，易因过分执著于自我表现而变得不切实际，违反常规。代表晚辈、学生、部属、艺术家、演员、音乐家、导游、宗教家、律师、作家、设计师、手艺人、生意人、纪检人员、反贪官员、军警。女命代表儿子、情人，男命代表祖母、孙女。也代表聪明、活跃、多才多艺、有口才、表达能力强、智商高、悟性强、坦荡、直率、敏感、有计谋、爱出风头、赶潮流、具有想象力、创造力、任性、不修边幅、博而不精、善变、疑心重、狂傲、虚荣、抗上、爱发牢骚等。

9. **比肩**： 比肩在地支又称禄神。比肩为与日主相同者，其含义为： 代表行使权力，也表示合作者。代表朋友、兄弟、同辈、同行、合作伙伴、运动员、教练员、体力劳动者、司机、中介业、生意人。女命代表姐妹、妯娌，男命代表兄弟、姑父。也代表稳健刚毅、见义勇为、勇敢冒险、积极进取、工作勤勉、意志坚强、独立性强、自信、自尊心强、爱面子，较劫财温和，地支见比肩禄神，有自尊、自爱、自强的特点，还表示身体、女人的肉体、自己所拥有的一切、权力、财富、寿命、刚愎自用、独断专行、人际关系不佳等。

10. **劫财**： 劫财又称败财，在地支又称羊刃。劫财为与日主为异性相同者，其含义为助我，但有代价，因为劫财要分夺我之财，以争夺为其目标。代表朋友、异性朋友、友人、同辈、同行、股东、竞争者、合作者，运动员、武术师、探险家、军人、警察。女命代表兄弟、公公，男命代表姐妹、情敌。也代表热诚坦直、才华外露、个性刚强、精明强干、奋斗不屈、喜投机、乐交际、攻击性强、浪费、好赌、鲁莽、冲动、冒险、好酒色、好吹牛等。

（四）命理的论断方法

一个四柱排出后，以日干为自己，其他七个干支均表示与己发生关系的他人，包括六亲、上下级、朋友、敌人等；也包括自己的身体状况、性情、衣食住行等。通过其他干支与日干的生、克、泄、耗等关系，判断出日干的旺衰，再将其他干支与日干的生、克、泄、耗等关系转换成十神关系，来论断人生各方面的信息。同时，每十年一步大运，不同的年龄段，还要结合不同的大运，才能准确判断出不同阶段的人生信息。

想进一步了解命理学，请关注笔者相关著作问世。

现举一例：

这是1943年7月出生的南方某省一位副省级领导（男）的四柱：

正财	劫财	日干	正官							
癸	己	戊	乙	戊	丁	丙	乙	甲	癸	壬
未	未	寅	卯	午	巳	辰	卯	寅	丑	子
劫财	劫财	偏官	正官	4	14	24	34	44	54	64

该四柱日干戊土，生于未年、未月、寅日、卯时，属于身旺官杀旺的八字格局，属贵格。日坐偏官，有心机；正官清透，为官清廉；官杀皆存，文武兼备；土受木克无救，土主消化，主皮肤，消化不好，皮肤不佳；年干癸水无根，年主头，癸主血，有脑出血信息；劫财旺透，有表现力，善表达；行运不背，仕途顺水；乙卯大运为正官运，故官从文职；甲寅大运进入偏官，改行武行，但因甲运合月干己，特性不显，仍为文职，一进寅运，便改任公检法武职；进入癸丑，引发年干癸水，乙酉年太岁伤官，应脑出血，后病休在家。

第二节 《周易》与风水学简介

国家住宅与居住环境工程中心编撰的《健康住宅建设技术要点(2004 年版)》对风水文化也给与了客观的定位：

在第三条"社会环境健康性"一节中针对住宅风水的应用讲到："应用辩证的观点研究住宅风水，正确引导居住者理解住宅风水，创造出符合心理健康的居住环境。"又进一步说明到："住宅风水作为一种文化遗产，对人们的意识和行为有深远的影响。它既含有科学的成分，又含有迷信的成分。用辩证的观点来看待风水理论，正确理解住宅风水与现代居住理念的一致与矛盾，有利于吸取其精华，摒弃其糟粕，强调人与自然的和谐统一，关注居住与自然及环境的整体关系，丰富健康住宅的生态、文化和心理内涵。"这是新中国成立以来国家首次对风水文化给予基本客观的定位。

风水是存在的，风水与《周易》也有着一定的渊源关系，自古许多易学大家也都对风水现象进行深入研究探索。南宋易学、理学大家朱熹对风水就是很有研究的，曾赞叹北京的大风水环境（当时北京还没有成为都城）："天地间好个大风水！冀都山脉从云中发来，前面黄河环绕，泰山耸左为龙，华山耸右为虎。嵩山为前案，淮南诸山为第二重案，江南五岭诸山为第三重案。故古今建都之地莫过于冀，所谓无风以散之，有水以界之也。"这个论述引起了其后许多政治家的关注，甚至康熙皇帝还曾为此著文"论道"。

然而，风水现象至今还不能完全用现代科技和现代人文理念去破译它，那就留给后人吧，不要非得有个结论不可，就像发掘古墓，我们现在的科技手段还不能很好地保存它，那就暂不发掘，交给后人。当然，这只是笔者个人的观点。

一、风水学的定义

所谓风水学，就是从风水的角度对生存环境进行选择和处理的学问，是研究建筑环境如何对生活、劳作其内的人产生吉祥作用的科学。而风水的概念最早是由被誉为风水学鼻祖的晋代学者郭璞先生提出来的，即："葬者，乘生气也。……经曰：气乘风则散，界水则止。古人聚之使不散，行之使有止，故谓之风水。风水之法，得水为上，藏风次之。"（《葬书》）用现代通俗的话来说，就是通过山和水的拢聚，使居住环境产生一种气场，这一看不见、摸不着的气场环境，就称为风水。古人认为，风水好坏是由气造成的。如果气聚而不散、畅而不窒、行而不急，这种气显然有利于人们的生存、居住，具有这样气场的环境，便是好风水。

那么，气场又是怎样产生的呢？是由形带来的。犹龙般起伏的山峦，蕴涵着生气；吉祥的建筑形状、结构产生吉气。人们通过创造、改变建筑的形状、结构、门位、颜色，以及周围的道路、河流、树木、建筑等状况，产生有利于人们身心健康的气场，从而达到产生良好风水的目的。

所以，也可以简单说，风水学就是研究"气"的学问。不管是以实物环境为主的峦头风水，还是以理论运算为主的理气风水，都是在围绕"气"做文章，所以，气是风水的灵魂。

气，是中国传统文化的核心内容，道家思想、气功、中医、养生等等都讲气。那气是什么呢？首先，气是物质。华夏先人们认为，物质分两部分：一部分是肉眼看得见，摸得着的，如山川、河流、大厦、物体等；另一部分则是看不见，摸不着的，但又是客观存在的，就是气。更令西方思维模式不可理解的是，物质的这两种表现形式还可以互相转化，"在天成象，在地成形"，"聚则成形，散则化气"，人"气聚而生，气散为死"。也就是说，在一定的条件下，无形的气可以转化成有形的物质；有形的物质又可以转化成无形的气。气是形的内在构成，形是气的外在表现。"气雄则地随之而高耸，气弱则地随之而平伏，气清则地随之而秀美，气浊则地随之而凶恶"（清《罗经透解》）；"气行则万物发生，气聚则山川融结"，"形者气之著，气者形之征；气隐而难知，形显而易见"。由此可以说，气是一种特殊的物质。

其次，中国传统文化认为，气是构成天地万物的最基本单位，气是万物之原。《老子》的"万物负阴而抱阳，冲气以为和"，即是说阴阳二气冲荡而化合成万物。从这一概念来说，气又被称为元气。

再次，气相当于现代物理学中的"场"，气也是一种力、一种波，气的存在是不断流动的，气的本质应该是超微粒子。正因为每种物体都存在一个"场"，不同形状、不同颜色、不同方位的物体的场又是不同的，更重要的是，这种场又有吉有凶，也就带来了风水场的吉凶。所以，像尖角冲射、弓水割腰等便被视为风水凶物了。

二、风水学与《周易》的关系

风水学与《周易》有着一定的渊源关系。风水学所论的气，在《易传》中也多有隐约论述，如"在天成象，在地成形，变化见矣"，讲得就是"气"与物形的关系。风水学的另一个基础——象，完全来自《周易》。《系辞传》对象的定义为："圣人有以见天下之赜，而拟诸其形容，象其物宜，是故谓之象"，与风水的象其意相通。《周易》讲究"象"，风水也讲究"象"。卦有卦象，爻有爻象，物有物象。风水讲"物象由气生"，所以，观建筑之象，可知建筑之气，从而知建筑之吉凶。

易学认为，象、数、场是三种不同状态的物质。象，就是物质的形象，包括形状、材质、颜色、气味等；数，就是数字，包括正数、负数，也包括实数、虚数（笔者认为，实数就是阳数，虚数就是阴数）；场，是物质周围看不见、摸不着的能够对其他物质产生作用的一种能量，电场、磁场等是场的两种表现，这里所说的场，是更广义的场，是现代仪器还无法检测到的一种能量。不同形状的建筑，能量不同；不同结构的建筑，能量不同；甚至不同的颜色，能量也是不同的。有能量就有场，人在某种场下，就会受到该场的影响。

风水的峦头说，就是建立在《周易》"象"的理论基础上的。山川走势有象，河流蜿蜒有象，地势高矮有象，建筑形状有象，象遍布于整个物质世界。《青囊海角经》所言"山厚人肥，山瘦人饥；山清人秀，山浊人迷；山宁人驻，山走人离；山雄人勇，山缩人痴；山顺人孝，山逆人亏"，就是就山之象而言人之状。风水古诀"何知人家被火烧，四面山峰似芭蕉"，"何知人家横事来，停尸山在面前排"，"玄武垂头，朱雀翔舞，青龙蜿蜒，白虎驯俯"等等，讲的也是象。

至于构成《周易》思想的基本元素，包括太极、阴阳、五行、八卦等等，也都是理气风水的基本元素，在风水的论断中都有重要应用。理气论风水中，有建筑不可坐正子午的规则，为什么呢？自今尚没有看到相关道理的论述。笔者认为，其道理就出自《周易》：在十二地支中，子午卯酉为四正支，方位代表东南西北四正方位，而该四个地支中又都没有杂气。子中含癸水，午中含丁火，其中虽有己土但并不相背，所以，建筑坐了正子午向，气太专，所谓"水至清则无鱼"，违背了阴阳平衡的易学基本原理。

因此，说风水学是《周易》应用体系的分支并不为过。其实，风水学就是《周易》在建筑领域的应用。所以，也可以把风水学称作易学与建筑文化。

三、峦头论风水简述

峦头论风水又称为形法、形势法（派）、江西派。顾名思义，就是从形势的角度论风水，也就是通过感观看得见、摸得着的物资环境来论断风水的方法。以山水为论证的两大要点："山主人丁水主财。"

龙、砂、水、穴是峦头论风水的四大要素。定穴，是营造风水的最终目的。有真龙，才能定吉穴。有水阻，气才能止。有砂护，气才不耗散。风水学要求龙要真，砂要秀，水要抱，穴要的。

龙、砂、水、穴的构成见下面最佳城址选择图：

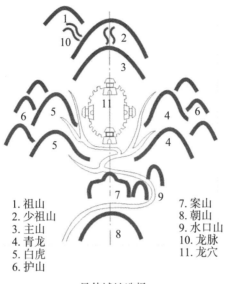

1. 祖山
2. 少祖山
3. 主山
4. 青龙
5. 白虎
6. 护山
7. 案山
8. 朝山
9. 水口山
10. 龙脉
11. 龙穴

最佳城址选择

1. 审龙

绵延起伏的山脉，因形似龙，故风水学上将其命名为龙。龙是气凝聚的根本前提，没有龙，就谈不上砂、水、穴，也就没有了一切。

从吉凶的角度，龙脉又分吉龙和凶龙。山脉肥厚圆润、气势雄伟、绿树掩映、神足气爽则为吉龙。山脉无势、怪石嶙峋、树木不生、歪斜神枯则为凶龙。

审龙，就是对山脉的观察、审视。有山就有气，审龙无外乎是在寻找吉气所在。但因山高树障，将山的走势审清是不易的，故先人们发明了审龙的三种简便方法：即顺趋之法、逆步之法和横剿之法。顺趋之法，就是从祖山即最高的山开始逐级向下审视，以观前面是否有水截止。"气乘风则散，界水则止"，遇水气方可止，才能谈得上有真穴。逆步之法就是先由砂水合抱之处的理想穴形，循山逐级向上逆察，见是否为主脉正龙、干龙，以定所见之穴是否有旺气凝结，因为没有龙就谈不上穴。横剿之法就是从砂上审龙，即从砂水的环抱形状，来确定是否有真龙，及龙从何方来。

2. 观砂

"砂"是指穴周围的山峰、建筑等。在穴前面近而小者，称案山；远而高者，称朝山。统称为朱雀。在穴左边的山称青龙山（砂）或"龙"；右边的山称白虎山（砂）或"虎"。后面的山称乐山或玄武山，也称应砂。不管是哪个方位的砂，其作用就是为了护气，使穴场之气不外泄，不飘散。因此，观砂，就是观察穴周围的山是否有利于护气。

砂可分两类：一类为吉砂；一类为凶砂。

吉砂，就是离穴的距离适当，形体端正、完整，环抱穴位。凶砂则正相反，高压近逼或位置远离，形状歪斜、尖而射穴、顺水反去、开路断头等。所以，观砂主要有两项工作：一为看砂的形状是否吉祥，有利护气；二为看砂的位置，远近是否适当，太近则对穴有压迫感，造成气滞；太远则难起护之作用。

3. 察水

水在风水中是又一个极其重要的概念。水指水源、河流、湖泊、池塘，从某种角度上说，也指低洼地，道路等。"高一寸则为山，低一寸则为水"。

"未看山时先看水，有山无水休寻地"，"龙非水送，无以明其来；穴非水界，无以观其止"，"风水之法，得水为上，藏风次之"，"山管人丁水管财"，"水深处民多富，浅处民多贫；聚处民多稠，散处民多离"，"水是山家血脉精，利人害人速如神"……。由古人的这些论断不难看出，在风水中，水是何等的重要。因为气不止，是论不上生气、吉气的。龙气不止，是无穴可结的。而要使气止，非水莫为。因此，才有上述这些强化的论断。

两山夹处必有水，两水夹处必为山。山以运气，水以止气，山水交合则气凝聚，大交则大聚，小交则小聚，不交则不聚。

水也并非全吉，仍有吉凶之别。水喜环抱、流动舒缓、大小适中、甘洌清甜。忌如下六种水：直冲之水、反弓之水、削割之水、淋头之水、苦涩之水、污染之水。在建筑周围出现了如上六种水，则便不吉了。

4. 点穴

穴，为龙脉的聚结处，为气的凝结点，也就是建房、造墓的最佳位置。点穴，就是选择、确定这一凝结点。所谓"点"，就是穴位可达一无限小的区域，民宅建宅的位置，墓地下骨灰盒的位置（金井），都应是穴位所在。"三年寻龙，十年点穴"，即是表示这一"点"的难寻。常说的"龙真穴的"之"的"，也是指选定这一最佳的"点"。

谈穴，离不开明堂。所谓明堂，为穴前（包括穴位）由砂水形成的区域格局，又称堂局。说俗了，一般指穴前聚气的区域。所以《辞海》解释为"指墓前的所谓地气聚合的地方"。需强调的是，明堂不单指墓地，也指阳宅建筑。阳宅的明堂也是十分重要的。阳宅的明堂，一般指建筑前面的空地格局。根据建筑规模的大小，明堂要大小适中，且形状要规整。明堂太大则气荡，明堂太小则气蔽，都是不理想的。

四、理气论风水简述

理气论风水是风水理论的又一流派，在风水理论诞生、发展、成熟的过程中，理气法一直与峦头法并肩而行，成为了论风水的不可或缺的一种重要手段。理气派又称福建派。

严格来讲，理气与峦头是密不可分的，正所谓"峦头为体，理气为用"。因为哪种理气法都离不开峦头的作用，峦头法也同样需要理气理论在空间与时间上的精准定位。然两者相较还是峦头更重要些，它是环境风水应吉应凶的根本所在。正如明末清初被后人誉为"地仙"的一代地师蒋大鸿所言"峦头，体也；理气，末也；天星，末之末也。"

理气，重在一个理字，即以"理"论气。也就是如何通过各种原理，给"气"营造一个良好的运行路径，从而达到创造吉祥风水的目的。关于坐向的问题，开门的问题，住何房间吉祥的问题，风水的吉凶何时应验的问题等，都属理气范畴。

理气法从空间和时间两个角度论风水。八卦、九宫、二十四山等的引入，多半是为理气服务的。

理气论风水方法很多，常用的方法有八宅法、八卦法、玄空法、金锁玉关法、三元法、三合法等。在这些方法中，虽也不失峦头的内容，但主调还是理气范畴。

理气论风水是从空间和时间两个角度加以应用。

1. 空间

理气论风水，空间的作用主要体现在方位上。易学、风水学理论认为，四面八方不同方位的五行属性是不同的，不同方位的气也是不同的。气不但分阴阳，还分五行，如成语"紫气东来"就出自此。不同卦位的气是不同的，二十四山不同山位的气也是有别的。所以，一个建筑定何种坐向，门开在何方就显得十分重要了。常说的龙、穴、砂、水、向五大要素，向居其一，而向是唯一属理气范畴的概念。"以龙本一也，而向能使其生、旺、死、绝。穴本一也，而向能使其有气、无气。砂本一也，而向能使其得位、不得位。水本一也，而向能使杀人、救贫。是四者有形而无名，必向定而后有名，四者顽钝而无用，必向定而后有用。故曰：向者，龙、穴、砂、水之大都会也。"《地理五诀》的这一论述，足见向的重要性。

2. 时间

时间是理气论风水的又一个重要方面，这里所说的时间，是在理气风水中有更深层次的应用。如玄空风水，步步不离元运，元运一变，全盘皆变，这个元运就是时间。金锁玉关中也没有离开元运这个时间因素。八宅风水不离命卦，而人的命卦又是由生年的值令九星所决定的，因此也是时间。

五、风水文化在当代应用的几个思考

建筑风水文化渊源几千年，走过了中华民族的沧桑岁月，走入了新中国。在经历了三十多年的禁锢之后，又步入了我们今天的繁荣盛世。在国家正确的文化方针指引下，在国际大环境的影响下，风水文化在这二十年得到了快速的发展，理论研究与现实应用都取得了显著的成果。纵观我国的综合发展阶段，风水文化研究应用的现状，有如下思考：

（一）风水文化的应用应从后天转向先天

笔者认为，风水文化的应用应分后天应用和先天应用，所谓后天应用，是指先有了建筑，再评估风水的好坏；而先天应用是指按照风水的原则进行设计建设的过程。后天的应用是勘察；先天的应用是规划。后天的应用更多的是改造、化解；先天的应用则是从根本上营造吉祥的风水环境。

后天的应用造成了很多不必要的损失和浪费；而先天的应用则一般不存在这样的问题。后天的应用重在实际建筑环境的改造；先天的应用则更多是在图纸上做文章。后天的应用解决的是一家一户；先天的应用解决的可以是整栋楼、整个小区，甚至整个城市。

由此可知，风水文化主要应用于先天，当是现代农村城市化、现代城市都市化背景下风水应用的必然趋势。

（二）风水文化的应用更多应从微观走向宏观

风水文化的应用又可分为微观应用和宏观应用。所谓微观应用是指某些点的应用，一家一户的应用，小范围的应用；宏

观应用是指整体的应用，全局的应用，整个小区的应用甚至整个城市的应用。

在中国古代，也是微观与宏观并重。因古代城市化水平极低，除了皇宫等大型重要建筑之外，宏观的应用相对比较少。而更多的是以一家一户的形式出现，走入微观是时代的必然。而现在不同了，从生活居住环境来看，生活空间的大型化在当代城市已成现实，社会主义新农村也是农村居住环境大型化的一种体现，更是未来的发展趋势。一家一户不再是各自为政，而是互相联系，互相影响。所以，整体的、宏观的风水策划也应该成为一种必然。

（三）风水的各个流派应保持共存互补

风水文化历经几千年的丰富与发展，产生了很多流派与方法，这些方法相伴而行，同步发展，共同走入了二十一世纪。不论是玄空风水、三合风水、过路阴阳风水、八宅风水，还是八卦风水等，都有其存在与发展的合理性。因此，应该秉持兼容并蓄的原则加以对待，而互相排斥，互相攻击，在高度文明的今天，是不利于整个文化的发展的。

再说，任何流派与方法，能够流传上千年，一定不会是胡说八道，必有其流传下来的道理，要相信我们的祖先的智慧。但很客观地讲，哪种方法，又都有其误区，都有其解决不了的问题。不承认这一点，就不是科学的态度。

（四）把风水功能绝对化不是科学的态度

文化是风水的载体，科学是风水的内涵。风水文化是科学

的，风水文化是有功效的，但不是万能的。好风水会使人"朝
贫夕富"、"寅葬卯发"很值得商榷。因为它违背了科学的原
则，违背了风水的机理！古人的这种说法，或许是出于对风水
文化功用的强化吧。

（五）风水文化的应用要与时俱进

风水是中华传统文化，更是实用文化，与时俱进当成为风
水文化在当代应用的一大原则。

先说称谓，古代先生的专指概念还在使用的大概只有
"风水先生"与"算命先生"了。古代先生一词是尊称，相
当于今天的老师，像私塾先生、中医先生等。但今天，先生
的概念所指已发生变化，一般对男士尊称皆可称先生。大家
想一想，为什么只有风水从业者保留了先生的称谓呢？这个
称谓还是尊称吗？

再说风水的勘测方法及调整手段，还有多少人在原封不动
地应用千年前的方法？难道就没有适合现代社会的手段与方法
吗？每当在街上看到"石敢当"字样的时候，我就想，难道
"石敢当"没法替代吗？

与时俱进在易学应用领域应该最值得提倡，与时俱进了，
易学的应用就会有更大的空间。

（六）民俗与风水要区别对待

在易学文化的漫长应用实践中，除了易学的内涵外，还融
入了很多民俗的内容。比如嫁娶要选农历的双日子，就属民俗
范畴，但不能说是对还是错；没有立春的年份不能结婚，因这

一年叫没有春，没有"春"对结婚显然是不利的，实际会是这样吗？易学是这样主张的吗？显然是否定的。这样做了，真叫迷信了。

风水文化应用也是一样，风水原理与民俗绕合在一起，哪些是风水，哪些是民俗，要分辨清楚；哪些是真风水，哪些是假风水，要区别对待。

（七）风水文化应与环境保护有效融合

风水文化与环境保护有效融合，是风水文化应用的一个重要方向。

当你仔细了解了环境保护的原则和风水的原则后就会发现，环境保护的原则和风水的原则一脉相承。而风水住宅与以环境保护为重要指标的健康住宅、生态住宅更是如出一辙。建筑风水中对水极其看中，"山主人丁水主财"，无水无财，甚至已成了超越风水的百姓习俗。而健康住宅、生态住宅也都对水情有独钟。健康住宅要求，景观水要为循环的流动水，需要有净化装置，使收集的地表水、雨水、污水的水质要达到景观用水标准。可见，健康住宅对水流动与清洁的要求与风水的要求是一致的。绿色植物在建筑风水学中有着特殊的功用，其可以为砂挡凶水，又可以扮水治凶砂。它可以化解各种煞气的侵害，又可以调整园区的风水场，确属风水多面手。在健康住宅、生态住宅中，都没有离开对绿色植物的严格要求。

第三节 《周易》与人相学简介

一、人相学概述

通常所说的相学，应称人相学最恰当。因相学除了人相之外，还有动物之相、山川河流之相等。所谓人相学，即通过人的形体外貌、精神气质、举止情态等方面的特征来窥视人内在的思想、富贵贫贱、健康、顺逆等方面状况的学问。人相学有着悠久的历史，最早约可追溯到春秋时期，从那以后便世代不衰。

主要代表作有五代时期麻衣道者的《麻衣神相》、明代晚年自号柳庄居士的袁珙（gǒng）所著的《柳庄相法》、晚清重臣曾国藩的《冰鉴》等。代表人物有来自民间的麻衣道者、陈希夷（抟）、袁柳庄及来自官场的管辂、司马光、曾国藩等。

人的外在相貌确实能反映人的内在思想，还能反映人的未来走势，但将其教条化的做法也是不可取的，正如《麻衣神相》全编序所言："然以人之吉凶寿夭，富贵贫贱尽系于相者，非也；以吉凶寿夭、富贵贫贱不系于相者，亦非也！"

笔者常说，电影导演是最大的相家，因为电影、电视中出来的人物大家一看就可知道是好人还是坏人。根据什么呢？当然是相，尽管普通人不懂什么相学，但都会看，这就是相！

其实"看相"并不难，就拿人的鼻子来说，鼻子越高尖的人，越外向，越张扬，越直率；越圆矮的人，越内向，越内敛，越含蓄。读者朋友不妨观察观察周围的人，一定会赞成笔者的观点。西方人则成了极端表现，西方人的鼻子都高高尖尖，所以，西方人的性情多半外向，直接，爱表现，这也是东西方人性情的最大差异。

人相学在识人用人方面有着广阔的应用和发展空间，把不同性情的人安排在最能发挥其潜能的岗位上是各单位领导者和人事管理人员的重要课题，人相学完全可以辅助这项工作。在中国历史上，应用人相学选人用人并不罕见，曾国藩就是这方面的杰出代表，其《冰鉴》可谓指导性著作。

二、人相学与《周易》的关系

人相学和《周易》有着密切的渊源关系，太极、阴阳、五行、八卦、干支等《周易》的基本元素在相学中都有应用。比如，关于男女的看法就有不同，男以左为阳，右为阴；女则以右为阳，左为阴。"木瘦金方水主肥，土形敦厚背如龟，上尖下阔名为火，五样人形仔细推"，这是《麻衣神相》由人之相定五行的方法，最关键的是，由人的长相定出了五行，再由此五行可论断相应人的内在品质等。至于依八卦、干支在脸面和手掌上的分布来论断面与手相的吉凶，联系更是紧密，见面部、手掌五行、干支、八卦分布图：

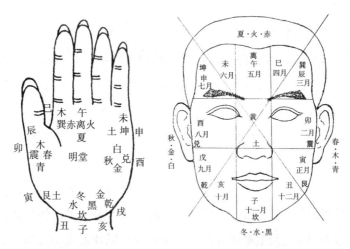

五行、八卦、地支配手掌图　　　　五行、八卦、地支配面部图

《周易》天人合一思想在人相学中体现得更是充分。"一物从来有一身，一身自有一乾坤"，人相学中的五岳、四渎，五星、六曜，天庭、地阁等概念的引入，就是天人合一思想的最好体现。看人的相貌，就相当于看地的风水，哪高哪低，哪长哪短，和看地的形态是一样的；头发、胡须的颜色、长短、疏密等就相当于大地的草木，直接影响风水的吉凶。鼻子的高矮与形状，眼睛的深浅与形状等和山脉、河流的形状是一脉相承的。

易学的另一个基本原理是时空统一，人相学也是时空统一之学。既要关注空间——形的范畴，又要关注时间，一个人的脸就是人一生时间的流程表，上主早年，下主晚年。流年百岁图讲的就是人一生从呱呱坠地到驾鹤西去全程的人生状态。

三、人相学的实质

人相学的实质是全息学，又可称为全息论。所谓全息论，是指生物机体的每一个局部都是整体的缩影，贮存着整体的全部信息。由生物体的全息还可以扩展到整个自然界，乃至整个宇宙的全息。了解了天人合一思想就会知道，全息论的祖宗应该是《周易》的"天人合一"思想。

建立在易学基础上的中医理论就是典型的全息学，人体是一个有机整体，内脏有病可以反映到体表。《灵枢·本脏》云："有诸内者，必形诸外"，"视其外应，以知其内脏，则知所病矣"。中医诊病的望、闻、问、切，都是全息理论的应用。

人相学无外乎从人体的外在特征窥视人体的内在和精神特征，从人体的局部窥视人体的全部。所以，人相学当然也是全息学。

然而，人相学和现代全息理论有所不同，其不同主要有二：

第一，现代全息理论是就物质对物质的全息，而我们的人相学既是物质对物质的全息，又是物质对精神的全息。从相貌特征窥视人体的健康，为物质对物质的全息；从外貌特征窥视人的性情，则是物质对精神的全息。

第二，现代全息应该是同一时空的全息；而人相学则是可跨越时空的全息。比如，通过人体某个阶段的局部信息，可以窥视该人过去乃至未来的全息。

四、人相学的范畴

人相学包括面相学、手相学、体相学、骨相学、行为相学五部分。面相学就是从面部特征来论断人的各种信息的方法。面部特征包括：脸型、肤色、三停、五官等等。手相学是从人的手掌形状、胖瘦、手纹的状况等来判断人的各种人生信息的方法。体相学就是从人身体部分的状况来论断人生的各种信息的方法。骨相学就是从人的骨骼形状、比例的角度来论断人的各种信息的方法。行为相学是根据人走路、坐卧的姿势，说话的声音、嬉笑的表情等来判断人生的各种信息的方法。骨相学、行为相学与面相学、体相学、手相学等还有着交叉的关联，骨相的骨，自然包括头面骨、体骨，也包括手骨等。面相学、手相学、体相学、骨相学为静态的，行为相学则为动态的。

五、人相学的要点

(一) 面相学要点

把人的面部分成一百个部位，再根据这一百个部位的气色、起伏及纹理、瘢痣等，判断相应的事情。同时，这一百个部位又对应人从生至死的不同年龄，哪个部位出现了异常，就对应哪一年要出现相关的事情。其中最重要的，处于横向统领地位的是以鼻子为分界线，从发际至下颏按照天、地、人三才关系划分出的十三个位置，称十三部位。十三部位由上至下分

别为天中、天庭、司空、中正、印堂、山根、年上、寿上、准
头、人中、水星、承浆、地阁。见图：

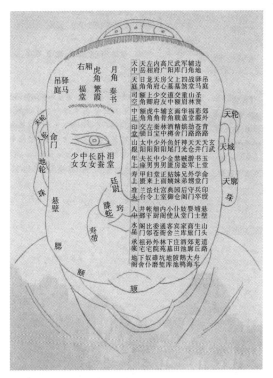

十三部位总要图

颜色以明亮、红润为好，暗淡、青黑色、赤色为病灾
之相。

把人的面又可分成十二宫，即：命宫、兄弟宫、妻妾
宫、子孙宫（又称男女宫）、父母宫、财帛宫、官禄宫、田宅
宫、福德宫、奴仆宫、迁移宫、疾厄宫。这十二个方面几乎包

含了人生的全部，六亲、事业、健康、情感等等。如：兄弟宫可看出兄弟的多少及其富贵贫贱，财帛宫可看出人一生中财富情况等等。

见十二宫图：

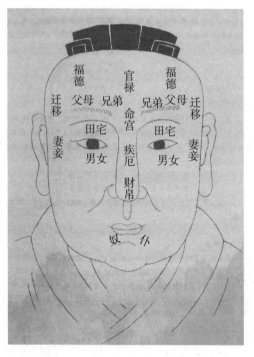

十二宫图

十二宫之外还有一宫，称相貌宫。即通过综合观察面部的五岳、四渎、三停，对人进行总体的定位。

五岳为：北岳恒山为下颏、西岳华山为右颧骨、中岳嵩山为鼻子、东岳泰山为左颧骨、南岳衡山为额头。

五岳即为五座名山，要高耸，光亮，均衡，互相呼应，方为吉相。

四渎为：江渎为耳、河渎为眼、淮渎为口、济渎为鼻。

四渎即为四条江河，要源远流长为佳。耳孔要深而宽阔，眼窝内陷，口要方大平阔，鼻如悬胆不朝天者为富贵。

见五岳四渎图：

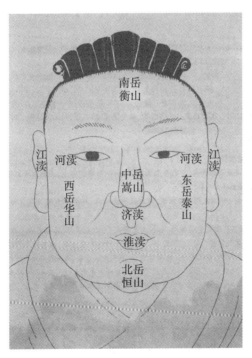

五岳四渎图

三停即上停、中停、下停。从发际至印堂为上停，主早年；从山根至准头为中停，主中年；从准头至地阁为下停，主晚年。

"上停长少吉昌，中停长近君王，下停长老吉祥，三停平等富贵荣显，三停不均孤夭贫贱。"

此外还有四学堂、八学堂主学业之说。另外，眼、耳、口、鼻、眉等五官之形都反映着人一生的各种信息，人相学都有详细的论述。本书不是人相学专著，在此不再详述。

另外，关于面部形状、气色、神等更是相学必须要关注的方面，相气与神是更高层次的面相技法。

（二）手相学要点

手相学是从手及指的形状、颜色、软硬、大小等指标对所反映的人生进行概括性的论断，其次，还可从掌纹的状态对人生的影响进行剖析。

《麻衣神相》关于人手的综合论断全面而深刻，值得相学爱好者仔细玩味，现录于下：

手垂过膝者，世间之英贤；手不过腰者，必一生贫贱。身小而手大者，一生福禄；身大而手小者，一生清穷。手薄削者贫，手端厚者富。手粗硬者下贱，手软细者清贵。手香暖者清华，手臭污者愚浊。指尖而长者聪俊，指短而秃者愚贱。指软而密者积蓄，指硬而疏者破败。指如春笋者清贵，指如破槌者愚顽。指如剥葱者食禄，指粗如竹节者贫贱。手薄硬如鸡皮者，无智而贫；手握拳如猪蹄者，愚鲁而贱。手软滑如绵囊者，至富至贵；手皮相连如鹅足者，至贵至尊。掌长而厚者贵,掌短而薄者贱。掌硬而圆者愚,掌软而方者智。四周高起而中间洼者富有,四周肉薄而中间平者财散。掌光润者富有,掌干枯者贫穷。掌红如喷血者荣贵,掌黄如拂土者至贱。掌青色者贫苦,掌白色者寒贱。掌中当心生黑痣者智而富,掌中四周生横理者愚而贫。

手掌纹很多,主要有三大线,即生命线、智慧线和感情线。顾名思义,生命线主要反映人的身体素质、健康等方面的事情;智慧线则与人的头脑、智慧相关;感情线主要体现人的婚姻、情感、性情世界的事情。此外,还有事业线、成功线、婚姻线等辅助线。再次,还有很多的符号、标记,也会反映出人生某些方面的特点。见掌纹图:

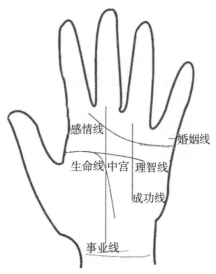

关于手相、面相涉及健康的部分，称手诊或面诊，认同的人越来越多，目前已经基本没有什么争议。但关于手相和面相所反映出来的其他人生信息，则还处于争议很大的状态。其实，只要掌握了中国传统文化物质和精神统一性的机理，并且承认了手诊、面诊的存在和科学性，就应该承认手相和面相的其他方面。反映疾病是物质部分，反映人的性情等就属精神范畴了。

（三）骨相学要点

骨相涉及的骨，包括头面骨、四肢骨、躯干骨三类，而三类中，以头面骨为最要。正所谓："头无异骨，终难入贵。"《冰鉴》也有云："一身精神，全在两目；一身骨相，全在面部。"

而面貌和面骨比起来，骨更重要，"面佳不如骨佳"。显然，骨决定了身材和面貌的基本形状。

关于骨相，《月波洞中记》中讲了所谓九骨："一曰颧骨，二曰驿马骨，三曰将军骨，四曰日角骨，五曰月角骨，六曰龙宫骨，七曰伏犀骨，八曰臣鳌骨，九曰龙角骨。"此九骨丰隆耸起者为贵相之人。

1. 颧骨：即颜面骨中形成颊骨的内骼，左右各突起一面，它影响到一个人的权势。

2. 驿马骨：即颧骨势入"天苍"之外的骨骼，它影响到一个人的地位。

3. 将军骨：即与耳相齐的部位，它影响到一个人的武职。

4. 日角骨：即左眉隐约而起的骨骼。

5．月角骨：即右眉隐约而起的骨骼。它和日角骨都影响到一个人的文职。

6．龙宫骨：即绕眼圈的骨骼，它影响到一个人的官勋。

7．伏犀骨：即由鼻上一骨直线向上，至额部的"天庭"，再由"天庭"直贯到头顶的一段，它影响到一个人官职的高低。

8．巨鳌骨：即耳两边沟间突出的骨骼，它影响到一个人能否官至高位。

9．龙角骨：即两眉入"边地"稍高似角的部位，它关系到一个人的官位品级。

以上九骨丰隆耸起者，便为富贵之象。

此外，《公笃相法》上篇卷五专门对骨相进行了图说，其中共有三十四式，逐一对三十四块重要的骨分别进行讲解。因本书非人相学专著，故在此不予摘录。

（四）体相学的要点

体相学包括相颈、相肩、相背、相胸、相乳、相腹、相脐、相腰、相臀、相须、相四肢等，其实，体相学包括除了面和手之外的全部静态相理，因此也是很重要的部分。

关于人的颈项有："肥人项欲短，瘦人项欲长，反此者不贫则夭"；关于喉结有："项有喉结者，贫滞多灾"；关于腰背有："虎背熊腰"；关于胡须在嘴上嘴下也有讲究："上为禄，下为官，宁可有禄而无官，莫教有官而无禄。有禄无官主富，有福有寿；有官无禄贫贱，财散人离"；关于脐："深扩者，智而有福；浅窄者，愚薄；大能容李，名扬人耳"等等，不一而足。

（五）行为相学要点

行为相学属动态相学，即通过人的举手投足等动态状况来窥视人内在的状态，甚至人生未来的走势。具体包括：走路的姿势，坐立的姿势，睡觉的姿势，吃饭的情状，说话的声音、眼神、手势等，以及人的所有情态。

现举例说明：

走路快的人，必性急、效率高；走路挺胸的人，自信且自律；说话声音小的人，城府深、不好处；眼睛会说话的人，智慧、活跃；眼游离的人，善变；不修边幅的人，散漫；衣冠整洁的人，严谨；一面走路一面回头看的人，其猜忌心与妒嫉心较强烈；走路时上身很小摆动的人，为长寿之相，同时，这种人也较善于蓄财；走路摇摆的人，无所顾忌；走路前倾的人，运势欠佳；走路脚跟不着地者贫而夭；吃饭筷子拿得远的人，懒散且亲缘薄；"龙行虎步至贵，鹅行鸭步豪富，鹤行聪明，鼠行多疑虑，牛行巨富，马行辛苦"……

女性走路重的人，男人性格；女性说话粗重、声亮的人，男性性格，能力多强，情感欠佳；男人说话细弱的人，性格细腻，有女性特征……

细心的朋友自己都可以去总结，见得多了，就有规律，这就是相。

第四节 《周易》与姓名学简介

一、姓名学概述

姓名学是近些年在中华大地广为流传的一门古老而又新兴学科。所谓姓名学，就是研究人和群体、地区等名称对人和相应群体、地区影响的学问，属中国传统文化的组成部分，是《周易》和文字学相结合的一门独特学科。

其实，在远古时期，我国就应该出现了姓名学。因从伏羲、黄帝、炎帝、蚩尤到尧、舜、禹等都已经有了名字，商周以后就更不必说了。名字一定不能乱叫，所以，有了名字，就该有了名学。西方文字就是代码，是简单得不能再简单的符号。而中华文字具有其特殊性，每个汉字都有其深刻的内涵，绝不是简单的符号，这就决定了华夏人名不是简单的符号体系，除了甲区别于乙的意义外，还具有不同的内涵，其中的内涵或给予希望，或增加韵味，但一般不能乱叫，要图个吉祥，这就是姓名学。战国时期荀子就曾提出了"名学"，要把社会上已经通行的名用国家法令制定下来，制订下来便不可更改。他说："故王者制名，名定而实辨，道行而志通，则慎率民而一焉……"

对人来说，姓名姓名，先有姓后有名，姓的出现要先于名。在远古时代，"民人但知其母，不知其父"（《白虎通》卷一），故姓氏随母，"姓"字，即为"女"和"生"的组合，即为女所生之意。而"姓"的性质，是用以限制血缘关系相同的人通婚，因那时的国人就已经知道有血缘关系的人通婚不好，《左传·僖公二十三年》中更有明确的记载："男女同姓，其生不蕃"，"蕃"即茂盛的意思。

氏是姓的分支，在汉朝以前才独立存在。名更是氏之后才出现的，到名则具体到了个体的人，成为了区别于他人的代码。

在漫长的中华民族发展历史上，姓名一直是很有讲究的，虽未称其为"学"，其实已经形成了一套完整的体系，皇室和民间同时在大量使用。在宫廷用于朝代名的制定，皇帝的帝号、年号、谥号的制定，皇子的命名等；在民间用于城市的命名，百姓的起名，笔名、艺名、字、号等。而真正叫出了姓名学，是五格剖象姓名学出现之后的事。

风行于当代的五格剖象姓名学始于 1918 年，由日本学者熊崎健一郎先生在中国易学文化的基础上改编而成，将其定名为"圣学"，并逐渐流行于日本。台湾学术界代表白惠文先生赴日求学，随熊崎氏三年学成归来，并把所学心得整理成书，流传于世便成了现在市上流行的姓名学。其实，这种姓名学说其属游戏范畴并不为过，因其理论依据不确，实践应验不高，唯一的优势在于好学好用。

姓名学要搞深入并不简单，起出一个真正好的名字也非易事。

二、姓名学与《周易》的关系

姓名学和中国的许多学科一样源自《周易》，而且和《周易》的关系比其他学科更紧密。阴阳的概念、五行的理论、命理的依据、象的理论等，是姓名学的主要支柱。

姓名学很讲究阴阳，男人的名字要阳性，要大气；女人的名字要阴柔，要秀美。姓名学更讲究五行，一个名字一定要和主人的五行喜忌相协调。比如一个人的命理喜火，起名就要用火；喜水，起名最好要用水，以此类推。

姓名要讲究意象，而意象恰是来源于《周易》的"象"思维。

姓名学在地名、群体名方面的讲究也离不开《周易》思维。比如朝代的名字：朱元璋起兵灭元，元朝五行属金，而火可克金，即要想击败元军必须用火，所以，定名为明，"明"五行属火。再说清朝，因"明"为火，而水可克火，故灭明必用水，而"清"恰为水。可见，朝代之名，五行之理深矣！

三、姓名学的要点

笔者认为，姓名学有如下要点：

第一，名字五行与主人命理要协调

每个汉字都有其五行属性，区别在于有的汉字五行属性很强，有的汉字五行属性稍弱。而每个人的命理也都有五行喜忌，故起名用字要与命理相协调方为上等。如命理五行喜火的人，起名就要用属"火"之字，命理五行喜水的人，起名就要用属"水"之字，等等，以此类推。

比如，张清波，就为水性之名，如果该人命理喜水，则为佳名，反之，若命理忌水，则为下等之名；赵光耀，就为火性之名，如果该人命理喜火，则为佳名，反之，若命理忌火，则就为所谓的"凶"名了。

常听一些外行谈起名字的作用，用同名不同人生状况来否定名字的作用；如果了解了这一原理，该问题就解决了。

第二，名字讲究意象

意象在姓名学中占有重要地位。一个名字和主人的五行协调还不够，还要意象好才行。所谓意象，是指名字的意义、象征。比如，曾国藩之"国藩"，为国之屏障的意象。刘国梁之"国梁"，为国之栋梁的意象。王天骏，之"天骏"，为天马的意思，"天马行空，独往独来"，极言不好管教。张狂涛之"狂涛"，为惊涛骇浪，不平之象，学习难以入静，成绩不佳，坐卧不安。赵冰雨之"冰雨"，天气恶劣到了极点，预示着人生之路也如天气一样恶劣，显然不吉。路大石，人生路上处处是绊脚石，人生不顺。岳帆，船在山上，怎能行进？意象不好。

名字除了所谓的吉凶之外，还会体现一些人生的特点：如1996 年洪水中漂流两省达百公里而自救成功的甘肃女孩名叫"蒋彩莲"，一朵彩色的莲花，怎会淹没水中？1998 年辽宁省高考状元名为"卢六翮"，名字很特别，"翮"有翅膀之意，"六翮"即六个翅膀，谁能飞过他？状元非他莫属！但同时，也反映他未来人生变化大、变化多。"孟春"，婚姻复杂；"崔春"婚姻艰难。"赵衍圃"、"李衍中"中规中矩。如此实例不胜枚举，都是意象的作用。

第三,关注汉字的拆合与源流

姓名学是《周易》和文字学的融合，因此，汉字的来龙去脉，汉字的构成，在名字中都会起到一定的作用，研究姓名学不可不知。比如"硕"字，意为"石＋头"，故用之为人实在、没那么多鬼点子；"安"字为"家中有女"，故一般不会单身，且妻子贤惠；"如"字，为"人从口令"，故性情温顺；"本"字，为"树木有根"，故基础牢固，易有大发展；"宗"字，为"家中摆放祖先牌位"，故多孝顺，风格传统等等。

第四,名字要好听

好听是起名的重要一环，近些年来，随着五格剖象的风靡，出现了很多不伦不类的名字，有的硬邦邦，有的滑稽可笑，这一现象，是严重违背姓名学本源的。比如，门广强（男）、张舒啸（男）、张埃迪（女）、李瞿存（男）、赵大巩（男）等等，都很没有味道，不好听，当然不能说是好名。

第五,名字的阴阳不可反背

男人的名字要阳刚、大气，女人的名字要阴柔、美丽，这是最基本的阴阳之道。反之，男人叫了女性化的名字，女人叫了男性阳刚的名字，必有瑕疵。在情感方面最易体现出来，婚姻不美，感情不利。

比如男人叫"刘小云"、"毛凤华"、"王月欣"、"周利蕙"等等，都属女性的名字；女人叫"赵云峰"、"张晓峰"、"王宣力"等，都属男性的名字，阴阳反错，难为佳名。这种名字，往往造成社会关系不协，婚姻生活不顺。男人生得"娘娘腔"，女人硬梆梆如钢似铁。笔画再吉利，也不会吉祥。

第六，单个汉字本身的诱导性极为重要

汉字不同于外文，除了是符号代码之外，还具有独特的含义。名字中应用什么含义的字，便会产生什么样的效果。比如女名中带有"凤"、"英"、"梅"、"芬"、"华"等字的人，都为女强人；女名中带有"萍"、"娜"等字的人，都善于女性的交际；女名中带有"洁"字的人，都有妇科病；叫"镝"的，嘴厉害，出口如箭头般伤人……不了解这些，起名时就会"误入歧途"。

第七，谐音在名字中也有用

谐音要吉祥，不可犯忌讳。如吴新（男），谐音"无心"，缺乏心机；张耀繁（男），谐音"要饭"，难以出头。这样的名字生活中有一些。

再如，"自古大将讳地名"就出自此条。凤雏庞统死于落凤坡，国民党军统头目戴笠（字雨农）死于戴山、困雨沟、戴家庙之旁等，都显现了不可思议的"巧合"。

第八，时代特征

名字是时代的缩影，一个时代的名字有一个时代的特征。个人名称和企业名称都一样。反过来，从名称也可以大致知道某个人或企业所处的时代。

比如，上世纪五十年代的女性多有叫"芹"、"兰"、"素"、"芝"、"梅"、"霞"、"珍"、"桂"、"凤"等，这些字有一个共同的特点，就是皆"素"或"强"，因那个年代是一个生活很艰苦的时代，在农村一年吃不上几回肉。女人要勤劳持家，能干是一种最大的美德。时代造就了人，名称映射了时代。六七十年代的人多有叫"闯"、"红"、"兵"、"军"、"阳"、"英"、"忠"、"辉"等，"文革"的味道极其浓厚。到了九十年代以后，随着祖国的日益强大，人们生活水平的不断提高。名字也出现了新意，动听、美妙、大气、荣华成了当今名称的主旋律，女孩儿的名字更趋向于温柔可爱，男孩儿的名字更加富贵刚强。比如：女孩子叫"婷"、"娜"、"晴"、"馨"、"艺"、"涵"等等；男孩子叫"嘉"、"博"、"铭"、"城"、"宇"、"鸿"等等，可见，和过去的名字味道截然不同了。

此外，还有大小、求全、拆字等原则，在此不再论述。

四、五格剖象法批判

笔者对五格剖象姓名学是持否定态度的，之所以把它单列出来论断，是因为这种方法实在太普及了，近乎到了如孺皆知的程度，但其危害性也随之而来，重名大量出现，没有韵味的名字比比皆是。笔者之所以否定该法，其原因有五：

其一，只求字的笔画不问意象得出的五格没有说服力

在五格剖象法中，字的笔画数是重要基础，只要笔画相

同，五格便相同，五格相同了，其吉凶意义便相同。这种不问字意、只重笔画的方法是极其站不住脚的。比如赵嘉鸿这个名字，人格 28、地格 31、总格 45，因人格 28 画不好，故来个常用的手法——改字不改音，改为赵枷竑，这样，人格变成了 23、地格 18、总格 32，皆为吉数，看似比原来吉了很多，但会是这样吗？枷为枷锁之意，竑有大之意，合起来就是一个"大枷锁"，这样改，必可笑至极，不吉反凶。然而这些年来在现实中并不少见。

其二，按音律进行字的五行划分不妥

按音律进行字的五行划分不妥，还是要依照字来自于自然的产生原则来进行五行的划分，即三点水旁的字一定属水，金字旁的字一定属金，不会属别的。按照五格音律的划分原则，木、火的五行都属水，土的五行属火，金的五行属木，水的五行属金，明显不合易理，也无法使人接受。

名字是别人叫的，不是自己叫的，所以不会对自己的太极场产生影响。而更多是自己写与意的，写与意才会对自己的场产生影响，而写的、意的就不是音，而是形与意，即来自于自然的最本源的东西。

其三，五格之五行的划分原则不妥

五格剖象法中天格、人格、地格、外格、总格五格都有五行所属，其划分是按照 1、2 属木，3、4 属火，5、6 属土，7、8 属金，9、10 属水的原则进行的，这一数目配五行的方法值得商榷，数字的这一五行分法，在《周易》体系中只有十天干数与之相符，而《周易》体系中的数字有很多组：五行数（河图数）、先天八卦数、后天八卦数（洛书数、九宫数）、范围数、地支数等等，五格只选出了十天干数与之相配不知何故？

其四，起名只依据属相用字旁不妥

五格剖象法规定，起名要结合主人的生肖，其原理是依据该生肖对应动物的食性等选取，如属牛的要有"氵"、"艹"、"豆"、"米"、"木"等为好，忌"火"、"田"、"山"、"血"等；属鸡的，要有"米"、"豆"、"虫"、"禾"、"艹"等，忌"石"、"刀"、"日"等。只要了解了名字和命理的配合原则，就会知道这种方法是不全面的，因为生肖是不能决定人的人生轨迹的，只有把年月日时通盘考虑起来才是最科学的，即要结合主人的命理才行。试问，属牛的人，命理忌水还能用"氵"吗？

其五，81 数理的断语没有根据又模棱，吉凶不验

81 数理的断语大多为模棱之语，很多人都可对号入座，如"孤独"、"缺乏自信"、"婚姻不顺"、"内外不和"、"辛苦繁多"、"退守可保吉祥"、"白手成家"、"家门昌隆"等等。

对于吉凶的判断没有准确率，只是产生姓名等的那个年代各界的风云人物可以对号，因进行吉凶断语划分时就考虑了当时的人物，至于后世的人物就应验极低了。比如 22 数为凶数，但大概这一数出现了特例，故又加注了一个"但也有伟人、豪杰出此数者"一句；9 数为凶数，但最后又说："……实为人生

最大恶运，但也有例外的怪杰、富豪能出此数者"，这大概也是统计了之后，还有当世的例外出现吧。

生活当中见过许多人，他们的五格笔画数理并不好，但却事业成功、生活美满。比如：辽宁老省委书记"全树仁"，人格、地格、总格分别为22、20、26，皆为凶数，但其人生活却很美满，有目共睹。著名笑星"赵本山"人生境界、艺术造诣无人不知，但该名的人格、总格分别为19和22画，皆为凶数。老一辈革命家董必武的五格也是多有凶数，人格20、总格28、外格9。香港富豪"霍英东"，人格27、地格19，皆为凶数；"郭得胜"人格26画、总格40画，皆为凶数，但他们的人生境界也是世人皆知……

有些企业名称和商标也是一样，如"娃哈哈"27画，"康佳"19画，"金地"14画，"汇源"27画，皆非发财之数，但事实并非如此，此等现象不胜枚举。

当然，对五格剖象姓名学的批判也只能是笔者一家之言，愿与有兴趣的朋友共同探讨交流。